淮安周恩来纪念地
研究文集

第一辑

张　谨　主编

文物出版社

封面设计:程星涛
责任编辑:郑　彤
责任印制:梁秋卉

图书在版编目(CIP)数据

淮安周恩来纪念地研究文集.第1辑/张谨主编.—
北京:文物出版社,2010.12
ISBN 978 – 7 – 5010 – 3124 – 5

Ⅰ.①淮...　Ⅱ①张...　Ⅲ.①周恩来(1898～1976)
—纪念地—文集　Ⅳ.①K878.23 – 53

中国版本图书馆 CIP 数据核字(2010)第 246308 号

淮安周恩来纪念地研究文集
第一辑

张　谨　主编

文物出版社出版发行

(北京东直门内北小街2号楼　100007)

http://www.wenwu.com

E-mail:web@ wenwu.com

北京君升印刷有限公司印刷

新 华 书 店 经 销

850×1168　1/32　印张:9.5

2010 年 12 月第 1 版　2010 年 12 月第 1 次印刷

ISBN 978 – 7 – 5010 – 3124 – 5　定价:56.00 元

目　录

第二部分　红色旅游

序　言

　　江苏淮安是周恩来同志的诞生地。在周恩来同志逝世后，为了缅怀一代伟人的丰功伟绩，经上级批准，家乡人民先后修复了周恩来故居、周恩来童年读书旧址，并兴建了周恩来纪念馆。总理家乡形成了较为完整、独具特色的爱国主义教育基地。

　　2004年12月31日，周恩来纪念地管理局成立，统一管理纪念馆、故居、童年读书旧址。5年来，全局上下团结一心、锐意进取，发挥体制调整、资源整合的优势，抓住国家发展红色旅游的政策机遇和总理诞辰110周年的历史机遇，围绕"在全国周恩来纪念景区中领衔、在全省红色旅游景区中领先、在全市旅游行业中领跑"的目标，以创新为动力、以文化为内涵、以人才为根本，基本实现了管理互动、客源互流、信息互通、品牌共创、利益共赢。目前，淮安周恩来纪念地已成为全国重点文物保护单位、国家AAAA级景区。

　　5年来，淮安周恩来纪念地逐步成为全国规模最大的周恩来纪念中心，更期待成为全国有影响的周恩来研究中心。周恩来纪念地管理局加强了理论研究和理论创新工作，建立并完善了《丰碑》报、《丰碑》杂志、《淮安周恩来纪念景区网站》等三大理论研究平台。《丰碑》报已出版33期，《丰碑》杂志已出版16期。还相继编辑出版了《周恩来同志故居》、《周恩来践荣立德故事选》、《周恩来纪念地馆藏书画精品集》、《永恒的足迹》等书。

2009 年 7 月，中国中共文献研究会周恩来思想生平研究分会在淮安宣告成立，来自全国 26 家的周恩来纪念地负责同志还在淮安举办了首届全国周恩来纪念地论坛。

文化是一个民族的精神和灵魂，是国家发展和民族振兴的强大力量。"十二五"期间，我国将"要推动文化大发展大繁荣、提升国家文化软实力"。作为公共文化服务设施，周恩来纪念地在"十二五"期间的发展目标是把纪念景区建设成环境宜人的人民公园、教育功能突出的精神家园、政通人和的幸福乐园。主要任务是纪念景区达 AAAAA，综合创一级，观众超双百，环境更和谐。

为了迎接建党 90 周年，并检阅周恩来纪念地的理论研究成果，同时促进纪念地理论创新工作，周恩来纪念地管理局决定从 2010 年起，每 5 年出版一本研究文集。编入《淮安周恩来纪念地研究文集（第一辑）》的这 51 篇文章，是从全系统上报的 120 篇论文中精选出来的，主要是 2005 年以来在公开刊物上发表的理论文章。作者既有全国著名的周恩来研究专家，也有初出茅庐的文博理论研究者；既有景区第一代讲解员，也有新走上工作岗位的青年同志。内容涉及周恩来研究、红色旅游、文博理论等三个领域，以周恩来研究为主，包括周恩来生平家世、周恩来思想理论、周恩来精神风范等方面。这些文章从不同侧面反映了全系统理论研究的最新成果。不少文章观点新颖、见解深刻、思路清晰、论证充分，有较强的理论性、指导性和针对性。

由于水平有限，在编辑过程中难免出现差错，希望广大读者批评指正。

张谨

2010 年 12 月 12 日

第一部分　周恩来研究

论周恩来对外开放思想与实践

张　谨

今年是改革开放三十年。在讴歌这三十年改革开放伟大成就的同时，我们更应看到，改革开放是一个历史的过程，无数先辈为了富国兴邦为此作出许多探索和尝试。特别是新中国成立后，第一代领导集体为了今天的对外开放做了大量基础性工作，周恩来是其中的杰出代表。周恩来生前虽然没然没有明确提出"对外开放"这一概念，但他个人与外国人打交道、在国外曾长期工作生活的经历于我党领导人中是少见的，他关于对外开放历史必然性、必要性的阐述，关于对外开放原则的论述，关于对外开放具体形式、途径的探索，基本上构成了周恩来对外开放思想体系的框架。虽然由于各种原因的影响，周恩来对外开放思想所起作用受到了一定局限，但新中国对外开放仍取得了一定的成就。可以说，周恩来对外开放思想对我国对外开放理论的形成起了重要的理论先导作用。

一、周恩来对外开放思想形成的重要基础

周恩来的学生时代，放眼看世界的思潮不断地促进着社会开放意识的生成。1913 年周恩来进入南开学校，仿照美国教育制度建立起来的南开学校是一块思想开放的教育场所。中西文化兼容并蓄。周恩来开放意识的初始阶段就是在这个学校生成的。他阅读了严复翻译的《法意》、《民约论》、《原富》、《天演论》等大量西方学术名著。资产阶级优秀文化传统中的精华部分是周恩来

开放意识生成中可贵的乳汁。周恩来进入南开后外语突飞猛进，以后又学习掌握日语、法语和德语，多掌握一门外语就多一种开放交流的工具。1916 年，周恩来在《试论奢靡二说》中，回顾和分析了我国沦为半殖民地、半封建社会的历史，指出封建统治者妄自尊大，闭关锁国，禁锢人民思想，严重地抑制了人民聪明才智的发挥，极大地阻碍了经济的发展，必须学习外国先进东西，才能促进本国的发展。他竭力主张中西文化结合，吸收外来新文化，改造中国旧文化。同时又告诫在国外的青年学生，对于一切文化、主义、思潮，不要盲目吸收，要避免"被动的熏染力"，发扬"主动的观察力"①。周恩来早期知识结构中的广阔性、多样性、科学性和艺术性构成了一个独具特色的开放的思想体系，奠定了他一生中的思想开放、性格开放的基础。

周恩来走出国门，接受马克思主义的思想洗礼后，他拥有的理论和实践进入了更加博大而精深，更加广阔而开放的新境地。在战后充满革命生机的欧洲，他发展成为一个放眼全球，胸怀解放全人类宏愿的革命志士。他的革命生涯开始于对欧洲社会的考察和报道。《益世报》上的五十六篇近 25 万字的旅欧通信是他开放意识达到新境界的一年。在这一年里，他还阅读了大量原版马克思主义的经典著作。他的开放意识中也大量注入了马克思主义的血液。他具有了全球观点看问题的眼界，成为拥有国际革命斗争实践经验的无产阶级革命家。

抗日战争、解放战争时期，周恩来领导南方局、各地八路军办事处、延安中央军委外事组、南京中共代表团、北平军调部及各地执行小组、解放区救济总会从事了大量外事工作。1938 年 4 月，中共长江局成立国际宣传委员会，同时设置国际宣传组。其任务之一是为国际刊物撰稿，以及与外国友人进行联络。1939 年

---

① 《周恩来早期文集》上卷，第 293 页，南开大学出版社，1993 年。

4 月，根据周恩来指示，叶剑英代表南方局宣布正式成立对外宣传小组，不久，改称外事组。在周恩来直接指导下，外事组积极开展工作，冲破了国民党一党办外交的局面，并获得英、法等反法西斯同盟国对中国共产党的理解、同情和支持。19 世纪 40 年代初，周恩来与在重庆的美国官员接触中一再表示欢迎美国政府派代表访问延安和敌后解放区。在罗斯福总统的压力下，蒋介石勉强同意，遂成立"美军中缅印战区驻延安观察组"。这是中共第一次和美国政府建立的直接的、半官方联系。中共中央专门发出《关于外交工作的指示》。此为中共外交之真正开始。为专事接待美军观察组，中央决定设立军委外事组。周恩来提议杨尚昆兼任组长。军委外事组实际上就是做美军观察组的接待工作。国共《停战协定》正式签订后，由国共美 3 方代表组成的军事调处执行部也正式成立。1947 年 5 月 1 日，根据周恩来指示，中共中央外事组正式成立，叶剑英兼任主任，下设研究处、新闻处、编译处。中央外事组几乎囊括了从北平、南京、上海等地撤回的外事精英人物。1948 年 4 月，中央外事组迁至西柏坡，主任改由周恩来兼任。此外，一些干部、留学生、华侨长期在海外以各种身份从事革命活动，这也是由负责统战工作的周恩来领导。

新中国成立后，周恩来民间外交和首脑外交实践对周恩来对外开放思想的系统形成起到了决定性作用。以首脑外交为例，周恩来首脑外交包括这样几个层次：国家元首、政府首脑、外交部长、特使和国家元首或政府首脑的顾问、国会正副议长和国会中的党派领袖、国际组织或地区性组织的负责人。凡单独来访的皇室成员、总理夫人及其子女，一般都受到高规格的接待。周恩来从 1949 年 10 月至 1975 年 9 月，会见外宾次数数共 6620 次。周恩来访问过亚洲 11 国、非洲 10 国和苏联东欧 8 国，共 29 国 64 次[②]。在访问中周

---

②   裴默农：《周恩来外交学》，第 244 页，中共中央党校出版社，1997 年。

恩来对外国优秀文化的理解和吸收自然会有自己独到的地方。

二、周恩来对外开放思想的基本内涵

1. 从时代高度论述我国实行对外开放的历史必然性，从国情出发，阐明我国实行对外开放的必要性。

周恩来早在青年时期，就东渡日本，西渡重洋，具有强烈的开放意识。他在 1918 年 2 月 11 日的旅日日记中写道："第一，想要想比现在还新的思想，第二，做要做现在最新的事情；第三，学要学离现在最近的学问。思想要自由，做事要实在，学问要真切。"③

建国以后，周恩来根据我们所处的时代指出，社会主义和资本主义同在一个地球上，政治上和平共处，经济上相互交流是不可避免的。他在承认"两个并行不悖"的世界市场的情况下，坚持我国对外经济交往不能绝对"一边倒"，积极主张打开同西方资本主义国家的关系。1954 年他就说过："跟西方国家改进关系，在政治上是和平，在经济上是贸易。"1957 年，他在同美国青年代表团谈话时进一步说："任何一个国家在建设中，任何一个国家在这个世界上，不能完全闭关自给，总是要互相需求，首先是贸易的往来，技术的合作。这对我们中美两国也不例外。"④ 这些论述在五十年代是十分可贵的。

到了六十年代，周恩来面对世界科技进步的现实，更加明确地指出："处在六十年代，技术进步更是日新月异。你有这，他有那，要求交流。特别是经济不发达国家，更需要发达国家的技术和装备。""所以，自力更生不能叫闭关自守。这在中世纪都不可能，何况现在。"⑤ 周恩来到了晚年，更加面向世界，放眼未

---

③　《周恩来传》（1898—1949），第 31 页，中央文献出版社，1988 年。

④　《周恩来外交文选》，第 244 页，中央文献出版社，1990 年。

⑤　《周恩来研究学术讨论会论文集》，第 559 页，中央文献出版社，1988 年。

来，坚持对外开放。1973 年他语重心长地对青年人说："千万不要保守，保守了中国就没有希望。"⑥ 他认为，一个孤陋寡闻，抱残守缺的青年是不会有出息的。总之，在周恩来看来，我国实行开放政策，是时代所要求，历史之必然。

新中国成立后，我们政治上独立了，但仍然是个经济、文化落后的国家。周恩来正是基于对我国国情的科学分析，一再阐明实行对外开放的必要性。1954 年，在一次干部会上，他说："经济文化落后的现象，我们要承认。如工业就比英国落后，文化虽然源远流长，光辉灿烂，但从近代水平来看，我们是落后了。""自然科学、社会科学的水平都很低，从质和量看都是如此。""文艺也拿不出多少东西。"即使对外国人，他也从不隐讳我们落后的事实，而是公开承认落后，激励人们奋起。1955 年 5 月 23 日，他在同法兰西妇女联盟主席欧仁妮·戈登夫人谈话时说："同工业发达的国家比，我们机械化水平距现代化还很远，不仅要十几年，要半个世纪才能赶上先进的国家。"⑦ 有鉴于此，他大声疾呼："世界科学在最近二三十年中，有了特别巨大和迅速的进步，这些进步把我们抛在科学发展的后面很远。"⑧ 指出要尽可能迅速地用世界最新的技术把我们国家的各方面装备起来。

七十年代，尼克松把中国列为世界五大力量之一。周恩来认为，尼克松的估计一半对，一半不对。中国确实是一个潜在的力量，但不是一个现实的力量。中国到底在国际上能够做点什么贡献，要有点自知之明。他还向法国总统蓬皮杜表示：人家说我们是大国，我说不完全是，面积大、人口多，这算是大国，但从经济发展来说，差得很远。按人均国民生产总值来说，法国是中国

---

⑥ 《光明日报》1991 年 6 月 11 日。

⑦ 《周恩来外交文选》，第 141、118 页，中央文献出版社，1990 年。

⑧ 《周恩来选集》下卷，第 181 页，人民出版社，1984 年。

的十多倍，需要几十年的努力，至少要到 21 世纪才能达到法国现在的水平⑨。他甚至清醒地断言："即使我们在将来建成了社会主义工业国之后，也不能设想，我们就可以关起门来万事不求人了。"⑩

周恩来还对那些不顾国情、妄自尊大，不愿向外国学习的错误思潮和"左"倾干扰，进行过尖锐批评和严肃斗争。1973 年 2 月 26 日，他在听取国家计委汇报 1973 年经济计划时说："一个医学代表团在国外看了回来，不敢做报告。他们要做报告，有一个军代表说，不要把我们说得一团漆黑。……结果他们不敢讲了。这种风气不好。科学家代表团出国回来后，连一个报告都没写出来，不敢讲人家的长处，也不敢讲我们的短处，这是不符合毛泽东思想的。有些人自己不懂，又随便给人家戴帽子。出国参观考察，就是为了学习人家的长处。"⑪ 我们党在十一届三中全会之后，拨乱反正，实行对外开放，取得一系列世人瞩目的成果，恰好证明了周恩来对外开放思想的历史价值。

2. 关于对外开放的原则

坚持和平共处的原则。周恩来主张"和平共处不仅要用在政治上，也要用在经济上，文化和技术交流上"⑫。他还指出，我们同任何国家的经济合作或者对任何国家的经济援助都是在五项原则的基础上进行的，如果我们按照和平共处五项原则、万隆会议十项原则，在平等互利的基础上进行经济合作，那么，发展前途是无限的。也就是说，在对外经济、技术和文化交流中，如果和平共处五项原则遭到破坏，那么经济合作是毫无前途可言的，对

---

⑨ 《周恩来和他的事业》，第 208 页，中共党史出版社，1990 年。

⑩ 《周恩来选集》下卷，第 226 页，人民出版社，1984 年。

⑪ 《周恩来选集》下卷，第 474 页，人民出版社，1984 年。

⑫ 《周恩来外交活动大事记（1949—1975），第 164、165 页，世界知识出版社，1993 年。

外开放也必然受到严重的影响和干扰。

坚持平等互利、互通有无、共同发展，建立国际经济新秩序。周恩来对国际经济合作提出这样的要求：第一，平等互利，就是不能只利于己，不利于人。平等就不是独占，要有来有往，第二，互通有无，第三，其目的是求得全人类的繁荣，各国经济的共同发展⑬。只有坚持这样的国际经济合作，发展前途才是无限的。他严肃批评某些发达国家的对外经济政策缺乏远见，不仅损害别人，而且对自己国家也不利。所以，在他指导下，我国的外贸、外经工作一贯坚持平等互利，互通有无，急人所难，诚心相助的原则。六十年代古巴糖因美帝封锁销路不好，又缺大米，尽管当时我国人民并不需要糖，而且正值三年困难时期，还是决定进口100万吨古巴糖，向古巴供应20万吨大米，得到古巴人民的赞赏。周恩来还根据多年的实践，提出我国对外援助的八项原则，集中体现了平等互利，互通有无的精神，可以说开创了国际经济新秩序的先河。

独立自主的原则。建国初期，周恩来主管外交工作，他始终坚持独立自主的外交原则。首先表现在彻底摧毁帝国主义在中国的一切政治、经济和文化的控制权。包括不承认国民党时代同外国建立的外交关系。不承认旧中国同外国缔结的一切卖国条约，对帝国主义在中国开办的经济和文化事业作应有的处理，统一对外贸易，改革海关制度，等等。其次，他明确宣布新中国愿意在平等、互利和互相尊重领土主权的基础上同一切国家建立外交关系。我国在同其他国家建立外交关系时，始终在台湾问题上坚持独立自主的立场。在中美建交谈判时，他强调指出，台湾问题是阻碍中美两国关系正常化的关键问题。中国政府坚持将美国同台湾断绝"外交关系"、废除"美蒋条约"、把美国武装力量和军事

⑬ 《周恩来研究学术讨论会论文集》，第560页，中央文献出版社，1988年。

设施从台湾撤走等作为中美关系正常化的必要条件。1972 年 1 月，尼克松访华前夕，美国白宫发言人齐格勒向中方提出，在尼克松总统访华期间，随行的记者将通过通讯卫星向美国转发电视、电讯等，中国政府不必花钱租用，只要求中方修建地面站即可，费用由美国承担。外交部向周总理进行了汇报。周恩来听到后，马上指出，这不是花多少钱的问题，这是涉及中国主权的问题，要维护主权又要圆满地解决卫星租金问题。他要负责交涉此事的同志告诉美方三条约定。请美方为中国政府租用一颗通讯卫星，在租用期间，这颗卫星的所有权属于中国政府，中国政府的租用费和美国政府的使用费都要合理。这样既维护了国家主权，又顾及了经济效果。

诚信原则。周恩来非常重视广州交易会的诚信、质量、信息交流等问题。1971 年春交会时，有外商反映我们的外贸企业不能认真履行合同。周恩来知道后，立即批示："今年春交会闭幕后，各省市、各总公司的同志不要马上走，要很好地进行总结。有一些外商指出我们不能按合同交货，贸易函电迟迟不复。各省市争着成交，成交后又不认真履行合同。我们是社会主义对外贸易，这样对外影响不好！订了合同就要按期交货，不交不行。"1972 年 4 月 9 日晚，周恩来在广州军区礼堂接见广交会代表。这次接见，周恩来主要强调了要重视出口商品的质量。他批评了一批质量不好的产品，并指示，离春交会还有 5 天时间，有问题的产品要马上撤，质量问题非抓紧不可。针对当时外贸和生产互相脱节的情况，他特别指出，广交会不仅要是一个商品交易的场所，更要是一个重要的信息交流场所，做外贸工作的一定要了解生产情况，做到以外贸促生产。

一切从实际出发。早在建国初的一次政务院会议上，他要求学习苏联经验要从实际出发，不要生搬硬套，尽量避免重复他们的缺点和错误。当时苏联片面发展重工业，忽视农业、轻工业的错误虽然没有完全暴露出来，但是，周恩来从我国是农业国的实际出发，提出："我们必须在发展农业的基础上发展工业，在工业的领导下提高农业的生产水平。没有农业基础，工业不能前进；没有工业领导，农业就无法发展。"⑭ 在对外开放中，为了坚持从实际出发，他甚至不惜承担风险。1960 年底，我国口粮奇缺，当时进口粮食是个禁区。但他总揽全局，权衡利弊，毅然决定进口粮食。从 1961 年到 1965 年，每年进口粮食 5010 万吨，缓解了我国口粮紧张的状况。"文化大革命"期间，他又大胆提出粮食进出口"以出养进"的做法。出口好大米，好大豆，换回两倍的小麦。结果多得了粮食，又赚了外汇。从 1971 年到 1976 年进出口相抵，国内增加粮食 187.33 亿斤，国家增加外汇收入7.27 亿元。

三、周恩来促进对外开放的主要实践

1. 对外贸易

新中国成立初期，美国对我国封锁禁运。为了打破美国的封锁禁运政策，开展我国同世界各国的交往周总理十分注意从贸易上寻求突破。通过贸易，特别是对西方国家的贸易，促使某些西方国家政府放宽贸易限制。对外贸易部和贸促会等机构在 19 世纪年代开展的对资本主义国家的贸易活动，就是在周总理的直接领导和关怀下进行的。以日本为例。周恩来始终关注着与日本的经济接触，决定从民间经济贸易入手，以民促官。这和日本的民间要求不谋而合。1952 年周恩来指示参加莫斯科国际经济会议的南汉宸等，要求他们利用这一机会和与会的日本代表宫腰喜助等联系，邀请他们访华。经过半个月的会谈，中日第一个民间贸易协定——《中日贸易协议》终于达成。第一个民间贸易协定签订

⑭ 《周恩来选集》下卷，第 10 页，人民出版社，1984 年。

后，中日双方又签订了第二、三次中日民间贸易协定。这一段时期中日民间贸易额逐步增长，特别是从 1955 年后中日贸易额连续三年超过 1 亿美元。仅 1955 年至 1956 年周恩来就会见日本代表团 32 次，接见 47 个代表团。雷任民后来回忆："50 年代，我国一直重视打开同西方国家的贸易大门。""周恩来密切注意日本形势的变化，部署对日的工作。在贸易方面，指示我们对日签订具有半官方性质的贸易协定，并通过两国相互举办展览会等活动，以推动中日邦交正常化。"⑮ 中日两国开创了一种全新的贸易形式——备忘录式贸易，开国际贸易之先例。

2. 关心广州交易会

20 世纪 50 年代，西方国家对我国实行经济封锁，中国急需寻找一条扩大对外贸易的渠道。1956 年 11 月 10 日至 1957 年 1 月 9 日，在周恩来的直接过问下，中国国际贸易促进委员会在广州举办了新中国第一届大型的国际贸易盛会——中国出口商品展览会。鉴于这次展览会的成功举办，外贸界人士建议凭借广东与港澳客商联系密切的优势，在广州举行全国性的出口商品交流会。这个建议得到周恩来的支持。从 1957 年 4 月 15 日起，中国出口商品交易会便每年两届定期在广州举行。1958 年，在一次接见外贸部的有关负责人时，周恩来表示，中国出口商品交易会这一名称太长，既然在广州举办，干脆简称为广交会。于是，广交会这一称呼便流行开来。广交会创办以来，数易会址，曾先后在中苏友好大厦、侨光路陈列馆、起义路陈列馆、流花路展览馆 4 个会址举办。1958 年春交会时，广交会迁至侨光路陈列馆举行。同年秋，周恩来在陪同朝鲜领导人金日成参观交易会时指出，"展馆太小，应该新建一座大馆了"。起义路陈列馆在 1959 年 11 月 1 日第六届广交会开幕时投入使用。到 1970 年秋交会，交易会

---

⑮ 《不尽的思念》，第 250 页，中央文献出版社，1987 年。

场地严重不足的状况比以前更加突出：谈判间奇缺，参观与洽谈相互干扰，影响效果。经周恩来批示，国家批准立项"广州外贸工程"，拨专款 6000 万元。1974 年 4 月建成广州外贸中心大楼。

1967 年春，红卫兵的造反运动轰轰烈烈。当时北京工艺品学校的红卫兵造广州工艺馆的反，距离广交会开幕仅有几天时间，周恩来听到汇报后，马上发来一份明码电报，要求交易会和为交易会服务的宾馆、旅店、剧院一律停止"大鸣、大放、大字报、大辩论"。4 月 14 日清晨 6 时，周恩来又就此事致信毛泽东、林彪，信发出仅 1 小时后，周恩来便赶赴广州，同有关负责人谈话，四次与广州群众组织代表座谈，并到交易会筹展现场了解情况。这样，1967 年的春交会才正常开幕。

3. 引进先进技术和设备

1950 年初毛泽东、周恩来在莫斯科同斯大林会谈的重要议题之一是中苏贸易和苏联对华援助问题。2 月 14 日周恩来在克里姆林宫与苏方签订了《中苏友好同盟互助条约》。1950 年 4 月中苏双方在莫斯科签订了两国政府间的贸易协定，对中苏贸易做了具体详细的规定，成为中苏开展经济贸易往来之根本依据。1953 年5 月，双方签订《关于苏维埃社会主义共和国联盟援助中华人民共和国发展国民经济的协定》等 8 个文件。在协定和议定书中，苏联承诺援助中国建设 91 个项目，再加上 1950 年协议中规定的50 个项目共 141 个。1954 年 10 月 12 日中苏双方又签订了《中苏关于苏联帮助中华人民共和国政府新建 15 项工业企业和扩大原有协定规定的 141 项企业设备的供应范围的议定书》等一系列协定。至此，苏联援建的项目共有 156 项，通称"156 项工程"。此后，中苏又签订了 3 个协定，包括 158 个成套设备项目。除上述304 个项目外，苏联还供应了 64 个单独车间、研究所及装置。这些成套设备项目对于中国基础工业的建设与发展，起了极其重要的作用。

1973 年，国务院批准并开始实施著名的"四三方案"。即用 43 亿美元，从国外进口先进的成套设备和单机。引进项目包括 13 套大化肥、4 套大化纤、3 套石油化工、1 个烷基苯工厂、43 套综合采煤机组，3 个大电站，以及透平压缩机、燃气轮机制造工厂和斯贝发动机等等。"四三方案"自 1973 年起陆续签约、执行。加上后来追加的项目，达到 51.4 亿美元。

4. 利用外资

针对我国建国初期国内建设资金严重短缺的状况，周恩来考虑："是不是可以借外债呢？我们需要外援。友邦的援助我们是欢迎的，因为它是真诚的。"1950 年 2 月，周恩来与苏联外长维辛斯基订立贷款给中华人民共和国的协定，以后中国与苏联及东欧国家又陆续签订了几个贷款合同，贷款总额将近 30 亿美元。苏联不再援华后，我国利用外资、华侨资金，主要是采取延期付款的形式。另外，为购买成套设备与技术，也利用中国银行在海外外汇存款这一形式。

5. 中外文化交流

实行对外开放，就必然要涉及一个如何对待外来文化的问题，周恩来认为，"说中国一切都好或一切都不好，都是不对的，应该批判地接受一切中外文化"，国与国之间"应该在平等互利的基础上建立和发展各国之间的正常的经济和文化关系"，因为"各国人民在文化上的交流，正如在经济上的合作一样，也是促使各国之间的和平、友谊和合作得到巩固的一个重要条件"。针对当时我国经济、文化落后的状况，周恩来强调，我们必须抱着知错必改的态度，加强与国外的文化交流，这样"有助于消除我们在殖民主义的长期掠夺和压迫下所造成的经济上和文化上的落后状态"。在中外文化交流中，周恩来坚持"以我为主"的原则，指出："我们是中国人，总要以自己的东西为主，但是也不能排外，闭关自守，如果那样就是复古主义了。外国好的东西也要加以吸收，使它溶化在我们民族的文化里。我们的民族从来是善于吸收其他民族的优秀文化的。"⑯

6. 充分发挥香港自由港作用

早在新中国成立之际，周恩来等老一辈革命家就高瞻远瞩地把暂不收回香港作为新中国国际战略全局考虑的重要方针。1949年初，英方就从香港进步报纸的社论中感到了北京向港英发出的"信号"。社论中说："中英间虽然还有些悬案如九龙城问题等未解决，只要彼此谅解，以友好态度处理并不足以阻碍双方的邦交。"果然不久，英方从秘密途径得知周恩来提出的三项条件即香港不能用作反对中国的军事基地，不许香港进行旨在破坏中国的活动，中国在港人员必须得到保护。只要遵守这三项条件，香港就可以长期继续现状⑰。英国考虑自己在华的贸易利益，在承认中国新政权后，1950年3月2日，英国派代表到北京开始建交谈判，在西方大国中率先承认新中国。

香港有着着得天独厚的地理环境，它是世界的时区中心，是极其重要的世界中转港，具备成为国际金融贸易中心的有利条件。而且，香港的自由经济政策更增强了国际经济地位。并且香港早就与大陆有着密切的经济交往。1951年香港华润公司杨琳等回北京汇报工作，陈云向他们传达了周恩来对香港要"长期打算充分利用"的政策，就是要为了打破美国的对华封锁，要把香港作为打开通向西方资本主义国家的贸易通道。

从1950年到1978年的28年中，内地从对港出口中获得的外汇收入，占同期外贸出口总额的21.6%。内地经香港转口的商品年均递增30%以上，且使我国商品得以出口到一些因政治原因而没有直接贸易往来的国家。

---

⑯ 《周恩来选集》下卷，第343页，人民出版社，1984年。

⑰ 《梅园通讯》2007年第4期，第21页。

四、周恩来对外开放思想的历史局限

我们说，在改革开放前毛泽东、周恩来等老一辈革命家就在对外开放方面进行了有关探索，但应该看到 30 年前我国对外开放规模小、路子窄、层次浅。从数据上看，我国贸易总额 1976年是 1950 年的 10 倍，而出口贸易占国民生产总值的比重一直在百分之五、六左右。贸易仅限于调剂余缺，而不是谋求相对比较利益，进口产品不能及时反映当代科技水平。一些对外开放的主客观条件和外部环境条件当时尚不具备，这是周恩来对外开放思想受到历史局限的原因。

以美国为首的西方资本主义国家对我国的封锁是周恩来对外开放思想受到局限的国际环境原因。第二次世界大战后，国际上形成社会主义、资本主义两大阵营。中华人民共和国站在社会主义阵营一边。美帝国主义妄图把她扼杀在摇篮中，它宣布不承认中国，不同它做生意，而且发动侵朝战争。此外，美国等 14 个资本主义国家，在巴黎成立了对社会主义国家实行封锁、禁运的组织——"巴黎统筹委员会"，尤其将中国作为封锁的重点，参加禁运的国家达 36 个。中国根本不可能也无法对西方国家开放。五十年代末，中苏关系逐渐恶化，从此向苏联东欧开放也失去了条件。这样使中国处在美苏对峙的夹缝中，严重的国际形势是制约中国开放的最重要原因。

周恩来在主观认识上也存在一定的局限。新中国成立以后，由于缺乏建设社会主义的经验，因此只能较多地仿效苏联，发展高度集中的计划经济。斯大林认为，"两个对立阵营的存在所造成的经济结果，就是统一的无所不包的世界市场瓦解了，因而现在就有了两个平等也是互相对立的世界市场"。这种"社会主义与资本主义两个并行不悖的市场"思想的影响，使得我国未能将国内建设同国际市场接轨。不需讳言的是周恩来自己在这方面也产生过一些思想的误区，如 1964 年会见日本关西经济访华团时说："不但是外债，解放后发行的国债大部分也还清了。"他认为，"无债一身轻"⑱。因此，周恩来在当时没有也不可能提出完整意义上的"对外开放"这一概念和制定出对外开放的宏伟蓝图。诚然，建国后的 20 多年中，我国也积极发展对外经济、技术和文化的交流，也实行过一定程度的对外开放，并取得了一定的成绩，但这种对外开放在很大程度上是与政治紧密相连的，甚至是推进外交的一种策略和手段。如援助金额占同期财政收入的 5.88%，超越了我国财政的承受力。由于没有认识到对外开放更是发展社会主义生产力的必要条件和巨大动力，因此在执行的过程中必然缺乏自觉性，并极易受到错误思想的干扰影响。

受毛泽东晚年一些错误指导思想的影响。反右派斗争使党内"左"的思想不断发展，毛泽东的思想也日益向左，曾试图以狠抓阶级斗争和改变生产关系来推动生产力的发展，决心通过阶级斗争铲除资本主义、修正主义的土壤，建立一个纯而又纯的社会主义社会。同时，又把"既无外债，又无内债"作为衡量一个国家经济强盛的重要标志之一。在"反修防修"口号下，盲目地批判资产阶级，一个劲地批判"崇洋眉外"把一切外国的东西都当成资本主义的东西予以否定排斥。这样一来，由于"左"倾思想的影响导致我国在当时，既不愿意，也无精力实行对外开放了。在错误思想的影响下，周恩来的对外开放思想没有取得更为巨大的成就。

（原载《中共党史论丛》（第四辑），中共党史出版社，2009年）

---

⑱ 《周恩来外交文选》，第 118 页，中央文献出版社，1990 年。

周恩来生命最后想到的

秦九凤

一、病讯一出神州惊

1972 年 5 月 12 日，开国总理周恩来的保健大夫张佐良在为周恩来作每月一次的小便常规检查时，从显微镜的高倍放大视野里发现了 4 个红细胞。3 天后，当再一次为他复检时，红细胞的数量一下就增加了一倍：8 个！复检是由北京医院进行的，尿细胞病理学检查报告单上赫然写着"膀胱移行上皮细胞癌"九个结论性大字。

以当时的国际国内形势而言，周总理得了癌症犹如一个晴天霹雳！没有了他，我们这个国家怎么得了？周恩来一如既往地平静，一生中经历过无数次凶险的他以惊人的毅力和超人的意志顽强和病魔抗争着，与各种明枪暗箭较量着，还要与国际国内的各种恶势力战斗着。他是个聪明人，十分清楚自己在全党、全军和全国人民心目中的分量。他不能一病就倒，更不能因为自己身患绝症而在精神上崩溃。他甚至悲怆地喊出了"党要我多活几天，我就活几天"。

周恩来顽强地工作到两年以后的 1974 年。这时，他的膀胱癌已多次复发，血尿不止。血尿一多时便凝成血块堵塞尿道内口，使得他排尿不畅且异常痛苦，"有时疼得总理在沙发上翻滚"，"他的病已到了再不住院治疗随时就可能由于血尿疼痛引发心脏病而危及他的生命危险了"。这是张佐良大夫 1997 年在北京周恩来生前副卫士长张树迎家中对笔者讲述的，听了真是催人泪下。于是，从 1974 年 6 月 1 日起，周恩来不得不告别工作和生活了 26 年的西花厅，来到中国人民解放军 305 医院住院治疗，从而开始了伟人生命的最后阶段。

周恩来生命的最后想到了什么？

二、身患重病为人民

据周恩来工作台历上的记录统计，周恩来从 1974 年 1 到 5 月 139 天的工作量是：

每天 12～14 小时的是 9 天，14～18 小时的是 74 天，19～23 小时的有 38 天，连续不间断工作 24 小时的有 5 天，只有 13 天的工作时间在 12 个小时以内。

对于一个 70 大几岁的高龄老人，如此繁重的工作量，除了周恩来，谁能承受得了？因此周恩来是被累病的，也是被累"倒"的。

他的卫士乔金旺同志在北京西城家中亲口对笔者说过："总理住院期间对我说过，'老乔啊，是文化大革命把我累倒了！文化大革命至少使我少活十年！'"这位跟随周恩来走南闯北几十年，在周恩来生命的最后阶段曾经用双手为周恩来接大便的忠诚卫士、一个铁骨铮铮的汉子，在学说周恩来的这两句话时，两眼充满了盈盈泪花。

在周恩来生命的最后一段岁月里，人们熟知的有他抱病飞长沙为"四届人大"组阁的事面见毛泽东，从而挫败了"四人帮"阴谋夺权的计划等等大事。总之，他还承担着我们党和国家大量的、繁重的工作任务。这些在由中央文献研究室编写的《周恩来传》、《周恩来年谱》上均有详尽的记载。而在这里我说的却是社会上大多无人知道的一些"小事"，这些"小事"有的在《周恩来年谱》上有几个字的记载，但无法详实，更多的则不见任何经史子集。但是，从这些平凡的小事上，却凸显出周恩来形象的高大和他的爱国爱民精神的完美。

三、遗言国宝交故宫

周恩来临终交待邓颖超同志，将他六伯父原来收藏的、他自己平常喜欢观赏的那批国宝级文物在他去世后"全部交给国家，由故宫博物院全权处理"。

周恩来的六伯父谱名周贻良，字嵩尧，号峋芝，清同治十二年（1873 年）生，光绪丁酉科（1897 年）举人。晚清时任过淮安府总文案、邮传部郎中掌路政司，民国初年又曾任袁世凯大帅府的秘书，江西、江苏督军李纯的秘书长等重要职务。周嵩尧在任期间，严于律己，政绩斐然，深具民望。后因看不惯民国初年军阀们明争暗斗的官场黑暗，弃官归里居于扬州，与江泽民同志的祖父江石溪、散文家朱自清等组织冶冷后社，互相诗文酬祚。同时，他还对收藏和鉴赏老古董、名字画产生了兴趣。最后竟倾毕生积蓄收藏到了一批周代玉圭、秦代诏版、汉代钱币、宋代名家字画等数十件国宝级文物。

抗战爆发后，日伪出于对周嵩尧声望地位的器重，曾派出要员登门请其出山，许以高官厚禄，为所谓的"大东亚共荣"效力。周嵩尧在一腔爱国良心的驱使下，同时也有着侄儿周恩来对他的一定影响，坚持不允，最后不得不避居到扬州乡间以躲避日伪方面对他的纠缠。

周嵩尧虽只有一子，但孙子辈多，日占期间物价飞涨，民不聊生。他一家坐吃山空，生活很困难。一次，家中实在揭不开锅，周嵩尧在万般无奈之下将自己珍藏多年的一本清代画家王云作的山水画册到市场上变卖了籴米下锅。不料这本画册流传到上海古玩市场后被周嵩尧的一位好友发现了。他知道这是峋芝先生的心爱之物，流进市场说明他的生活已到了难以为继的程度了。这位十分重义气的朋友立即将其买了下来，亲自送到扬州周嵩尧家中，还给了他一些钱让他度过当时的困难。

建国初，周嵩尧已年近八旬，但身板硬朗，思维敏捷。忙于新政府组建的周恩来想到了这位在晚清、民国初年供职于政界的伯父，是个就近讨教的好老师，因此就安排周嵩尧到全国政协中央文史馆做首批馆员。这是迄今为止，周恩来在担任国务院总理26年之间唯一以自己名义安排的亲属。他在安排周嵩尧为文史馆员时还对六伯父说："这次安排你为中央文史馆员不是因为你是我的伯父，而是你在民国年间有两件德政：一是袁世凯称帝时，你作为他大帅府的秘书却没有跟他走，这是一个有胆有识、又益国利民的行动。二是在江苏督军李纯秘书长任上，你为平息江浙两省军阀的一场混战作出了重要贡献，使这两省人民免遭了战火涂炭。现在人民当家做主了，应该考虑你为人民做点事。"

1953 年 9 月 2 日，周嵩尧在京病逝。去世前，他遗言将自己收藏一生的贵重文物全部赠送给他的侄儿周恩来。周恩来临终前（具体哪一天无法考证）又遗言邓颖超，"将这批文物全部交给国家，由故宫博物院全权处理"。

1995 年，已故的故宫博物院原常务副院长孙觉同志回家乡阜宁时，顺道淮安（今楚州，下同）参观周恩来纪念馆。座谈时，孙觉同志主动提出，周总理遗赠"故宫"的这批文物，"故宫"方面一直没有登记入库，作临时寄存处理，如果周恩来纪念馆有意收藏，他可以帮忙联系。我们当然是求之不得。后经笔者六上北京，终于将这批 20 类 24 件珍贵文物（周代玉圭、秦代青铜质诏版、宋代燕文贵山水画等）全部由故宫提出，转为周恩来纪念馆收藏。

1997 年 3 月 5 日周恩来诞辰 99 周年时，周嵩尧的后代 30 多人聚集周恩来纪念馆，他们提出要看一看"老太爷"当年的藏品。当这批国宝——展示时，除清代王云的一幅中堂国画他们曾见过外，其余均从未见到过，可见周嵩尧对这批国宝已爱到何种程度了。笔者还曾就此事请教过周恩来贴身卫士高振普同志。他证实是在周恩来逝世约一个月后，大姐（指邓颖超）让他和赵茂峰（周恩来的机要秘书）两人将这批文物送去故宫的。现在这批珍贵文物都收藏在淮安周恩来纪念馆，也是该馆最为重要的一部分藏品。

四、希望小平忍一忍

据周恩来贴身卫士高振普将军回忆，大约在 1975 年的下半年八月份的某一天，周恩来的病势已很沉重，他是个聪明人，已知道治疗无望，而在"四人帮"的严重干扰破坏下，国事日非。小平同志虽已出来工作，但不住遭到江青等人的造谣中伤，随时面临保不住职务的危险，而且他的位置排得也比较靠后，周恩来清楚认识到邓小平的治国才能和人品学识，是毛泽东之后人民共和国的中流砥柱，必须要提到自己当时"二把手"的位置，以后"接班"才能顺理成章。那天周恩来头脑比较清醒。他不顾病情折磨，突然要求病房内的医生、护士全部退到病房外。这是他住院期间仅有的一次。

病房里只剩下邓颖超和高振普之后，周恩来要高拿来纸笔，让他写东西。高振普帮助他做好一切，并帮他坐稳后，也转身要退出去，但被周恩来阻止了。事实上，他当时长坐已很困难，也必须要有人扶着他。这时，周恩来用左手托着放好纸的木板，用右手颤抖着写字。邓颖超见他手抖抓笔不牢、写字费劲的样子，便对他说："你口述，我代你写。"周恩来头也不抬地回答说："不用了，还是我亲自写。"

高振普看见他是在向毛主席写信，提议由小平同志代替他自己担任的国家和党内的职务位置。高振普回忆说，周总理在信中虽没有写上要小平同志任党内"第一副主席"和"国务院第一副总理",但明眼人一看就知,是要把小平同志提拔到"二把手"——接班人的位置。这是周恩来在生命的最后阶段,拼尽全力举荐小平同志的最后一搏。

周恩来的这封信写好后交给了邓颖超,由她转交中央,并向小平同志通报了信的内容,但后来没有音讯。

自从邓小平再度出山,担任中共中央副主席、中央军委副主席、国务院副总理并兼中国人民解放军总参谋长的职务以后,因为这时的周恩来病势越来越沉,毛泽东的身体也每况愈下,将小平同志安排到这种位置上显然是毛泽东考虑到他的百年之后。但是,这种安排却急坏了"四人帮"一伙。自"文革"以来,他们的目的就是要篡党夺权、登上党和国家领导的位置,眼看着梦想就要成真了,被他们"打倒"的邓小平却像个程咬金一样从半路"杀"了出来,又一次挡住了他们登峰造极的道路。

"四人帮"们自然不甘心快到手的果子被他人摘去。他们先后制造了"风庆轮"事件、"蜗牛"事件等等,千方百计要将小平同志再一次扳倒。然而,由于毛泽东慧眼识珠,对"四人帮"保持足够的警惕,特别是对江青的一些做法更是从恨铁不成钢到不满意,所以尽管"四人帮"对小平同志一再告状,他都置之不理,并且严厉地警告他们不要搞成四人小宗派,结成"四人帮"。但是,江青一伙人没有甘心。到了1975年11月份,江青又串通毛远新(时任毛泽东和政治局之间的联络员、毛泽东嫡亲侄儿)向毛泽东回报说,邓小平"整顿"的结果是要翻"文化大革命"的案。这就触动了毛泽东的神经。因为毛泽东曾对自己的身边人员说过:"我毛泽东一生也就做了两件事:第一,打倒了蒋介石;第二,搞了个文化大革命。对前一件事,反对的人不多;对后一件事,赞成的人不多。"因此,毛泽东晚年最大的一块"心病"就是怕他身后有人站出来算"文化大革命"的账。于是,他利用和小平同志一起会见外宾结束后的机会，正式"考验"邓小平："小平同志，趁我还健在，你主持一个政治局会议，把文化大革命的结论做一下。还是那句老话：功过三七开。"殊不知，邓小平和毛泽东有着一样的性格，他不愿意在这样重大的原则问题上作违心之举，就冷冷地回告毛泽东说："主席呀，文化大革命的结论我做不合适，我是桃花源中人。不知有汉，何论魏晋。"毛泽东一听大失所望，已隐隐觉察到小平同志接班后必定要翻"文化大革命"的案，算"文化大革命"的账。这样，邓小平面临的再一次被"靠边"的命运就只剩下个时间问题了。

1997年10月间，为纪念周恩来百年诞辰的事，我在北京西城周恩来副卫士长张树迎家中拜会张树迎同志。他悄悄告诉我，小平同志那次和主席的谈话一结束，他就感到情况的不妙和形势的严峻，便匆匆驱车赶来305医院向周恩来报告。

"那天是我在总理身边值班。总理病势已经很沉，时有昏迷，有时昏睡。当我告诉他，小平同志来了，他费力地睁开眼，已不能起坐，双方只轻轻握了一下手，小平同志就坐在床边，把毛泽东和他的谈话内容告诉了总理。我见总理听了是有点生气的，是瞪着眼睛对小平同志说：'你就不能忍一忍？'"

这是当时健在的张树迎同志留在我采访笔记本上的记录。他还说，一般情况下，首长们谈话我们工作人员是应该回避的，但当时总理已病势沉沉，随时需要人照料，所以我们值班人员不能离开。

周恩来要小平同志"忍一忍"的潜意识我们是不是可以这样理解：你就按照他说的先去做个决议，待他百年之后你再另砌炉灶不是一样吗？因为对于周恩来来说，他太熟悉毛泽东在重大原则问题上寸步不让的性格了。至于邓小平以后会怎么做，我周恩来更是"纸糊的灯笼——一肚子明白"。我周恩来拼了老命举荐你，你竟然不忍不让一下。所以，人们常说，周恩来一生忧国忧民，这就是他晚年的真实心态，也是他带着忧国忧民心理离开人世的一个典型事例。

五、遗言骨灰撒大地

1976 年 1 月 15 日周恩来的追悼大会结束后，邓颖超同志领着参与治丧的工作人员围住周恩来骨灰三鞠躬。然后邓颖超趋前打开骨灰盒，一边用手轻轻地抚摸着骨灰，一边眼含热泪地说："恩来，你的愿望就要实现了，你安息吧。"室内顿时传出一片恸哭声。

邓颖超这里说的是周恩来的什么"愿望"呢？这个愿望就是撒掉他的骨灰。周恩来是位彻底的唯物主义者。他一生都在考虑着国家和人民的利益。在殡葬改革问题上更是体现了他的这种始终如一的精神。

早在 1956 年，我们党从我们国家地少人多的国情出发，就向全党发出了人死后火化、不再安葬留坟的倡议。毛泽东、周恩来等都带头签名，表示同意和支持。

周恩来为了给党员干部们带个好头，他早在 1958 年就派总理办公室主任童小鹏同志到重庆将 1940 年和 1942 年分别在那里谢世的岳母杨振德女士和父亲周劭纲先生的灵柩挖出，火化后再深埋，不再保留坟头，小龙坎的坟地交地方耕种。接着，他又在 1965 年的旧历除夕派侄儿周尔萃回到故乡淮安，做通周家有关亲属的思想工作，说服了淮安县委和地方干部群众，将他家落在淮安东门外的七座祖茔全部平掉，棺木就地下沉，坟地也交给了当地生产队耕种。后来他又说服绍兴有关族人，将留在绍兴的祖茔也都平坟还耕。

周恩来说："人死了，不做事了，还要占一块地盘，这是私有观念的表现。我们中国人多地少，所以坟地问题一定要解决。"高瞻远瞩的周恩来并没有就此止步。他认为，中国几千年以来一直崇尚厚葬祖先的做法远不合时代发展的脚步，他仅仅平掉祖坟，还耕于民的做法也还不够，对殡葬改革的推动也还不彻底，因此，他又和邓颖超相约：死后火化、撒掉骨灰。

周恩来的生前贴身卫士韩福裕同志对笔者说过，周总理、邓大姐他们夫妇俩认为，我们中国人从全尸下葬保留坟头到深葬不留坟头只是殡葬改革的第一步；从死后火化保留骨灰算是第二步；只有从火化后不保留骨灰才是殡葬意义上的彻底改革。"人生来是为人民服务的。生前的工作、劳动是为人民服务；死后火化撒掉骨灰，落到水里可以喂鱼虾，落在地上的，可以作为植物的肥料，还在继续为人民服务。只有这样，人类才是生生不灭的。"

但是，周恩来和邓颖超相约火化后撒掉骨灰的做法周恩来却一直有一个担心：不知道他们俩谁先去世。他认为，如果邓颖超先于他去世，他保证能撒掉邓颖超的骨灰，如果周恩来先于邓颖超去世，他十分担心邓颖超办不成撒周恩来骨灰的事。

1976 年 1 月 8 号周恩来逝世后，邓颖超同志很快向中央打了报告，要求周恩来遗体火化后撒掉骨灰，并最终得到中央的批准。这样，才有了邓颖超同志一边抚摸着周恩来骨灰一边说"恩来，你的愿望就要实现了"的这句动人心弦的话。

六、北海湖畔祭老舍

周恩来就治的医院是中国人民解放军所属的 305 医院，在北海公园的西侧，与中南海西花厅仅一街（文津街）之隔。"文革"年间，北海公园已被当作封、资、修的东西而关闭。这倒给病中的周恩来平添了几分方便：院方在周恩来病房东侧开了一个便门，有时周恩来便在医护人员和身边工作人员陪同下到北海公园散步。

有一次，周恩来一行散步到北海公园的仿膳饭庄，特意请来仿膳的工作人员给他做了两道素淡的菜，一边吃一边品尝一边观赏。当周恩来目光落到"仿膳"牌匾、见到下边的题签已被人挖掉时，脸色骤然严肃起来，就问身旁一位服务员说："你知道你们这'仿膳'两个字是谁写的吗？"由于"文革"年间仿膳也已被迫停业，人们对被造反派们"除四旧"除掉的东西还多少有点敏感，在周总理的面前怎么说呢？所以服务员欲言又止。周恩来没等服务员回答，就接着又说："你们还是应该把老舍的名字补上去嘛！"

北海公园的仿膳饭庄原来是一处专为帝王和皇亲国戚们做饭的地方，建国后交由人民营业。仿膳的领导人便想请一位名人为饭庄题写个店名。他们首先想到了郭沫若。可郭老收到他们请求题字的信后认为，他的字太草，写出来不一定好看，一般群众又不认识，因此建议他们请字写得比较规矩工整的老舍先生题写。老舍先生二话没说，就给饭庄写了"仿膳"两个大字，然后店方制成一块牌匾，高高地悬挂起来，给饭店平添了几分高雅和壮观。"文革"风起之后，造反成了时尚，破"四旧"成风，被诬为"美国特务"、"修正主义分子"和"反革命分子"的老舍就不能留名在人世间了，所以，"仿膳"下的署名"老舍"两字就被强行挖掉了。

周恩来和老舍先生有着极其深厚的友谊。他俩从抗战年间相识，然后相交、相知，情谊与日俱增。然而，在那场"史无前例"的浩劫中，老舍先生却被多次毒打、迫害，并于1966年8月24日投进北京太平湖（此湖今已不存）自杀身亡。周恩来得到此噩耗后，曾当着身边工作人员的面跺着脚说："把老舍先生弄到这步田地，叫我怎么向社会交待啊！"

1966年国庆节，在天安门上，周恩来见到了北京市副市长王昆仑先生。王是当时唯一未被"罢官"、"夺权"的副市长，是老舍先生被迫害、挨打的在场见证人。周恩来就向王昆仑打听老舍的情况，之后又约到西花厅详谈，终于了解到事情的真相和全过程。但在那种非常时期，周恩来也只能忍住悲痛和愤怒，无法直抒胸臆，公开向人民表达自己的情感。但是，他发了话，仿膳饭庄还是很快在"仿膳"牌匾上补上了"老舍"两字的题签。

1975 年 8 月 24 日，是老舍先生罹难的九周年。残阳夕照，周恩来又一次在医护人员和身边人员陪同下散步在北海公园。走着走着，周恩来停下了脚步，硬生生地站在那里，默默地望着静静的湖水出神。几分钟过后，他突然转过身，问身边人员："你知道今天是什么日子吗？""不知道。"对方一时不明白他意思，望着他摇了摇头。"今天是老舍先生的祭日！"接着，他又问，"你知道他是怎么死的吗？""听人说过，很不详细……""我知道。"周恩来语气沉稳而又坚定："让我详细地讲给你听。"之后，周恩来一边望着湖中的粼粼碧波，一边心情沉重的讲述着。

那北海湖畔的周恩来独白，是他对老朋友老舍先生无限深情的怀念，也是在那个时代他的一个无可奈何的追思！这种"周恩来式"的怀念和追思也是他在那个特殊年代将老舍先生死因真相传递给他人的一种曲折的方法。他既是要人们永远不要忘记人类的这个遗憾，也是让人们永远记取这个惨痛的教训，更像是他在为老舍先生亲自致的一篇悼词。1997 年 10 月，笔者在北京南河沿老舍夫人胡絜青老人家中访问她。胡老提起周恩来在北海湖畔的事说："那是总理在跟舍予作最后一次知根知底的交谈。"

七、《养蜂促农》赠藏胞

周恩来一生有两件比较遗憾的事：一是未能去过台湾，二是未能到过西藏。但他对藏胞一直是十分关心，并且一直不放过去西藏的机会。早在 1965 年西藏自治区成立时，他就曾提出率团赴藏，后因高原气候，身体等原因未能成行，改派谢富治前往。

1975 年 9 月是西藏自治区成立十周年。周恩来为了圆自己去一趟西藏的梦想，再次提出由他率中央代表团进藏。他的医疗领导小组有关人士经询问他的医疗组组长吴阶平大夫。吴大夫作了十分否定的回答："总理目前病势很沉，根本适应不了高原缺氧等高山反映。"周恩来的身边人员对笔者说，如果当时一口回绝他的这么一个美好意愿，他心里肯定很不好受。于是，只好编造说，由于造反派们的破坏，西藏机场难以正常起降大型飞机，目前正在抓紧抢修，待修好后再将具体情况回报。周恩来是个聪明人，人们这么一说，他也就不再坚持了。后来，中央决定由华国锋任中央代表团团长率团进藏参加西藏自治区成立十周年的庆祝活动。

1994 年 9 月上旬，当时的中共淮安市委为筹备纪念周恩来的百年诞辰活动，进京征求各有关方面的意见。笔者有幸在黄城根华国锋家中拜见了华国锋同志，请他讲述了周恩来当时对他的召见。华国锋同志回忆说，1975 年 8 月 29 日，周总理把我叫到他的病房，对我说，你们到了西藏后，要转达他对西藏人民的问候，要鼓励进藏的各族干部和解放军指战员，感谢他们这些年在西藏的辛苦工作和取得的卓有成效的成绩。一定要告诉进藏的同志们，要特别注意执行党的民族宗教政策，注意培养民族干部，让民族干部大批的、尽快地成长起来。

华老说，总理当时病情已经很重。他说了一会还要休息一下才继续说。他告诉我，你是中央代表团团长，要叫他们搞好统一、搞好民族大团结，军政、军民和各民族之间，要相互支持，互相学习，互相尊重。只有增强各方面团结，才能有一个安定的政治局面，才能发展经济，改善和提高物质文化生活条件。在发展经济的同时，还要注意保护好森林和各种自然资源，一定要造福于子孙后代。华老说，总理谈的时间比较长，内容也比较多。从他那里刚回到家，又接到他打来电话说："我看过一部科教电影《养蜂促农》，可能适合藏民们学习、使用，你把它带到西藏去，给那里的同志们看看。但是，你不要说是我周恩来送的，就说是国务院送的。"周恩来还说，他很想念西藏人民，因为身体条件不允许，不能去看望大家了，请他们理解。可以说，周恩来是充满着感情、期望着西藏的美好谆谆嘱咐华国锋，还要求不要说出他自己，表现了他的一贯虚怀若谷的无私胸怀。

八、修史请别忘杨度

1975 年 9 月下旬，周恩来的病情急转直下，全身癌细胞快速扩散，免疫力急剧下降，不得不中止了所有接待活动和几分钟的散步运动。有时进入昏睡状态，医护人员正在按照邓小平同志的指示，尽最大的努力，延长他的生命，减少他的痛苦。

10 月 7 日，周恩来突然清醒，他望了望在病房的秘书说："你告诉王冶秋，'筹安会六君子'之一的杨度，晚年加入了中国共产党，为党做了大量工作。请王冶秋将此情况转告上海辞书出版社《辞海》修订编辑委员会，在编写'杨度'这一人物条目时，要将这一史实写入，以免日后湮没无闻。"

杨度是位传奇人物。他生于清光绪六年（1875 年），湖南湘潭人，字皙子，号虎公。是清代大学者、文学家王闿运的门生。杨度曾留学日本，被选为我国留日学生联合会副会长，与杨笃生等一起创刊《游学译编》。后来，他为清政府出洋考察宪政五大臣起草报告，任宪改编查馆提调。1907 年他又主编月刊《中国新报》、力主中国实行君主立宪制。1911 年辛亥革命爆发后，任袁世凯内阁学部副大臣，与汪精卫等一起组织国事共济会。1914 年又任袁世凯政府参政院的参政。第二年他就著作了《君宪救国论》一文，一时风靡全国。同时，他还联络孙毓筠等五人组成"筹安会"，积极策划恢复帝制，是当时全国皆知的"筹安会六君子"的重要人物。

袁世凯死后，杨度一度遭到北洋政府当局的通缉而亡命奔走。此后，杨度转而投身革命，追随孙中山，为中国的民主革命奔走呼号，十分用心。1927年，中国共产党的创始人之一的李大钊在北京被军阀张作霖逮捕后，杨度想方设法，多方营救，虽未果却表现了他对革命事业的真诚。

杨度晚年，对蒋介石独裁和残杀中国共产党人十分愤恨和不满，毅然于1929年周恩来在上海主持中央工作期间加入中国共产党。此后，尽管杨度的生命只剩下两年多时间，他却为党做了大量工作，特别是掩护革命，营救革命同志方面有着重要贡献。对进步的爱国民主人士如张澜等也倍加关护。在中共中央特科负责人顾顺章和中共中央总书记向忠发先后被捕叛变后，在上海的中共中央处于万分危急之中，时在上海的杨度在周恩来的领导安排下，也协助党做了许多事情，尽到他作为一名共产党员的责任，保卫了党中央的安全。由于杨度入党后是和周恩来单线联络，外界知道的人极少，为怕这一重要史实埋没，周恩来临终前想到了，托王冶秋转告《辞海》编委会，将其记入他的条目。这是周恩来讲究实事求是的又一光辉典范。

九、别往脸上打叉叉

1975年7月1日，周恩来带病在李先念和乔冠华的陪同下和前来访问的泰王国政府总理克立·巴莫签署了中泰两国建交公报。

送走客人之后，按照事先的"谋划"，由乔冠华出面，请求总理与大家合影留念。周恩来住院已经一年多了，人们见到的总理瘦了、苍老了，脸上的老人斑多了。自从他住院后，就很难有机会和他在一起。今天是个千载难逢的机会。当乔冠华向他提出和大家合个影的要求后，周恩来爽快地答应了。于是，李先念和乔冠华很快站到会客室的中间，两人之间给周恩来预留一个位置。周恩来在值班护士搀扶下，微笑着缓步走到大家面前，他的随行人员、医护人员和部分在场的工作人员，个个像孩子似的围拢过来，他们依偎在周恩来的身边排成前后两排，做好拍照的准备。就在摄影师杜修贤将要按下快门的时候，一个让人心颤的声音响了起来："我这是最后一次同你们合影。希望你们以后不要在我脸上打上叉叉。"周恩来这么一说，本来十分喜悦欢乐的场面冷却了下去，现场的人们心头个个像坠上了铅块一样。

在那"文革"的特殊岁月里，凡是被"四人帮"、"造反派"和"红卫兵小将"们诬为"修正主义分子"、叛徒、特务和现行反革命的人，均要在出现他们名字的时候再加上个红笔叉叉，如果有他们的照片出现（一般是从相关人家中抄出的旧照片或旧的报刊上登载的），则马上在他们认为是叛徒、特务、"黑帮"、反革命分子、"修正主义分子"等等的人脸上也打上叉叉，以向世人展示。

在十年"文革"的岁月里，周恩来处境维艰，先是要表态支持原先他根本不知道的"文化大革命"，接下来是诬陷刘少奇的"叛徒"、"内奸"和"工贼"的三顶大帽子也要周恩来明确表态。英籍华人女作家韩素英在她的《周恩来和他的世纪》一书里写道，对关于刘少奇的处理，周恩来如果不同意，那么他在 24 小时之内也要被打倒。所以，周恩来思考了一个多星期，只好忍而求其次。但是，这并不反映周恩来恋职恋权，而是周恩来清楚明白自己在全党、全国人民心目中的声望地位。"文革"中，他如果有个公开的、不同于毛泽东的声音表态，那么他自己不仅面临被打倒的危险，更重要的是全党、全军甚至于我们整个国家都面临分裂的危险，这是他最不愿意看到的结果。

事实上，"文革"风起云涌之后，周恩来一直被林彪和"四人帮"视为心腹大患，也是他们篡党夺权的最大障碍。早在"文革"初期，周恩来出于对国家法制的维护和对老干部的保护，不准造反派们揪斗刘少奇，不同意他们打倒贺龙、陈毅，多次被中央文革的人扣上"党内最大的保皇派"等大帽子，甚至周恩来在台上讲不准贴"打倒刘少奇"的大标语时，造反派竟明目张胆地从台下递上"总理，你的讲话为什么和中央文革的不一样？"这样当场责问的条子。

为保陈毅不被批斗，周恩来被造反派们使用车轮战法，先后无理纠缠他达 18 个小时，导致他心脏病发作。可是当他听说造反派们还要揪斗陈毅时，愤怒地转身回答说："如果你们要批斗陈毅，除非从我身上踏过去！"

林彪、江青一伙还采用抽丝剥茧的方法对付周恩来：把周恩来的养女孙维世、胞弟周恩寿先后诬陷进狱中，甚至迫害致死；周恩来办公室副主任许明被江青迫害自杀，周恩来的秘书周家鼎因"得罪"江青被迫隐姓埋名，连关心周恩来多一点的中办副主任杨德中和周恩来的卫士长成元功等也被江青故意制造事端赶出北京，如此等等，不一而足。后来，天津南开大学的红卫兵们又从故纸堆里翻出 1931 年国民党造谣生事登出的"伍豪等二百四十三名共产党员脱离共产党启事"，呈报江青。江青如获至宝，批发毛泽东、林彪、周恩来和其他中央领导同志。意图将周恩来诬为叛徒而后打倒。因为这件事是当时临时党中央和江西苏区都知道的事，所以毛泽东、陈云等同志都讲话予以澄清，才没让江青一伙的阴谋得逞。

1971 年林彪事件之后，中美关系又打开了大门，中国顺利地重返联合国等一系列重大事件后，周恩来在国内、国际的地位迅速上升。他就更加成了"四人帮"一伙的眼中钉、肉中刺。他们一再吹阴风、告黑状，没茬找茬，必欲置他于死地而后快。终于，在基辛格二次访华时，说周恩来对美谈判中犯了投降主义错误，从而引起毛泽东的不满，并以 153 号外交部简报事件下令批判周恩来。

这一来江青一伙甭说多高兴了，他们不仅在批周会上大肆攻击，散会后喝香槟、葡萄酒庆贺，还肆意罗织其他罪名，妄图把周恩来作为我们党的所谓第十一次路线斗争的代表人物打倒。幸亏毛泽东洞察秋毫，这才击碎了"四人帮"要打倒周恩来的黄粱美梦。但江青一伙批周活动一直没有停止。他们的诸如"批林批孔批周公"，"评水浒批宋江的投降"，"评法批儒"运动中批"现代的大儒"等等。这里的"周公"、"投降派"、"现代大儒"等都是或明或暗地直指周恩来。

我们完全可以说，周恩来直到临终，都无法料定他身后的是非功过。人们怎么也想不到，一个把一生都献给祖国和人民的人，是带着可能被后人在他照片上打叉叉的悬念而最后离开人世的。

十、头发长了不要理

在周恩来的生命最后，他还想到了哪些呢？

1975 年的 2 月 4 日，在中共中央政治局由王洪文、叶剑英、张春桥和汪东兴组成的周恩来医疗工作领导小组批准下，医务人员再次对周恩来作膀胱镜检查，并对发现的癌细胞作电灼处理。手术刚结束，周恩来还忍受着疼痛就问："李冰来了没有？"

李冰是原中共中央情报部门负责人李克农的女儿，当时任北京日坛医院的党委书记。李冰听到总理叫她，很快来到手术台旁，侧耳聆听。周恩来声音不高但很清楚地说："李冰，你知道不知道云南锡矿工人肺癌发病的情况？"李冰连忙回答："知道。""知道为什么不去？你应该马上派人去云南锡矿，到当地去研究治疗，解除他们的病痛。"

周恩来说得那么坚决有力，李冰听完了也听清了，她答了一声"是，我马上去"以后就再也难以控制自己的感情，赶快离开周恩来的手术台，快步走到医院的走廊，任凭泪水哗哗地流淌。

大约在 1975 年 9 月 20 日前后，周恩来从昏迷中醒来，一睁眼见到他的保健大夫张佐良、吴蔚然正在为他忙碌。聪颖过人的周恩来深知自己的病情病势，剩下的时间已经不多，再高明的医术，再灵的药物也已无力回天，所以他平静地说："我的病，在医院待下去也没有多少意思了，可以不可以搬回家（西花厅）去住？这里还有好多病人，你们应去照顾他们。"1976 年 1 月 7 日，周恩来的病情已严重恶化，他气息短促，脉搏微弱，长时间处于昏迷状态。医护人员都守候在他身边，随时准备抢救。深夜 11时左右，弥留中的周恩来从昏迷中醒来，他微睁双眼，认出守在他身边的吴阶平大夫，然后用微弱的声音说："我这里没有什么事了，你们还是去照顾别的生病的同志，他们那里更需要你们。"笔者退休前曾在工作单位接待过吴阶平副委员长，当提到这件事时，85 岁的吴老也禁不住热泪盈眶。

一个生命到最后的党和国家领导人，一个最需要别人救治呵护的病人，他想到的却是其他患病的人民群众，这是多么高尚的情操！

当周恩来生命进入弥留阶段后，只要他醒来就一再叮嘱医护人员：你们给我治疗是个好机会，你们可以在我身上总结经验。现在，我们国家还有许多人遭受着癌瘤的折磨，我就不相信对癌症没有办法。我死后你们可以解剖我的遗体，我相信总有一天，治疗癌症会有突破的！

到了 1975 年底，医生们对周恩来的病已经回天无术。他由于病势沉重，又不能见客，胡子拉碴的，一直为他理发、刮胡子的北京饭店朱殿华师傅几次要求来病房为他理一次发、刮一次胡子，好让总理清清爽爽地过新年。周恩来却嘱咐他身边的工作人员：朱师傅给我理发二十几年了，这时候让他来，他看到我病成这个样子，心里会难受的。还是不要让他来了，你们给我谢谢他了！他想到的还是别人！

在周恩来的一生中，他想着的都是祖国和人民，从来没有他自己！

十一、最后召见罗青长

看过电影《周恩来》的人，都知道在周恩来的生命最后，曾召见罗青长部长。周恩来到底和罗青长交待了什么，社会虽有一些传闻，细节却不得而知。1993 年 10 月 25 日，笔者有幸在北京西山罗老家中拜访了罗青长同志，就此事向罗老作了请教，引起罗老深情的回忆。

那是 1975 年 12 月 20 日上午，周恩来的体温升至 38 度 7，他突然提出要见中央调查部部长罗青长同志。当时，中央有个规定，只有中央政治局委员才能见他。于是工作人员便一再打电话请示。"四人帮"们竟推来推去。电话最后打到小平同志那里，小平同志动情地说："总理都病成这样子了，他要见谁就让他见谁，还请示什么。"于是，值班人员依照周恩来的吩咐，派汽车把罗青长同志接到周恩来的病房。他刚进病房，周恩来就昏睡了过去。罗青长只好在病房旁的小客厅等候。一直等到中午时分，周恩来才苏醒过来，立刻请罗青长到周恩来病床前坐下。

周恩来用微弱的声音说着，要罗青长不要忘了台湾同胞，更不要忘了那些为革命作过贡献的台湾朋友，哪怕他一生中只做过一件有益于革命的事，比如还在台湾的两位姓张的朋友……没有谈多少，周恩来又一次昏迷过去了。医生马上进病房检查和抢救，谈话被迫中止，罗青长只好退到病房外等候，等了一段时间，见周恩来没有醒来。他知道周恩来病情已很沉重，不能让总理因他来谈工作而再度昏厥。于是，罗青长不辞而别，悄然离开了周恩来病房。

据此，笔者曾询问罗老，周恩来说的"两个姓张的朋友"指的是谁。

罗老回忆说，我在周总理身边工作了四十余年，无数次聆听他的教诲。根据以往总理的交代，他指的是发动"西安事变"的张学良和曾任重庆宪兵司令的张镇两位将军。

张学良是世人皆知的民族英雄。对于张镇，人们却知之甚少，周恩来为啥惦记他更是千古之谜。笔者经大量内查外调，才知道事情的来龙去脉。

张镇，湖南常德人，1900年生，黄埔军校一期六队学员，后来追随蒋介石，步步升迁。1945年10月8日，国共两党经过艰苦的40余天谈判，草签了《政府方面与中共会谈纪要》，即两天后正式签字的《双十协定》。一生致力于国共合作的国民党谈判代表张治中将军决定，当晚在国民政府军委会大礼堂举行鸡尾酒会作为庆贺，同时请来重庆厉家班子唱京戏招待毛泽东等中共代表。

就在这时，柳亚子先生来访，周恩来只好请亚老改日来见，并让自己秘书（对外称周恩来副官）李少石用自己的座车将亚老送回去，不料途中遭到国民党士兵的枪击，李少石被打成重伤，送入市民医院抢救。当办事处工作人员将这一不幸事件告知正在军委礼堂看戏的周恩来时，他立刻警觉起来，特别是为毛泽东的安全担心，但他又怕惊动毛泽东。只是轻轻对毛泽东说："有点事，我出去一趟。"

周恩来出了军委礼堂后首先想到的就是张镇将军。张镇时任国民党陪都重庆的宪兵司令。因为聪颖机智的周恩来可以从张镇的态度上判断出这次事件是偶然的还是蒋介石的有意作为。张镇按照周恩来要求和他一起到医院看望了时已去世的李少石，又按照周恩来的要求在散戏后，用他宪兵司令的座车亲自护送毛泽东回红岩，保证了毛泽东的安全。这件事，周恩来一直记在心上。全国解放后，他多次对负责统一战线工作的罗青长、童小鹏他们说："将来台湾解放了，对张镇在重庆谈判时期的这一功劳，一定不要忘记。"

　　这就是周恩来，他赤诚待人，肝胆照人，不管党内党外，他都是最可依赖的同志和朋友，即使到他生命的最后岁月，他也不会忘记。

　　周恩来是位把毕生精力都献给祖国和人民的人，临终前他所考虑的都是党和国家的大事，笔者知道的恐怕也仅仅是点点滴滴，但人们从这些点点滴滴中，却觉察到了周恩来人格的伟大，情操的高尚。作为"全党楷模"，周恩来是当之无愧的。

　　（原载《党史博览》2006 年第 12 期）

长征路上患病的周恩来是"听天由命" 活过来的吗？

秦九凤

在波澜壮阔的两万五千里长征路上，中国共产党和中国工农红军的主要领导人周恩来曾生过一场大病，从死亡的边缘又奇迹般地生还了。对于周恩来生病和治病的始末，至今仍众说纷纭。有人说，周恩来得的是肝脓疡，当时急需排脓，但在行军途中又没有条件开刀，医生只好用冰块敷在肝区上降温，其余的就只好听天由命了。为这事笔者曾搜集了大量资料，并曾在北京国防大学档案室查看了有关当事人的档案材料，得出的结论却完全相反——周恩来长征路上的那次生病主要是靠医生的治疗而转危为安的。

一、长征中周恩来的贴身警卫如是说

长征途中，周恩来有两名贴身警卫：警卫长范金标，警卫员魏国禄。魏国禄在周恩来逝世的那年，写了《随周恩来副主席长征》一书，由中国青年出版社 1976 年出版。这本书中的《周副主席在病中》一文，就是专门介绍周恩来长征路上患病的事的。在书的 56 页，魏国禄写道：

回到住处，范金标把准备好的晚饭——仍然是青稞麦、豌豆苗，端出来请首长吃。周副主席看了看说："不想吃，你们给我搞杯开水来吧。"我端来开水，他摊开了文件，照例在那个微弱的灯光下办公。我放下开水，周副主席叫我去休息，并说他也马上休息。果然，我出屋不久，看到他办公室灯也熄了，我很高兴，心想：今天晚上副主席休息倒挺早。但是过了不到一个钟头，就听他叫：'警卫员！'我急忙走到他跟前，他说再要杯开水。我听他说话声音与往常不同，显得那样有气无力，就问他："您是不是不舒服？"顺手一摸，我惊叫了一声："首长在发烧！"请来医生，一量体温39度5。这可把我们吓坏了。邓大姐更是为首长的病焦急不安，一直守在身边精心照顾。第二天，周副主席烧得更高，整天昏迷不醒。毛主席和刘伯承、叶剑英等首长都来看他。看到副主席病得那样，都很着急。毛主席问卫生部的同志："傅连暲能不能回来？""傅医生随朱总司令率领的五、九军团南下了。"卫生部的同志说："电报上说回不来，太远啦。但是，一支队那里还有个医生。"毛主席指示卫生部打电报叫那个医生马上到毛儿盖来。很快就来了一位姓戴的医生，据说是跟罗炳辉同志从江西吉安出来的，医术很高。我们都为有这样一个好医生感到高兴。按照医生的吩咐，我们几个警卫员轮流从山上搞些冰来化成水，泡毛巾给首长做冷敷。

　　魏国禄的回忆说明，先找的那个量体温的医生应该是第一个给周恩来看病的人。或者他是随队的卫生员之类的医护人员，而那个"姓戴的医生"则是戴济民大夫。而且毛泽东等中央领导人非常重视这件事，连相隔数百里的朱老总那儿也发了电报。后来又找了其他医生，魏国禄之所以没写进他的这本回忆录是因为戴济民大夫提出冷敷降体温的治疗措施后，他已被派到60华里外的雪山去背冰了。

　　二、卫生部顾问王斌这样说

　　笔者手头有一份中央文献研究室1981年9月22日在卫生部访问卫生部顾问王斌的记录稿。参加的人有方明、成元功、郑淑芸、力平和李海文，这份记录稿是由郑淑芸整理然后用旧的手动打字机打出来的。访问王斌的访题是"总理在长征路上患病及在延安时从马上跌下后骨折治疗等情况"。现将有关"长征患病"方面摘录如下：

在我们红军时候，最厉害的有四种病，就是疥疮、疟疾、下腿溃疡和拉痢。那时他（指周恩来）患的就是这四种病中的一种。在毛儿盖，总理拉痢拉得很厉害，发高烧，经过化验检查在总理排的大便中发现有阿米巴原虫，从化验结果就可以诊断为阿米巴痢疾。当时邓大姐、贺诚（红军卫生部部长）都在场。我为总理看病时，那是他病比较重的时候，临床表现为高烧多天不退，白血球增高，皮肤黄染，肝肿大在右下横指，我当即怀疑他是不是阿米巴肝脓疡，触诊肝区已拖到右肠窝内，这种病在红军内见得不少，在临床也看得不少，也做过不少解剖，主要都是一个脓肿，结合化验检查及临床表现，可以确诊为"阿米巴肝脓疡"。作这个诊断时，邓大姐、贺诚都在场。长征途中非常困难，好在我带着一些检查或诊断用的 X 光机、显微镜等。还有治痢的药易米丁。由于病重（垂危状态了），我除了用易米丁药外，还请卫士同志去毛儿盖山上去挖冰，用冰冷敷，主要放在肝区。为了使炎症不继续发展，因肝脏正压在横行结肠上，所以我的战术是诱导它向下发展不向上发展，要让它按照我的计划达到穿孔排脓……

一天，卫士跑来告诉我，大便拉了好多，有多半盆，我马上去看，拉的就是该排出来的脓。我真是高兴极了，邓大姐也高兴了。我高兴地说，体温会降下来的。体温在下午真降下来啦！大姐对我说："哎呀！真是很紧张啊！"

虽然时间久远，大脑的记忆难免会有出入，但王斌当时是红军卫生学校校长、著名的外科大夫，肯定参加了对周恩来病的治疗。如果不经治疗，这种长征途中"死亡率极高"的病怎么可能好呢？参加这次访谈的同志很细心，在对王斌顾问访问过后，又特意去了北京医院，访问了潘其美大夫。潘大夫说："易米丁药是治疗阿米巴痢疾的特效药。总理患病是因用药及时，而光靠冰敷是治不好的。冰敷只能起降温作用。"

中央文献的这个访谈组后来于 1988 年 9 月 26 日和 10 月 30 日又两次对王斌同志进行了访谈。王斌顾问不顾年事已高，又为周恩来的那次生病绘制了示意图，并留下了以下文字：

周副主席在长征途中毛儿盖患阿米巴痢疾，经主治医生王斌和李治大夫、孙仪之大夫共同会诊，在显微（镜）下发现阿米巴痢疾原虫。故此确诊。继而每天高烧。发现肝右叶肿大下垂到盆腔口。白血球增多。以胸骨和脊柱中线为轴，测量左、右胸围。右侧胸围比左侧胸围大四横指。因此确诊并发右叶肝脓疡。根据临床病理统计，多是孤立的肝脓肿，可与横结肠粘连。穿孔排出脓汁而愈。但也有不是孤立的一个，附带两三个较（多）脓肿。

天佑先人，周副主席的病顺乎自然发展规律而痊愈。当然与诊断治疗准确有关。注射 Emetine，肝上方放冰袋促其向下发展与横结肠粘连穿孔。

主治医生　王斌

这份当事大夫的珍贵手迹不仅画出周恩来当时病势情形，还另提到了李治和孙仪之两位大夫。孙大夫当时已故去，李大夫当时还健在，所以中央文献又派郑淑芸云访问了李治大夫。

三、李治将军病床上的回忆

李治毕业于上海南洋医科大，1929 年到国民党 18 师当军医。那时，18 师正奉蒋介石的命令去围剿中央苏区的红军，前敌总指挥就是毛泽东诗里写的"齐声唤，前头捉了张辉瓒"的那个张辉瓒。1930 年红军打下龙岗，18 师医务室的医疗器械还未收拾好，李治就和张辉瓒一起稀里糊涂地当了红军的俘虏。经过教育，李治又成了红军医生。

几次反围剿胜利后，红军队伍壮大了，创办了红军卫生学校，王斌出任校长，李治担任教育长，李治是红军医疗队伍里著名的内科大夫。这时，他们都已经是光荣的中国共产党党员了。1955 年李治被授予少将军衔，1986 年在国防大学政治学院离休。

郑淑芸访问李治同志是 1988 年的 12 月 14 日。当时，李将军已 90 高龄，卧床见客。

郑淑芸问他："你为周总理治过病吗？"

李治答："是好远好远的事了。"

郑问："是长征路上吗？"

李答："是。在毛儿盖。他得了阿米巴，是痢疾。阿米巴原虫主要是在大肠中寄生。"

郑问："肝肿大吗？"

李答："肿大。"

郑问："王斌医生说这是他诊断后治疗的？"

李答："他吹牛。这是内科病，我是医务负责的，还有孙仪之，我俩是内科医生。会诊意见是快治，用 Emetine 特效药治。"

通过李治将军的陈述，也说明周恩来那次生病后有四、五位医生参加会诊、治疗，才使他的病得以好转、痊愈。

四、邓颖超生前的记忆

20 世纪 80 年代，由于周恩来那次生病众说纷纭，当时健在的邓颖超也十分重视这件事。1985 年 8 月她在大连棒棰岛休养时，一边回忆一边让秘书赵炜记录，写出了《路是人走出来的——通过草地》，专门回忆了周恩来生病、治疗和她自己遇险、脱险的经过，内容十分详实。关于周恩来在毛儿盖生病情况是这样写的：

一天下午，忽然有人告诉我，周恩来发烧（我们从长征开始就不在一起了）了。当我见到他时，已发烧，在担架上盖着很厚的东西，简单说了几句话就离开了，把他抬到了他的工作总部。两地之间约有四、五里距离（指周恩来和邓颖超两人的各自住地——笔者）。因为我不知道他害的是什么病，病情（又）有发展。第二天我骑马去他住宿地，他正发高烧，医生来看过，认为他的病是我们长征路上多发病的症候——疟疾。当时，我在那里坐等他体温是否会下来，于是，我就把他脱下来的灰色羊毛背心，拿过来看是否有虱子，结果大有发现和收获，找到170多个。挤虱子的血把两个指甲都染红了。后来我不再等了，只好回到我的住地，每天来看望他。经过三、四天后两位医生会诊，一位是王斌，一位是李治同志。他们都是（红军）在江西同国民党作战时被俘的国民党医官，参加红军后，忠于红军，忠于医疗事业。对恩来的病很认真地加以研究。他们根据几天来的发烧情况又不是疟疾，究竟是什么病还没有弄清楚。后来总部要出发了，恩来搬到毛主席的周围，这时我也搬到恩来一起住了，我在地下铺上稻草，他睡在木板床上，两位医生继续观察，不相信是疟疾，他们怀疑是肝脏有问题，于是检查胸、肝的部位，发现肝脏肿大在右侧肋缘下二指，最后确诊为肝发炎，已变为肝脓疡。当时，草地环境不能手术。按脓疡治，唯一的办法要用局部的"冰冻"，冰得到六十里以外的高山上去背。这时，医生也给我做思想工作，让我看有关肝脓疡的书。书内举了一百例，九十九例都写得很清楚，预后不良，唯一的一个例外，肝脏化脓，通过肠子把脓排出来。所以决定等背回冰来，用冷冻办法退烧。背冰的同志一早就出发了，深夜二、三点钟才回来，冰化了一半，还可以够用。把冰装在袋子里，放在肝的部位。他本人昏迷不醒。医生的最大希望是想用冰把炎症退下去，等到下午五、六点钟时，恩来逐渐清醒，不时地呻吟着，并说肚子痛，我们把他扶起来解大便，排出来的都是绿色腥臭的脓状便，体温也就下降到35度。第二天医生看后，他的确诊是肝脓疡穿孔经肠子排出脓来。为了使脓液尽量排净，他们采取措施，给恩来服药，使肠子停止蠕动三天并交待我，每小时试（测）一次体温，一直坚持到第二天下午，体温一直在 35 度。医生们没有告诉我温度已接近"死人"的温度。好在体温后来慢慢地上升了。病情也慢慢地好转。又过了一天，医生们两次检查，发现他的肝脏大小已接近正常了。因此，肯定治疗是正确的。这时又把戴济民大夫请来照顾……（我要）特别对王、李两位医生对恩来的病诊断和治疗准确及时，使他能脱险康复，实应向他们致以不能言语形容的感谢之情。对后来代替他们的戴济民老医生，也在几年前病故了……我为什么要写这样一段经历呢？因为恩来同志逝世后，近几年有的同志写了这一段，有的不合事实，有的出入很大，需要写这么一段作为澄清。

读了这段邓颖超回忆（还从未发表过），再综合前边几个人的陈述，周恩来长征途中患病后，先请的一位随队医生给他量了体温，随后请来戴济民大夫，找来了红军卫生部部长贺诚，再将王斌、李治、孙仪之三位大夫找来共同会诊，确诊为阿米巴肝脓疡，用了特效药易米丁。周恩来病情好转后，王斌当时主要要为王稼祥治腰伤——他是长征前在苏区被敌机炸伤腰部的；李治其他的医疗任务也很重，于是就留下了戴济民随周恩来的担架行军，作为陪护。因此，周恩来的那次生病是经过许多著名大夫会诊，并用显微镜等检查，确诊为阿米巴肝脓疡。然后对症下药，用了治疗阿米巴肝脓疡的特效药易米丁，从而使周恩来康复。

（原载《档案与建设》2006 年第 12 期）

论周恩来国民经济发展思想的科学性

杨大生

2004 年 5 月上旬，胡锦涛同志亲临江苏视察并发表重要讲话，他强调指出："要解决中国的发展问题，实现又快又好地发展，必须牢固树立和认真落实科学发展观。"总书记的讲话是对新形势下贯彻党的十六大、十六届三中全会精神的具体指导，是对东部地区如何落实科学发展观的全面阐述，是对国民经济全面协调可持续发展的最新要求。

在全国迅速兴起的学习贯彻落实科学发展观的热潮中，回顾和研究我党老一辈无产阶级革命家、我国国民经济的"总管家"周恩来同志关于国民经济发展的一系列主张和思想，对于深刻理解和准确把握科学发展观的主旨和真谛，具有重要的指导意义和启示。

建国伊始，全国经济混乱，周恩来总理作为中国社会主义经济建设的开创者和奠基人之一，在陈云同志的协助下，领导了繁重的经济恢复工作。统一财经、稳定物价，打胜了新中国成立后经济建设上的第一场"淮海战役，"扭转了国民党政府遗留下来的财政经济崩溃的局面。在社会主义建设的伟大事业中，周恩来同志为探索建设有中国特色社会主义道路、探索国民经济发展运行规律而坚持真理、呕心沥血，逐步形成了一系列科学的关于国民经济发展的思想、主张和方法。

一、从国情出发审视新中国的经济发展问题

中华人民共和国成立，社会主义建设开始后，如何尽快使国家强盛，人民富裕，开国总理周恩来从实事求是分析中国国情出发，开始探索一条中国式的社会主义国民经济发展道路。1950 年 8 月 24 日，他在中华全国自然科学工作者代表会上说："我们新接收的旧中国满目疮痍，是一个破烂摊子。要在这个破烂摊子上进行建设，首先必须医治好战争的创伤，恢复被破坏了工业和农业。我们决不能随随便便地在破烂摊子上建设高楼大厦，那是不稳固的，必须先打好基础才行。"① 1953 年 9 月周恩来说，现在开始一五计划建设，虽然国际国内形势都有利，"但必须承认还有困难。我们的经济遗产落后，发展不平衡，还是一个农业国，工业大多在沿海。我们的文化也是落后的，科学水准、技术水准都很低。例如地质专家很少，自己不能设计大的工厂，文盲相当多"。"不估计到这些困难就会产生盲目冒进情绪"。周恩来进一步提出中国现在"开始"而非"已经进入社会主义"，因而工业化"不是短期内可以完成的"。

如何才能改变落后面貌，最根本的途径便是大大地发展生产力，这是周恩来探索社会主义建设道路，审视新中国经济发展问题的一个基本点。1952 年 8 月，他明确指出，在国民经济恢复工作已经胜利完成的情况下，今后"全党的领导和工作重心转到经济建设方面"。1954 年 9 月，周恩来在全国人大一届一次会议上强调指出，"经济建设工作在整个国家生活中已经属于首要的地位"。接着，他又阐述了搞好经济建设的基本思想，即"保证国民经济中社会主义成分的比重稳步增长，同时正确地发挥个体农业、手工业和资本主义工商业的作用"。当时虽然公布了过渡时

① 《中国统计年鉴》，第 103 页，1983 年。

期的总路线，意在强调社会主义的三大改造，但周恩来却是这样理解过渡时期总路线的："我们必须用全力来实现宪法所规定的我们在过渡时期的总任务，而这里最主要的事情，就是我们人人都要关心提高我们国家的生产力。我们必须了解，增加生产对于我们全体人民，对于我们国家，是具有决定意义的。"周恩来从生产力决定生产关系的这一马克思主义基本原理出发，在当时的情况下能从发展生产力的角度来把握过渡时期总任务，这一思想是很深刻的，对我国国民经济的发展，其影响也是极其深远的。

二、根据需要和可能合理地规定国民经济的发展速度

既积极又稳妥可靠，这是周恩来同志制定国民经济发展计划的一个重要指导思想。他在中共八大的政府工作报告中，总结了执行第一个五年计划过程中的经验教训，正式提出："应该根据需要和可能，合理地规定国民经济的发展速度，把计划放在既积极又稳妥可靠的基础上，以保证国民经济比较均衡地发展。"并且根据长期计划执行过程中必然会发生变动的特点，提出了"应该把长期计划的指标定得比较可靠而由年度计划加以调整"的方法②。

从 1953 年，我国开始了对手工业、农业、资本主义工商业进行社会主义改造，到 1956 年改造基本完成。党内因此出现了头脑发热的急躁冒进倾向，提出了不切中国实际的经济发展战略目标和设想。1955 年 11 月到 1956 年 1 月《农业十七条》及《1956 年到 1967 年全国农业发展纲要》（草案）相继出台。农业的高指标立即对工业、交通、文教等部门引起连锁反应，催逼它们必须相应修改原定的比较合理各项远景指标，将据此编制的整个发展国民经济的远景计划，由原来所规定的 8 至 12 年的任务，

---

② 《周恩来选集》下卷，第 218 页，人民出版社，1984 年。

不切实际地提前到了3年至5年内完成。

面对这种日益严重的"左"的思想，周恩来不顾被扣上"右倾保守"帽子的危险，毅然采取积极有效的措施，反对急躁冒进。1956年1月，周恩来在知识分子问题会议上指出："不要做那些不切实际的事情，要使我们的计划成为切实可行的、实事求是的计划，而不是盲目冒进的计划。"同月，周恩来在政协二届二次全会上说："我们应该努力去做那些客观上经过努力可以做到的事情，不这样做，就要犯右倾保守的错误；我们也应该注意避免超越现实条件能许可的范围，不勉强去做那些客观上做不到的事情，否则就要犯盲目冒进的错误。"2月8日，在国务院第24次全体会议上，周恩来以严肃的口吻告诫并批评了"急躁冒进的思想"，这就是后来周恩来多次提到的把高指标压下来的2月"促退会议"。1956年下半年，为压缩第二个五年计划和1957年国民经济计划指标，周恩来投入了更为巨大的精力。周恩来指出："我们的国家很大，很落后，人口很多，要建设，又要注意人民生活。我们现在这样的速度，已经是很了不起。"11月10日，在八届二中全会上，周恩来做了《关于1957年国民经济计划的报告》，提出了"保证重点，适当收缩"的方针，从而使1957年经济工作稳步进行，成为建国以来经济发展最好的年份之一。尽管周恩来因反冒进受到了不公正的严厉批评，但我国国民经济的发展史却对其作出了公正的定论。

三、七次重申发展国民经济的宏伟目标——"实现
　　四个现代化"

周恩来对中华民族的卓越贡献之一，就是他提出了"实现四个现代化"——这个发展我国国民经济的宏伟战略目标。当他讲完"向四个现代化的宏伟目标前进"这段话时，整个人民大会堂响起了代表们经久不息的掌声。

早在 1954 年，周恩来在一届人大会上就首先提出："我国的经济原来是很落后的，如果我们不建设起强大的现代化的工业、现代化的农业、现代化的交通运输业和现代化的国防，我们就不能摆脱落后和贫困。"此后的 20 多年中，周恩来在重要报告中，关于四个现代化的宏伟目标，前后讲了 7 次，其内容也越来越丰富、准确、深刻、科学。

对于四个现代化的关系，周恩来明确提出，科学技术现代化是实现其他现代化的关键。他强调，四个现代化"要同时并进，相互促进，不能等工业现代化以后再来进行农业现代化、国防现代化和科学技术现代化。""我们要实现农业现代化、工业现代化、国防现代化和科学技术现代化，把我们祖国建设成为一个社会主义强国，关键在于实现科学技术的现代化。这个思想早在 1956 年初，周恩来就明确的表述。他说："现代科学技术正在一日千里地突飞猛进"，科学方面最近的成就"使人类面临着一个新的科学技术和工业革命的前夕。"

关于如何实现"四个现代化"的宏伟目标，周恩来提出了分两步走的设想：第一步，用 15 年时间，即在 1980 年以前，建成一个独立的比较完整的工业体系和国民经济体系；第二步，在本世纪内，全面实现农业、工业、国防和科学技术的现代化，使我国国民经济走在世界的前列。

"实现四个现代化"不仅是周恩来而且也一直是党和全国各族人民的共同愿望，她使我们这个多灾多难的民族见到了国民经济腾飞的曙光。

四、统筹处理好国民经济发展中的一系列重要关系

在一个国民经济门类比较齐全的社会主义大国，要使经济建设以积极又稳妥的速度比较顺利地进行，在确定了合适的战略目标以后，还必须正确处理好一系列重要关系。周恩来同志在推进

国民经济发展的进程中，总是总揽全局，兼顾各方利益，科学统筹，协调解决好发展中的各种关系：

一是统筹城乡关系和工农关系。周恩来同志提出的辩证的正确的方法是："我们必须在发展农业的基础上发展工业，在工业的领导下提高农业生产的水平。"他科学地论证了重工业在发展整个国民经济中的地位，强调要优先发展重工业，同时又指出："发展国民经济的计划，应该按照农、轻、重的次序来安排。"

二是统筹国内发展和国际合作的关系。周恩来同志曾多次指出："自力更生是革命和建设事业的基本立脚点。""国际合作必须建立在自力更生的基础上。"同时，"外国一切好的经验、好的技术都要吸收过来，为我所用。"周恩来同志一直反对"关起门来搞建设。"他还主张，我国同国际的合作，不仅可以同社会主义各国之间进行"经济和技术的合作"；而且"同帝国主义国家也可以在有利的条件下做买卖"。他主持制定了和平经济政策和对外经济技术援助的八项原则，对封锁和禁运进行斗争，抨击闭关自守的极左思潮，积极争取对外开放。

三是统筹生产和消费的关系。在生产和消费的关系上，周恩来多次强调生产是基础，消费是目的，正确地阐述了二者之间的辩证统一。周恩来分析说："在我们的国家里，经济建设的发展和人民生活的改善不能不是互相一致的，因为社会主义经济的唯一目的就在于满足人民的物质和文化的需要，而为了充分满足人民的物质和文化的需要，又必须不断发展社会主义经济。"他同时认为，在生产和消费、经济建设和人民生活、长远利益和当前利益的相互关系上，必须反对只顾一个方面而不顾另一方面的两种错误倾向。

四是统筹经济发展和社会发展的关系。经济发展是社会发展的基础，社会发展是经济发展的目的和保障。周恩来同志总理国务，组织领导国家的经济建设，是他工作的首要课题，此外，他日理万机，统筹外交、国防、统战、科技、文化、教育、新闻、卫生、体育、社会福利等各行各业的发展。他是重视科技和尊重知识分子的典范，他的"关键在于实现科学技术的现代化"和"绝大多数知识分子是工人阶级的一部分"的重要论述，受到党内外干部群众的热烈拥护。周恩来同志把经济建设和文化建设比作一辆车子的两个轮子，主张相辅而行，相互促进。他对新中国教育的性质和任务，方针和政策，教学内容和方法的改进，多次提出重要的意见。他同许多文化界人士有着广泛的联系与平等的交往。为了提高中国人民的卫生健康水平，他不仅参与领导制定发展卫生、体育事业的政策措施，而且兼任中央爱国卫生运动委员会主任，领导开展人民卫生工作。

　　五是统筹人与自然和谐发展。为实现资源的永续利用和经济社会可持续发展，周恩来同志高度重视人口、资源和生态环境问题。周恩来同志通过算账，用人多地少的数字说明中国建设的困难和珍惜资源的重要。1963 年，他指出，我国资源有两个很大的弱点：一是耕地少，不到 16 亿亩，在全国土地总面积中不到12％；二是森林覆盖率低，不到全国土地总面积的 10％。他以此教育大家珍惜资源，合理利用资源。他还运用中国人口分布不平衡、民族分布不均等的数字，一方面说明民族团结、合作的重要，另一方面指出计划生育政策在汉族和地广人稀的少数民族地区应有所区别。1957 年 6 月，他说："这几年来人口的增长主要的还是汉族，人口与土地的比率变化多。少数民族人口少，生育率也低，人口与土地的比率变化不大。所以，我们提倡节育主要是在汉族。"③ 70 年代初，环境污染初发之时，周恩来强调：废气、废水、废渣，统统回收，综合利用才好，搞工业不能给人民生活带来不利。为了防治污染，保护环境，周恩来还多次强调要

_____

③ 《周恩来经济文选》，第 375 页，中央文献出版社，1993 年。

把这一问题列入整个国家的发展计划，切实从宏观上予以督导。他说：我们可不要做超级大国，不能不顾一切，要为后代着想。可见，周恩来同志早在70年代初，就把经济社会的可持续发展列入政府工作议程了。

六是统筹区域发展。周恩来同志除了加快东北重工业基地和沿海发达地区经济发展外，还十分重视加强老根据地的工作，大力领导与扶植老根据地人民恢复与发展经济建设与文化建设。他1952年1月署名发布的《中央人民政府政务院关于加强老根据地工作的指示》中，从发展农林牧副矿业、恢复与开辟交通、举办特殊贷款、加强文教卫及优抚工作诸方面予以扶植，从而促进了区域经济的协调发展。周恩来同志还通过尊重民族自治权利和经济改革，使少数民族地区逐步走向富裕繁荣。

周恩来国民经济发展思想的科学性体现在以下几个方面：

1. 战略性。周恩来同志建国后担任政府总理达26年，成为全世界在这样的岗位连续任职最久的领导人。他既是泱泱大国国民经济发展方略的决策者之一，又是党和国家的总管家。在周恩来逐渐形成的比较完整的社会主义建设思想体系中，总是把国民经济的发展放在整个国家生活的首位，看作"中心工作"、"主要环节"和"战略地位"上来认识。即使在"文革"动乱时期，他还是始终强调：必须把住经济工作这个关。"经济工作一定要紧紧抓住，生产绝不能停。"④ 周恩来同志为国民经济的发展提出的战略构想，即：实现四个现代化，使我国国民经济走在世界前列的战略目标，以及国民经济的发展按两面步来考虑的战略步骤，都具有经济发展的战略性和前瞻性。特别是他为建立一个独立的完整的工业体系和国民经济体系所作出的特殊贡献，为跨世纪的我国的国民经济发展奠定了牢固的基础，其战略意

---

④ 《周恩来年谱》（1949—1976）下卷，第56页，中央文献研究室，1997年。

义十分巨大。

2. 人民性。周恩来同志从"以民为本"的理念出发，对发展国民经济的目的以及达到这一目的的手段，曾多次作了明确的阐述。他指出，"社会主义经济的唯一目的，就在于满足人民的物质和文化的需要，而为了充分满足人民的物质和文化需要必须不断发展社会主义经济。"他分析了社会主义生产目的与达到目的的手段之间的辩证关系，提出了"要重工业，又要人民"的思想。他说："发展重工业，实现社会主义工业化，是为人民谋长远利益。""如果不关心人民的当前利益，要求人民过分地束紧裤带……那末，人民群众的积极性就不能很好地发挥。"

人民性是周恩来国民经济发展思想的出发点和归宿。水利是农业的命脉，也是整个国民经济的命脉。以"两弹一星"为代表的尖端科技，是国家整个科学技术、工业、国防现代化水平高低的主要标志，直接关系到国家的兴衰安危，这两件大事是周恩来担任总理期间倾注心血最多的事。周恩来曾经说过，20年我关心两件事，一是上天，二是水利，这是关系人民生命的大事，我虽是外行，也要抓。这番话充分显示了周恩来在国民经济运筹中的"民本思想"。

3. 平衡性。综合平衡是周恩来同志制定国民经济发展计划的一项基本方针。它是周恩来在总结执行第一个五年计划过程中的经验教训的基础上提出来的，也是他讲得最多的一条方针。工业现代化和建立完整的工业体系，不能孤立地进行，必须从国民经济综合平衡的要求出发，全面地有计划按比例地发展。这是社会主义计划经济必须遵循的基本原则。周恩来认为，随着我国建设规模的扩大和人民生活的提高，我们在财力、物力、技术力量等各方面一定会遇到很多困难。在搞计划的时候，一定要注意各方面的综合平衡，特别是要搞好财政、信贷、物资三大平衡，并要考虑留有必要的物力、财力储备，以保证国民经济比较均衡地发展。以后，他一直坚持综合平衡的方针，批评破坏平衡急躁冒进的错误。1959 年庐山会议初期，毛泽东同志就曾深刻指出，"大跃进的重要教训之一，主要缺点是没有搞平衡"，这再一次佐证了周恩来关于综合平衡的经济发展思想的正确性。

4. 求真性。求真务实，是中国共产党一贯倡导的马克思主义的科学精神和优良传统，也是周恩来同志在领导国民经济运行中的基本思想作风和工作作风。在中共第一代领导集体中，讲实事求是讲得最多的就是周恩来，求真务实干得最实在的也是周恩来。针对多次出现的党内一些同志在经济形势好转时头脑发热，急躁冒进，搞脱离实际的高速度、高指标这种错误倾向，周恩来指出："现在有点急躁的苗头，这需要注意。社会主义积极性不可损害，但超过现实可能和没有根据的事，不要乱提，不要乱加快，否则很危险。……我们要使条件成熟，做到'瓜熟蒂落，水到渠成'""绝不要提出提早完成工业化的口号"。他还说："晚一点宣布建成社会主义社会有什么不好"，"各部门订计划，都要实事求是。"周恩来同志这种实事求是，否定过早宣布建成社会主义的认识，与他充分认清我国处于社会主义初级阶段的国情分不开的。周恩来同志在 1962 年扩大的中共中央工作会议上，还对社会主义建设条件下的实事求是作了新的诠释，即"说真话，鼓真劲，做实事，收实效"。这既是强调国民经济发展要按客观经济规律办事，又是把"做实事，收实效"作为领导干部实现政绩的根本途径，从而使弄虚作假，好大喜功的干部受到惩戒和教育，使勤政为民，求真务实的干部受到褒奖和激励。

众所周知，周恩来关于国民经济的发展观，是在建国初期对社会主义建设道路的探索过程中不断形成的，又是在当时计划经济体制的框架下产生的，不免受到历史条件和时代的局限。尽管如此，由于周恩来国民经济发展思想贯穿着唯物辩证法，深刻揭示了社会主义中国的国民经济发展规律和社会主义建设道路。对于我国当前市场经济体制下的社会主义现代化建设，仍然有着深远的指导意义，对于全面落实科学发展观有着重要的启示作用。

　　（原载《周恩来的和平与发展思想——学术研讨会论文汇编》，国家行政学院出版社，2005 年）

周恩来的公仆精神及其时代意义

杨大生

敬爱的周恩来总理，生前有句平易朴实、却荡人心魄的名言："我们是人民的公仆，衣食住行都是人民给的，没有个人财产，我们只有给人民做勤务员的义务。"周恩来终生信守着巴黎公社的人民公仆原则和共产党的宗旨，一辈子做忠实、高效、廉洁的人民公仆，其精神感人至深。周恩来的公仆精神是周恩来精神这阙交响乐章中的一个闪亮的音符。

胡锦涛总书记在 2007 年"两会"期间参加重庆代表团审议政府工作报告时，就强调指出："各级干部特别是领导干部要进一步增强公仆意识，始终牢记全心全意为人民服务的宗旨。"不久，温家宝总理在记者会开场白中重申："必须秉持一种精神，这就是公仆精神。"按照胡锦涛为总书记的党中央这一重要指示，学习和弘扬开国总理周恩来的公仆精神，对于提高党的执政能力，贯彻落实科学发展观，构建社会主义和谐社会，加快全民小康建设，具有鲜明的时代意义。

一、公仆精神垂范

（一）"要诚诚恳恳、老老实实为人民服务"①，做忠实坦荡的人民公仆。

---

① 《周恩来选集》上卷，第 241 页，人民出版社，1980 年。

　　周恩来认为，我们是社会主义国家，国家的一切权力属于人民；我们手中的权力是人民赋予的，各级领导干部都是人民的公仆，是代表人民管理国家行政、经济和文化事务的，就应当诚诚恳恳、老老实实、全心全意、尽心尽力地为人民服务。周恩来把人民的利益放得高于一切，他想人民所想，急人民所急。河北省邢台地震，他三次冒着余震的危险察看灾情，慰问伤员，组织抗震救灾。他拉着一位于震区家破人亡的老大娘的手，满怀深情地安慰说："你就把我当自己的儿子吧！"使灾民们感动得声泪俱下。郑州黄河大桥被洪水冲毁，他冒雨赶赴现场，同现场干群一道商讨抢救桥梁的方案。还有陕北考察、邯郸调研、十三陵及密云水库工地、三峡大坝选址等，人民的利益牵扯着他的心，触动着他的情，哪里的人民最需要他，哪里就有他忙碌的身影。作为人民忠实的公仆，周恩来最不能容忍的是那些高高在上，不关心人民疾苦，当官做老爷的不良现象。1956 年，广西部分地区发生严重自然灾害，少数干部漠然视之，救灾不力，以致出现饿死灾民的非正常现象。周恩来接到报告后，心情沉重地说：事情的性质是严重的。我们的国家制度所以优越，就是因为我们的政权是人民的政权，我们的人民政府就是为人民服务的政府。不关心人民疾苦或者关心不够，都是不能容许的。周恩来在《反对官僚主义》一文中，严肃指出："必须看到，官僚主义在我们执政的党内，在我们的国家机关内，的确是十分有着非常危险的。"[2] 这同党的宗旨，同人民政权的性质是背道而驰的。

　　（二）"应该像条牛一样努力奋斗……为人民服务而死"[3]，做勤政高效的人民公仆。

　　周恩来总理办公室那彻夜不灭的灯光，已成为共产党为人民

----

[2]　《周恩来选集》下卷，第 422 页，人民出版社，1984 年。

[3]　《周恩来选集》上卷，第 241 页，人民出版社，1980 年。

勤奋工作的象征，也是外国朋友称之为"全天候总理"的标志。建国初期，特别是在抗美援朝的紧张阶段，他常常连续工作 15 小时之久。累了，就站起来走一走。困了，就在额头上抹点清凉油。由于过度疲劳，有时出现流鼻血的症状。他让工作人员稍事治疗又继续工作。周恩来 1973 年春，曾对刚被"解放"出来的谷牧说："我已经得了癌症了……你恢复了工作，担子很重，还得好好干呐！现在不是时兴'爬坡'、'拉车'那些话吗？我们这些人，一辈子就是为国家、为人民拉车啊！一息犹存，就得奋斗！"这是周恩来由衷的肺腑之言。从发现身患癌症，到他逝世，有四年多时间。头两年，他一如既往，夜以继日地拼命工作，没把病放在心上；后两年，他不得不住院治疗，实际上是把办公室搬进病房。1975 年 5 月 7 日，周恩来对医务人员恳切地说："我估计还有半年，你们一定要把我的病情随时如实地告诉我，因为还有许多工作，要做个交待。"④ 周恩来这样说，也是这样做的。据工作人员日志，这一年 3 月到 9 月间，周恩来以癌魔缠身的重病之躯与各方人士谈话 102 次，会见外宾 34 次，离开医院外出开会 7 次，在医院召开会议 3 次，外出看望他人 4 次。周恩来鞠躬尽瘁、死而后已，一息犹存，就得奋斗的公仆精神，在这里得到最充分、最完美的体现。

（三）"不要以为我是总理就可以特殊，我是人民的总理，是人民的勤务员"⑤，甘做清正廉洁的人民公仆。

为政清廉、朴素谦逊是周恩来公仆精神的又一个光辉的侧面。一方面，他身居高位，大权在握，却从不为自己谋取任何私利，也从不为亲友谋取半点特权。周恩来带头严格遵守国家的各项法律、制度和规定。平时外出，喝茶、吃饭、洗衣等，都是自己付钱。他

④ 王旭东：《周恩来的魅力》，第 246 页，安徽人民出版社，1998 年。

⑤ 甄小英：《周恩来坚持党性的楷模》，第 83 页，中央党校出版社，1989 年。

对亲属要求严格，实行十条家规，不谋私利，不搞特殊化。另一方面，周恩来朴素谦逊平易可亲，严于律己，从不突出自己，"不使人感到是领导人"，而是甘当一个道地的"总服务员"。在总理任期内，周恩来从不允许大兴土木，盖国务院办公大楼，连有关部门趁他出差之机对他住房和办公室作了些必要的修缮，也遭到他的批评，并由他承担了把关不严的责任。当他得知淮安要将他的故居搞成展室时，多次向来自家乡的亲属和"父母官"讲："我的房子一定要处理掉。"以后，为彻底解决这一问题，他让办公厅负责人以组织名义提出三点要求：一、不要让人参观；二、不准动员住在里面的居民搬家；三、房子坏了不准公家花钱维修。1958 年，淮安县委派一名副县长赴京，想通过乡亲关系请求周恩来帮助解决一点钢材。周恩来讲，"办厂要钢材，这得由全省统一安排。"他热爱家乡，但从不利用公权力给家乡以特殊照顾。这种谦逊恭让不居功、秉公办事不徇情的公仆精神，至今在家乡还传为美谈。

二、公仆意识探源

（一）源于青少年时期的启蒙教育和最初的实践锻炼。

周恩来伟大的公仆精神，与他早期的公仆意识启蒙和甘当公仆、服务于劳苦大众的欲念分不开的。幼时的周恩来曾从嗣母那里听到一则某仆的故事。这是一个目不知书的闾巷细民，因家贫，十余岁辄投某绅家当仆。该仆的特点有三：一是言语朴诚，二是执事勤，三是主人益贤其廉。这给周恩来幼小的心灵烙下深深的印记。直到 1914 年，周恩来以《射阳忆旧》为题，回忆记述了这则故事，并在文章末尾意味深长地道："某仆安在！吾将公之天下，使四万万人共得而仆之，必不负所托也。惜乎！其早数十年已死也，固特书之，以风天下之公仆。"⑥ 可谓画龙点睛之

---

⑥ 《周恩来早期文集》上卷，第 21 页，中央文献出版社，1998 年。

笔。1911年，周恩来考入沈阳东关模范学校，这是按西方文明理念办的新学，但"劳心者治人，劳力者治于人"的封建思想还大有市场。师生们对"校役"很鄙视，独有周恩来帮助患病的校役劈柴烧茶，做工打杂，当师生们好奇地询问其故时，周恩来坦诚地答道："我甘心情愿做一个仆人，做一个大众的公仆。"⑦ 如果说在东关模范学校还是比较朴素的公仆意识的话，那么，到了南开学校就已经完全内化成周恩来人格的主要特质了。1915年，周恩来在《论名誉》一文中，论述了公仆的合理性和必要性。他写道："人立于世，既非同禽兽草木之自为生活，要必有赖于公众之扶持，而服役之事，乃为人类所不可免。"⑧ 这种公仆意识，已完全贯穿于周恩来自觉的行动之中。周恩来在南开求学时，对班级乃至学校的各项服务活动，不管多么繁杂，总是热心尽力去做。《第十次毕业同学录》对其表现也曾作了恰如其分的描述："君性温和诚实，最富于感情，挚于友谊，凡朋友及公益事，无不尽力。"周恩来当时给学友的信中也曾写道："课外事务则如猬集，东西南北，殆无时无地而不有责任系诸身。人视之以为愚，弟当之尚觉倍有乐趣存于中"。正是这种乐于奉献的意识，在日后被拓展成"人民公仆"这一周恩来终生尊奉的信念。

（二）源于战争年代优良革命传统的熏陶及其优良革命作风的培育。

周恩来投身革命战争熔炉，致力于中国人民的解放事业，约占他整个生命的三分之一时间。在这漫长的革命实践中逐步形成的具有民族美德的公仆意识，也是周恩来长期培育和弘扬党的优良传统的产物。坚持理论联系实际，学习马列主义理论，尤其是毛泽东追悼张思德的演说词《为人民服务》，是周恩来公仆意识

---

⑦ 卢再彬、孙智悦：《少年周恩来》，第168页，人民中国出版社，1992年。

⑧ 《周恩来早期文集》上卷，第41页，中央文献出版社，1998年。

形成的理论基础；密切联系群众，关心他人比关心自己为重，是周恩来公仆意识形成的群众基础；勇于自我批评，严于解剖自己，为人民利益坚持真理，修正错误，是周恩来公仆意识形成的道德基础。周恩来的公仆意识，是他忠于党和人民的坚强党性的光辉体现，也是他强烈的群众观点和民主思想的结晶，表现了他作为一个纯粹的共产党人的崇高品格和高风亮节。

（三）源于他对党的性质和党的宗旨的坚强信念。

周恩来的公仆意识，不仅来源于他对祖国的挚爱、对人民的深情，更来源于他对共产主义理想和党的宗旨的坚强信念。全心全意为人民服务，是中国共产党的根本宗旨，是坚持党性的表现，同时又是共产党人价值观的核心内容之一，是极其崇高的政治理念。因为这是把个人利益同人民利益完全融洽，把个人奋斗目标同人民的命运紧密相连，把服务与领导合二而一的体现。周恩来明确指出："我们国家的干部是人民的公仆，应该和群众同甘苦，共命运。"[9] 这是含义更深刻、立意更高远的思想升华。

三、时代意义解读

（一）弘扬周恩来的公仆精神，反映了广大人民群众的迫切愿望。

"位尊不泯济民志，权重不移公仆心。"人民的好总理伟大的公仆形象，在广大人民心目中不可磨灭。周恩来的公仆精神一直为人们津津乐道，广为流传，成为激励亿万人民的巨大动力。当今在对外开放和发展社会主义市场经济条件下领导国家建设的党，面临着巨大诱惑和挑战。少数人公仆意识淡薄了，"摆架子、耍威风、谋私利"，有些部门"门难进、脸难看、事难办"，甚至出现官商勾结、权钱交易的极不正常的社会现象。这说明，能否

---

[9] 《周恩来选集》下卷，第421页，人民出版社，1984年。

树立和增强干部的公仆意识，已直接关系到党风和党在人民群众中的形象。于是，人民急切呼唤周恩来的公仆精神。

（二）弘扬周恩来的公仆精神，体现了共产党执政规律的客观要求。

早在 1891 年，恩格斯在为马克思的《法兰西内战》所写的导言中，就鲜明地提出了工人阶级掌权以后必须"防止国家和国家机关由社会公仆变为社会主人"的任务。共产党执政规律告诉我们，除上述这一长期任务外，还要谨防以权谋私侵大款，由"公仆"变为"私仆"的新情况。为此，温家宝总理在答记者问时开宗明义地说："政府的一切权力都是人民赋予的，一切属于人民，一切为了人民，一切依靠人民，一切归功于人民。必须秉持一种精神，这就是公仆精神。政府工作人员除了当好人民的公仆以外，没有任何权力。"⑩ 我们庆幸的是从新一届党和政府的作风中，看到了周恩来公仆意识的回归，看到了周恩来公仆精神的遗风。

（三）弘扬周恩来的公仆精神，是贯彻落实科学发展观，加强领导干部作风建设的需要。

在新的历史条件下，贯彻落实科学发展观，构建和谐社会，推进小康社会建设，这是全党的中心工作。科学发展观要求开拓创新，保持朝气蓬勃、奋发有为的精神状态，必须心系群众，服务人民，秉公用权，廉洁从政；科学发展观强调可持续发展，树立正确的政绩观，必须着眼于最广大人民的根本利益，保证代代永续发展。因此，各级党委要高度重视领导干部作风建设。"榜样的力量是无穷的。"周恩来是党的优良作风的创造者、践行者和传播者，周恩来的公仆精神有着巨大的影响力和不可估量的感召力。弘扬伟大的周恩来精神，对于加强领导干部作风建设，毫

---

⑩ 新华社北京 2007 年 3 月 16 日电：十届全国人大五次会议温家宝答记者问。

无疑问，这是一贴行之有效的对症良方。

（原载《21世纪周恩来研究的新视野——第三届周恩来研究国际学术研讨会论文汇编》，中央文献出版社，2009年）

《沉思中的周恩来》拍摄前后

王旭岜

在江苏淮安周恩来纪念馆主馆陈列大厅里，有一张周恩来的巨幅照片，每天都吸引着众多的参观者摄影留念。照片上的周恩来微侧身躯，面容刚毅；双眉微蹙，眉峰间凝聚着无穷的魄力、意志和信心。这幅照片就是记录周恩来晚年形象的一幅风靡世界的摄影作品《沉思中的周恩来》。照片的作者是意大利摄影师焦尔乔·洛迪，照片拍摄背后的故事也感人至深。

1973 年 1 月 6 日，洛迪先生作为意大利《时代》周刊的记者，随同意大利外长朱塞佩·梅迪奇访华。9 日下午，周总理在人民大会堂会见意大利外长梅迪奇率领的访华代表团及随行记者，双方进行了友好会谈。长期以来，周恩来总理伟大的人格和豁达的风度给洛迪先生留下了深刻的印象，使他早就产生要为总理拍张单人像的强烈愿望。因此，尽管此次接见前意大利使馆向洛迪等记者叮嘱，不允许携带照相机，但他却向意大利驻华大使撒了个谎，悄悄地带上了照相机。会谈后，代表团一行排着队等候周总理的一一接见，洛迪排在队伍的中间。当听到周总理向人们打招呼和致谢的声音时，洛迪向排在前面的大使询问，除了中文外，周总理会讲什么语言？大使说："周恩来的法语讲得很流利。"洛迪先生想，这也是我的运气，因为这样可以直接向周总理说明拍照要求了。队伍排到一半时，洛迪意识到，即使向周总理只要求一分钟的时间，可能也不能得到满足，因为身后还有三四十人在排队。于是，洛迪从队伍里走了出来，一直走到队尾，这样就成了最后一个接近总理的人了。当临到洛迪先生被总理接见时，他坦诚地对总理说："总理先生，我有生以来第一次撒了谎。我向别人谎称没带照相机，但实际上我带了。因为这是我唯一的机会，再也不可能有像今天这么好的运气给您拍照了。"洛迪先生是位"少白头"，年方中年已经满头银发了。周总理看了看洛迪，诙谐地对他说："满头白发的人也会说谎吗？""是的。但是，如果可能的话，请您给我一小会儿时间让我为您照一张相。"周总理又笑了笑说："对有白头发人的请求，我是不会拒绝的。"总理同意后，洛迪先生请总理坐在沙发上，凭着自己丰富的经验，敏锐的观察力，没用闪光灯，没用测光表，利用当时现场的自然光，用随身携带的德国小型徕卡 M4 相机，90 毫米的中焦镜头，光圈 F/2.8，快门速度 1/8 秒，ASA200 度柯达彩色负片（按 ASA800 度曝光），拍下了第一张照片。洛迪先生后来说，总理的胳膊肘是那样自然、那样完美地放在扶手上，根本不需作任何提示。但此时总理的视线有些偏向下方，洛迪先生认为自己拍得还不够满意，于是他走近总理，对总理说："总理先生，我不是一个出色的摄影师，您能给我一个机会再拍一张吗？"总理同意了，洛迪先生重新回到了摄影位置。这次总理目光移向了远方，洛迪抓住了这个千载难逢的时机，拍下了这具有历史意义的瞬间。

　　洛迪先生拍完这两张照片后，立即就把整卷胶卷取下来并将这个胶卷寸步不离地带在身边，直到 12 天后回到意大利才进入暗房亲手冲印出来，一幅珍贵的经典力作终于问世。这幅照片首先刊登在意大利《时代》周刊上并占了中心页整整两页篇幅。照片的艺术感染力和政治效果，很快为人们所关注。1974 年，该幅照片荣获美国最有名的新闻照片奖——美国密苏里大学新闻学院颁发的"认识世界奖"。据洛迪回忆说，这幅照片的授奖原因是：

照片逼真地刻画出一位杰出政治家的形象，用光、构图都有独到之处，巧妙地表现了人物的内在性格。邓颖超生前也非常喜爱这张照片。当洛迪再次来到中国见到邓颖超时，她紧紧握住洛迪的双手，对他说："你拍了一张很好的照片，这是周总理生前拍的姿势和神情最好的照片之一。"洛迪先生感动不已，一时激动得说不出话来，过了一会才喃喃说道："不，这要感谢周总理。"据悉，早在八十年代这张照片印量已超过 9000 万张。据洛迪先生回忆，他此次访华回国后，曾通过意大利驻华使馆向周总理处赠送过他拍的这张照片。但由于种种原因，这张原版照片国内未能保存下来。

1997 年 7 月，为纪念周总理诞辰一百周年而摄制大型电视专题艺术片《百年恩来》，应摄制组的约请，洛迪先生专程从意大利米兰飞到法国巴黎接受采访，动情地谈了上述经过，并把原版照片赠送给摄制组制片人、周总理侄儿周尔均，总导演、周总理侄媳邓在军，他还在照片上题字："百年恩来—— 一位世纪伟人"。洛迪先生 1937 年生于米兰，1964 年起担任意大利《时代》周刊的摄影记者，在华访问期间，还拍摄了大量的照片，配合《与周恩来交谈》、《北京的古迹》、《中国行程两千里》、《在中国的心脏》等专题采访文章，发表在《时代》周刊上。他拍的许多图片对增进意大利人民对中国的了解、对加强中意两国人民之间的友谊起了很好的促进作用。

（原载《红岩春秋》2008 年第 1 期）

"红墙"摄影师讲述周恩来
尼克松握手照故事

王旭旭

　　为纪念周恩来总理逝世 30 周年，筹备"永远的周恩来——杜修贤摄影作品展"，我们专程从淮安去北京拜访了年届八旬的"红墙"摄影师杜修贤先生。他曾任周恩来总理专职摄影记者，跟随周总理飞越五大洲四大洋，出访过 30 多个国家，用他炉火纯青的技艺，摄取了新中国开国总理的音容笑貌、翩翩风度。在周恩来原保健护士郑淑芸的引荐下，我们来到了位于北京城北"王府家庭农场"的杜修贤先生寓所。这是一座别墅式的建筑，屋宇错落；院内辟地种菜，外墙上挂着玉米，屋内桌上摆着南瓜。杜修贤先生对我们在周总理的故乡举办这样的展览非常支持，并把珍藏多年从不轻易示人的宝贝——周恩来原版底片拿出来供我们挑选。于是，我们精选了代表周恩来不同时期风采的 90 张原版底片，制作放大并带回淮安办展。

　　杜修贤又名杜山，周恩来称他为"老杜"。老杜 1 米 80 的个头，宽阔的脊背，古铜色的脸庞，"刷子"似的短发已被岁月风霜染白，蓄留的白胡子，显示着陕北汉子特有的气质。1926 年，杜修贤出生在陕西省米脂县一个贫寒人家。12 岁就打长工谋生；14 岁来到绥德县毛泽东青年干部学校，当了名勤务员。不久调往延安。1944 年在延安八路军总政治部电影团学习摄影，师从著名摄影艺术家吴印咸先生，从此与照相机结下终身不解之缘。20 世纪 60 年代初，杜修贤被派往中南海摄影组，专门负责拍摄周总理的新闻照片。当时杜修贤刚满 33 岁，却已有 16 年的摄影经历。

杜修贤先生对我们说，在周总理身边照相有许多纪律，比如不能抢镜头，不能主动提出和领导人合影等等。所以许多在周总理身边工作过的同志，却没有一张和周总理的单独合影。但杜修贤是幸运的，他有两张和周总理单独合影的照片，现挂在客厅的显眼处。一张是在颐年堂前两人握手的照片。那天，杜修贤看见周恩来正在和几个记者握手、交谈，便抢先几步拍下了一组镜头。这时，周恩来看见杜修贤，走过来同他握手。突然，周恩来转身对其他记者说："我和老杜握手怎么没人照相？"他面向一个记者挥挥手说："我和老杜再握一次手，你给照一下。"另一张是杜修贤与周恩来并排坐在飞机坐椅上的照片。如今，每当看到这两张照片，杜修贤总是思绪万千。他说："没有周总理，就没有我杜修贤的今天啊。"

那是 1966 年 7 月 1 日，杜修贤跟随周总理出访罗马尼亚归来，就成为审查对象。之后，他被"流放"到新疆的一个叫铁列克提的小镇。其间，周恩来多次问有关人员："老杜有什么问题？为什么不让他出来工作？"直至 1970 年，周恩来要出访朝鲜，才知道杜修贤还在新疆。于是，一封加急电报命杜修贤立即回京。1988 年，杜修贤离开中国图片社副总经理的岗位，开始了他的晚年生活。他家里有三多：烟多、酒多、照片多。

看到墙上周总理与尼克松握手的照片，杜修贤还清晰记得那次拍摄的过程。

1972 年 2 月 21 日是尼克松访华的日子，为了让中外记者拍摄好这一历史瞬间，有关部门在机场边搭了一个阶梯式的大架子，距离宾主握手点约 20 米远。上午 11 时，尼克松的专机出现在北京机场的上空。杜修贤说，我们屏声静气，紧张地等待着中美两国领导人的历史性握手！舱门打开，第一个出现在门口的是满面笑容的尼克松。他步子很快，一只脚刚落地，手就笔直地伸向两三米开外的周恩来。周恩来不卑不亢，面带笑容，等待着这只太平洋彼岸伸过来的手，就在双手即将握住的刹那间，我当机立断，按动了快门……后来由周恩来总理亲自审定发表了这张照片。照片在媒体登出后，被誉为"精彩的历史瞬间"。

　　如今，这幅照片和吴印咸的《白求恩》、吕厚民的《志愿军回国》、张爱萍的《新四军侦察员》、石少华的《埋地雷》、陈正青的《开国大典》、陈复礼的《搏斗》等 160 幅摄影佳作被评为"20 世纪华人摄影经典"。杜修贤先生用照相机记录了历史，也记录了毛泽东、周恩来等共和国领袖的最后岁月，为人世间留下了永恒不朽的画面。

　　　　（原载《人民日报》（海外版）2006 年 1 月 6 日）

周恩来的生死观

李　潇

　　周恩来的生死观是他人生观的一个重要组成部分。他对人生积极进取的态度、对人生价值的追求，决定了他对生与死的态度和看法。无论是战争年代还是和平建设时期，周恩来始终没有改变他的理想和追求，而他的生死观却在不断发展不断完善。本文力求通过探讨分析周恩来的生死观，来展现周恩来高尚的思想道德、品质和情操，以求对引导青少年确立正确的人生观，对提升我们共产党员的素质和修养，起到启迪和教育作用。

一、生命不息　奋斗不止

　　马克思主义认为，人生观的形成不是由于人性的"自然要求"，不是什么人性的"自我完成"，更不是上帝或神的启示，而是人们所处的一定的历史条件和社会关系的产物，是人们的社会物质生活条件的反映。"不是意识决定生活，而是生活决定意识。"① 周恩来生逢帝国主义列强入侵、祖国山河破碎、中华民族面临存亡之际，目睹了辛亥革命的失败、袁世凯复辟帝制、北洋军阀混战，痛恨腐朽旧制度之弊政，因而立志救国救民，积极探寻变革社会、改造人生的途径，并以此为自己的人生目的和人生追求。

---

① 《马克思恩格斯选集》第 1 卷，第 31 页，人民出版社，1972 年。

　　周恩来少年时就立志"为了中华之崛起"而读书。青年时期，他的理想和追求日渐明晰。他认为，一个人必须有远大的理想和高尚的志向。"盖现在的人总要有个志向，平常的人不过是吃饱了，穿足了，便以为了事，有大志向的人，便想去救国，尽力社会"②。周恩来常对周围的朋友说："一个青年，不以国家民族的存亡为念，只追求个人享受，是不对的。"③ 他在东渡日本求学时给同学的临别赠言就是"愿相会于中华腾飞世界时"。在此人生观的指引下，青年周恩来逐步走上革命道路，为民族解放和社会主义事业，英勇斗争，不屈不挠，夙兴夜寐，呕心沥血，无私地奉献出了自己毕生的精力和智慧，为祖国为人民立下了不朽的功勋。他的一生是全心全意为中国人民和世界人民服务的一生，是为共产主义壮丽事业奋斗的一生。

　　周恩来在无产阶级世界观和人生观的指导下，在对待人生的态度上，对待生命意义的追求和生命的价值的实现上充分体现其优秀的品质和高尚的道德情操，表现了一种积极的、昂扬向上的奋斗精神，即为了祖国和人民的利益，一息尚存，奋斗不止。它突出表现在两个方面：

　　（一）鞠躬尽瘁　无私奉献

　　怎样看待人生的价值和意义，是一个人的人生观的核心问题。不同的阶级有着不同的人生观，因而对人生的价值和意义的看法也有着本质的区别。无产阶级的人生观认为，人生的价值是在为社会的进步和人类的解放事业做出贡献的实践中体现出来的，一个人的一生是在社会中发展和完成的，个人一生价值的实现和完成，也只有从社会获得客观条件，而又以为社会的进步和人民的需要服务为途径。

---

② 《周恩来旅日日记》，第 38 页，线装书局，1997 年。
③ 《周恩来传》（1898—1949），第 61 页，中央文献出版社，1998 年。

　　周恩来从青年时代起，就立志为社会为大众服务，拯民于水火之中。他全身心地投入人民大众的解放事业中，即使赴汤蹈火、粉身碎骨，也在所不惜。他将自己人生的意义、人生的价值，融化在了追求人民大众的幸福之中，为锤炼自己成为真正的共产主义战士，奠定了重要的基础。

　　周恩来同志在青年时就认为，一个人是不能脱离集体，只顾自己生活的。他认为，人立足于世界上，既不能像草本禽兽那样靠自己生活必须依靠公众的扶持，"而服役之事乃为人类所不可免"④。因此，他从青年时起就把思想品德和修养放在特别重要的地位，总是甘于去做那些为公众"服役"的事情，从来没有在这方面吝惜过自己的时间和精力。对于学校及班上的各种公益活动，不管多么繁杂，他无不热心尽力。他在给友人的信中说："课外事务则如猬集，东西南北，殆无时无地而不有责任系诸身。人视之以为愚，弟当之尚觉倍有乐趣存于中。"⑤ 毕业时，南开学校《第十次毕业同学录》上对周恩来的评语为："君性温和诚实，最富于感情，挚于友谊，凡朋友及公益事，无不尽力。"

　　参加革命以后，作为伟大的马克思主义者，一个成熟的无产阶级革命家，周恩来更是自觉地严格地要求自己，夙兴夜寐、殚精竭虑，把毕生的精力和智慧全部无私地奉献给党的事业，共产主义事业。"文革"期间，他忍辱负重，顾全大局，苦撑危局，力挽狂澜，为了国家和民族，他实践了自己的人生准则："我不入虎穴谁入虎穴，我不入地狱谁入地狱？"他把党的事业和祖国的建设事业看得高于一切，把"为人民服务"作为自己一生的最高准则，真正做到了"鞠躬尽瘁、死而后已"。

　　（二）不屈不挠　坚定乐观

　　怎样对待逆境，如何对待人生的挫折和失败，它集中反映出

---

④ 《周恩来南开校中作文》，第26页，中央文献出版社，1998年。

⑤ 《周恩来南开校中作文》，第44页，中央文献出版社，1998年。

一个人对待人生的态度，也集中体现出其人生的根本目的。无产阶级革命家对待逆境的态度，集中体现出无产阶级的人生观和高尚的道德情操。

五四运动中，周恩来参与领导学生爱国运动被捕入狱。面对敌人的威逼利诱，他在狱中组织读书会。学习革命理论，讲述革命故事，激励大家的革命斗志。他把狱中的反抗斗争和狱外的营救斗争结合起来，在反动当局被迫审理这一案件时，他义正辞严地批判反动法官的无耻谰言，疾呼爱国无罪，救国有功，把法庭变成了传播革命真理的讲坛。周恩来这种不屈不挠的革命气概，使许多爱国青年深受鼓舞，最终反动当局释放了全部被捕代表，天津各界人士组织了盛大庆祝活动，把嵌有"为国牺牲"四个金字的匾额献给了周恩来等人，表示对他们的光荣嘉奖。

周恩来同志投身革命后，在严酷的战争环境中，出生入死、临危不惧。面对党内"左"右倾路线的多次打击，他从不气馁消沉，表现出共产党人信念坚定、百折不挠的奋斗精神。他高瞻远瞩、顾全大局，勇于承担责任；坚持真理、修正错误，以有利于革命事业的发展为重；他胸怀坦荡、光明磊落，脚踏实地的为党工作。他曾说过，要老老实实为人民服务，"如对孺子一样地为他们做牛，"应该"像牛一样努力奋斗，团结一致，为人民服务而死"⑥。1951 年在京津高校教师学习会上，他对自己的革命历程曾做过这样的总结："三十年来，我尽管参加了革命，也在某些时候和某些部门做了一些负责工作，但也犯过很多错误，栽过筋斗，碰过钉子。可是，我从不灰心，革命的信心和革命的乐观主义鼓舞了自己，这个力量是从广大人民中间得到的。"⑦

周恩来不屈不挠的斗争精神，来源于他坚定的信仰和乐观主

---

⑥　《周恩来选集》上卷，第 241 页，人民出版社，1980 年。

⑦　《周恩来选集》下卷，第 60 页，人民出版社，1984 年。

义的精神。周恩来出生于 19 纪末一个破落的旧官僚家庭，祖父曾任知县、知州等职，但到了其父辈时，家境衰败，再加上早年丧母，父亲无力抚养几个孩子，日子过得相当窘迫，使他"从小就懂得生活艰难"。由于童年生活给他留下了痛苦的记忆，使得他对封建社会和封建制度产生了强烈的憎恨。12 岁时去东北，受国破家亡的刺激和影响，日渐觉悟，忧国忧民之情日益加深，发奋"为了中华之崛起"而读书。到天津读书时，他怀着炽热的救国愿望，如饥似渴地阅读许多进步报刊，努力寻求问题的答案。继而于 1917 年东渡日本，探寻"济世穷"的学问。由于个人境遇和家庭境况以及初到异国的孤寂、苦闷，他曾一度考虑过是否用日本当时流行的佛教"无生"思想来摆脱内心的痛苦。然而，不久他通过接触《新青年》的新思想和日本河上肇、片山潜、辛德秋水的著作，开始接触马克思主义，受到了吸引。1919 年的五四运动，开始改变周恩来的生活道路，在被捕入狱的半年中，他系统地学习马克思主义理论，共产主义信念逐渐萌动。1920 年赴欧勤工俭学，便"对于一切主义开始推求比较"[8]，经过反复地学习和思索，他终于确立了共产主义信念，并于 1921 年加入了中国共产党。他在给国内觉悟社朋友的书信中，充分表达了他成为共产党人后的那种坚定的革命信念："我认的主义一定是不变了，并且很坚决地要为他宣传奔走。"从此，周恩来把自己的全部精力和智慧，毫无保留地献给了壮丽的共产主义事业，直到生命的最后一息。同时，周恩来

以无私无畏的人生态度，为党的事业，为民族和人民大众的利益，坚定不移、不屈不挠，始终保持着革命乐观主义精神，为实现其人生的理想和目的，不断追求，不懈奋斗。

和周恩来相濡以沫半个世纪的亲密伴侣和战友邓颖超同志，

---

⑧ 《周恩来书信选集》，第 41 页，中央文献出版社，1988 年。

对周恩来知之最深，感触也最深。她曾这样评价周恩来："他在任何艰难困苦面前，任何风险面前，不管在受到什么样的批评、打击、挫折面前，他从来没有灰心，从来没有丧气，一直保持了坚定的信仰，坚定的立场，坚持奋斗，坚持斗争，直到他生命最后的一息。"⑨ 周恩来的一生为了追求真理、坚持真理，顽强拼搏，即使身处逆境也从不灰心不退缩，表现了无产阶级革命家大无畏的斗争精神和为人民的利益勇于献身的高贵品质。

二、面对死亡　泰然处之

人生观的根本问题是为什么而活着，与此相联系，也有一个为什么而死和怎样对待死亡的问题。无产阶级的人生观对待死与对待生的问题一样，总是以阶级利益和人民的利益为原则，以革命事业为出发点的，即把革命利益，人民群众的利益放在第一位。以此为出发点，面对死亡的威胁，也必然抱着泰然处之的态度。对革命者而言，个人的一切都是属于革命事业的，都应服从阶级与革命事业的需要，既然为革命而生，必要时也可以为革命而死。周恩来正是实践这一无产阶级生死观的光辉典范。

（一）临危不惧　视死如归

为拯救危亡之际的祖国，探寻使"中华崛起"、"腾飞世界"的道路，周恩来远离祖国，东渡日本留学。临行前，他挥笔写道："大江歌罢掉头东，邃密群科济世穷。面壁十年图破壁，难酬蹈海亦英雄。"充分表现出他为实现伟大抱负而不惜赴汤蹈火的革命精神。虽然，中国传统的儒家"舍生取义"的生死观，对周恩来有一定的影响，但要将无产阶级的利益和要求变为自己内心的政治觉悟和自觉的行为要求，这必然有一个过程。而在这过程中，必须要有马克思主义的教育和影响。周恩来一贯强调树立

---

⑨　《邓颖超文集》，第 185 页，人民出版社，1994 年。

革命的人生观，同时也很重视对马克思主义理论的学习。他指出："马克思列宁主义的学习，对于确立知识分子革命的人生观和科学的世界观具有决定的意义。"马克思主义与无产阶级的实践活动相结合，就就能形成革命的人生观。而有了这样的人生观就能正确对待人与社会，把为无产阶级和民族的解放，为共产主义事业而献身，看着无上光荣和伟大，把为革命而生为革命而死，看作理所当然，把为革命、为人民、为共产主义奋斗，变成自己本能的内在要求，完全自觉地服从这种要求，即使是需要献出最宝贵的生命，也甘心情愿、义无反顾。青年时期周恩来在为革命烈士黄爱所写的诗《生别死离》中，就热情地讴歌无产阶级的生死观："壮烈的死，苟且的生。贪生怕死，何如重死轻生……没有耕耘，哪来收获？没播革命的种子，却盼共产花开！梦想赤色的旗儿飞扬，却不用血来染他，天下哪有这类便宜事？""本是别离的，以后更会永别！生死参透了，努力为生，还要努力为死，便永别了，又算什么！"他在规定觉悟社的任务时提出，参加觉悟社，就要本着"觉悟"的精神去实行，作引导社会的先锋。它不仅是宣传新文化、研究新思潮的团体，而且要成为一个准备奋斗牺牲的组织，成为天津作战的"大本营"。他告诫投身革命斗争的同志要准备牺牲，他指出："黑暗势力愈来愈多了，我们应当怎样防御啊？要有预备，要有办法，要有牺牲。"在五四运动中，周恩来既是组织领导天津学生运动的青年领袖，又是一位大无畏的革命战士。他奋不顾身地奔走街头，组织示威请愿和罢课罢市；作为天津学生的代表，他两次进京，和北京的学生一起，同反动军阀政府展开了激烈的斗争。当 1920 年天津的"一·二九"惨案发生后，反动当局残暴镇压示威请愿的学生，逮捕了周恩来等 4 名代表，面对敌人的高压淫威，他威武不屈，浩气凛然，视死如归。为了推翻专制的卖国政府，周恩来表现出了勇于奋斗、万死不辞的英雄气概。

大革命失败后，面对反动派的血腥屠杀，以周恩来等为代表的共产党人毫无惧色，沉着冷静，毅然举行南昌起义，打响了武装反抗国民党反动派的第一枪。在国统区的险恶环境中，周恩来临危不惧、出生入死，赴汤蹈火，为了党的事业、民族的利益，即使粉身碎骨也在所不辞。

同样，面对死神的不期而至，周恩来也同样冷静坦然，将自己的生死置之度外，首先考虑的是别人。众所周知，1946年1月，为国共和谈而奔波往返于延安和重庆之间的周恩来，在飞机遇险时，毅然将自己的降落伞让给叶挺的女儿小扬眉，把生的希望让给孩子，把死的威胁留给自己。

（二）为国为民　死而后已

新中国成立后，周恩来担任政府总理达26年。为了祖国的繁荣昌盛，为人民大众的幸福安康，他夙兴夜寐，日理万机，呕心沥血，任劳任怨，一直到生命的最后一息。"春蚕到死丝方尽，蜡炬成灰泪始干"是对他人生的最好的写照。而周恩来自己在建国后对杨虎城之子杨拯民说的一席话，更能表达出他对死亡的态度和理解，他说："人，不要怕死。我想，死，最好是打仗和敌人拼搏，一粒子弹结束生命。如果不打仗了，那就拼命工作，什么时候精力消耗完了，生命就结束了。"[10] 周恩来用自己的行动实践了这一诺言。当1972年他得知自己得的病是癌症时，没有丝毫悲观沮丧，仍然争分夺秒拼命地为党的事业和祖国的建设大业工作、筹划着，直到1974年他的病情恶化了，才决定在6月1日住院。据有关记录统计，1974年1～5月，周恩来在5个月共计139天的实际工作量为：每日工作12～14小时有9天，14～18小时有74天，19～23小时有38天，连续工作24小时有5天，只有13天的工作量在12小时以内。此外，从三月中旬到五月底的

---

⑩　杨拯民：《往事》，第245页，中国文史出版社，2006年。

两个半月内，除日常工作外，周恩来共计参加中央各种会议 21 次，外事活动 54 次，其他会议和谈话 57 次。正如周恩来的侄女周秉德所说："伯伯是用他的行动在写自己对生命意义的诠释：活着的意义，就是能够为党为祖国和人民努力工作。伯伯的一生，尤其是晚年，他在努力地与日益逼近的死神抢时间，顽强地向生命的极限挑战！"⑪

毛泽东同志说过："为人民利益而死，就比泰山还重。"周恩来用自己的崇高精神和革命实践活动，为共产党人的生死观作了最完美的诠释。

三、活着为人民服务　死后也要为人民服务

中国几千年的封建传统思想，十分看重死后的安葬。特别是些帝王将相，不仅生前要享受荣华富贵，死后也要倾其人间所有，修筑豪华陵墓，以图其不朽和永远享乐。而真正的马克思主义者，是彻底的唯物主义者，他们毕其终生为人民大众的事业服务，不计个人的荣辱得失，力争做到"鞠躬尽瘁，死而后已"，而根本不会考虑在自己身后树碑立传，这是与封建帝王截然不同的两种生死观，它是由两种不同的人生观所决定的。

周恩来作为伟大的马克思主义者，对于丧葬问题，经过不断思考、逐渐发展，提出了具有深远意义的主张，起了移风易俗的模范作用，同时，也是他高尚人格的完美再现。

（一）从土葬到火葬，再到死后不留骨灰

中国人对死人的处理，除个别少数民族的习俗外，自古以来都是土葬。新中国成立后，倡导移风易俗，改革旧的殡葬制度。1956 年，在党中央、毛主席的倡议下，中央领导人曾签名，约定死后实行火葬。这样，死后既不占用农田耕地，又能保持俭朴节

———————————

⑪　周秉德：《我的伯父周恩来》，第 342 页，人民出版社，2009 年。

约，周恩来也带头签了名。他曾说，火葬比土葬先进，很快骨灰就出来了，几元钱买个磁罐装上，深埋地下，既经济又卫生，更不占土地。我国现行的土葬，要穿新衣，做棺木，农村讲究吃喝，还占一块墓地。要制定制度，党员、干部带头执行。1953年，周恩来指示将他在淮安的祖坟平掉。1965年又派亲属专程回故乡淮安处理这件事，把棺木就地深埋，以不影响生产队的机械耕种。大跃进时，响应毛泽东"死人给活人让路"的号召，周恩来又带头火化了自己父亲和邓颖超母亲的遗骨并平坟深葬。

就在党中央、毛主席的倡议后不久，周恩来和邓颖超两人又共同商定，相互保证，死后不保留骨灰，而把骨灰撒到祖国大好河山的水土中。周恩来去世后，他的遗愿得以实现。经中央批准，按照周恩来生前的遗嘱，骨灰不保留，全部撒向了祖国的江河。

从土葬到火葬，这本是一场革命，是对中国几千年旧习俗的革命。而从火葬到不保留骨灰，这又是一场革命，它反映出更高的思想境界。周恩来的亲密伴侣邓颖超曾对亲属晚辈说："要用马克思列宁主义、毛泽东思想对待一个人的死，要正确对待。毛主席在《为人民服务》那篇文章中讲：'人总是要死的'，这也是自然规律。""你们伯伯在他知道自己的病不能挽救的时候，一再叮嘱我，死后骨灰不保留，这是我和你们伯伯在十几年前共同约定的。"

（二）死后也要继续为人民服务

据《周恩来年谱》记载，周恩来在病重期间，曾专门交代医务人员，现在对癌症的治疗还没有好办法，我一旦死去，你们要彻底解剖检查一下，好好研究研究，能为国家的医学发展做出一点贡献，我是很高兴的。

周恩来认为，一个革命者，一个为共产主义事业奋斗的战士，生前为人民大众服务，死后化作肥料，也要继续为人民服务，体现了他全心全意、无私彻底地为人民服务的高尚的道德品质和风范情操。

当周恩来逝世后，面对周恩来不保留骨灰，全部撒向祖国的江河的遗嘱，亲属和晚辈从感情上都不能接受。这时，邓颖超耐心劝导、教育他们说："从感情上你们难过，但是要用唯物主义观点去看，要支持伯伯的行动、伯伯的遗言。""你伯伯他自己曾经讲过，人死后为什么要保留骨灰？把我们的骨灰撒到地里可以做肥料，撒到水里可以喂鱼，这也是为人民服务，活着为人民服务，死后也要为人民服务，物质不灭，生生不已。"这就是伟大的无产阶级革命家，一个真正共产党人的胸襟和情操。周恩来的一生，是理想人格的光辉典范。他克己奉公、埋头苦干，对党和人民无限热爱和忠诚，始终不渝地坚持与人民同甘苦、共命运，把毕生的精力和智慧全部给了社会，而从不索取任何私利，他以自己光辉的一生，实践着"鞠躬尽瘁、死而后已"的宏伟誓言。

（原载《21世纪周恩来研究的新视野——第三届周恩来研究国际学术研讨会论文汇编》，中央文献出版社，2009年）

周恩来人格研究述评

李　潇

　　周恩来的人格，是人类理想的人格。它充分展现了中国共产党人和中华民族优秀的理想、信念、道德和价值观。它是马克思主义世界观同中华民族传统道德相结合的光辉典范。周恩来的人格，以其独特魅力征服了中国，征服了世界，赢得了中国人民乃至世界人民的衷心爱戴和景仰。

　　今天，在建设现代化国家过程中，重新认识的认真探讨研究周恩来的人格，剖析周恩来人格精神的内涵、特点及其形成的要素，对我们无疑有着深刻的教育和启迪意义。正如李琦同志所说："在解决如何提高执政能力和领导水平，如何增强拒腐防变、抵御风险能力等重大历史课题中，在带领全国的党员、干部和广大人民群众把建设有中国特色社会主义事业全面推向新世纪的征程中，更需要我们学习周恩来，继承和发扬周恩来的伟大精神和人格风范。"①

一、周恩来人格研究概况

　　关于周恩来的人格研究，在周恩来思想生平的研究中，是一个重要方面。自1996年以来，逐年增多，在2003年以前，每年

---

① 王凤胜、刘德军：《伟人的魅力——周恩来人格研究》，山东人民出版社，2000年。

都有研究文章或者是专著发表。自 1996～2009 年底，见诸于公开刊物上发表的文章，约 40 篇，研究专著两部。它们分别是：周显信《论周恩来的人格力量》（1996 年）、林浣芬、廖艺萍《论周恩来人格精神的文化渊源》（1998 年）、王玉如《试论周恩来的人格魅力》（1998 年）、田澍《周恩来的人格魅力》（1998 年）、陈新建《试论周恩来的人格精神》（1998 年）、何以贵、胡学举《周恩来与诸葛亮人格魅力之比较》（1998 年）、一夫《永恒的魅力——推荐周恩来的人格风范》（1998 年）、王觉民《周恩来伟大人格的文化意蕴》（1998 年）、叶岗《周恩来人格与中国传统文化》（1998 年）、肖前、葛洪泽座谈《人民公仆　高山仰止——读〈周恩来的人格风范〉》（1998 年）、李丕基《周恩来人格特点和巨大凝聚力》（1998 年）、马中柱《丰富了人格理论　提供了学习楷模》（1998 年）、陶柏康《推荐〈周恩来的人格风范〉》（1998 年）、叶岗《周恩来人格的传统文化基础》（1998 年）、葛洪泽《鞠躬尽瘁　党之楷模——读〈周恩来的人格风范〉》（1998 年）、缪慈潮《论周恩来的人格修养的若干特点》（1998 年）、鞠建国、隋大利《学习周恩来的人格精神　做好人民公仆》（1998 年）。

1998～2003 年的研究评论文章主要有：邹嘉南《略论周恩来的人格魅力》（1999 年）、林浣芬、廖艺萍《周恩来的人格精神与传统文化》（1999 年）、吕荣斌《从谈判对手的关系看周恩来的人格力量》（1999 年）、严文华《人格的魅力——周恩来的人格形成及其领导风格》（2000 年）、刘德军《论周恩来的崇高人格》（2000 年）、王忠本《伟人的魅力——周恩来人格研究》评价（2001 年）、王旭东《试论南开就读时期周恩来的人格早期定式》（2001 年）、韦廉、张东《展现大外交家周恩来的人格魅力》（2002 年）、吕志《论周恩来人格风范的形成》（2003 年）。

2006～2008 年搜集到的有关研究评论文章有：苏新有《试析

周恩来人格的内涵与特色》（2006 年）、卞书樵《永留正气在人间——从周恩来的人格魅力看共产党员的先进性》（2006 年）、刘淑娟《周公吐哺　天下归心——浅析周恩来的人格魅力、政治思想及其现实意义》（2006 年）、宋天和、李海明《论周恩来的人格特质》、梁晓宇、卿秋军《论周恩来的人格魅力及其时代价值》、蒋开文《周恩来的人格魅力》、田永清《周恩来的人格》、宋天和、李海明《论周恩来的人格特质与和谐理念培育》。

从研究文章的数量来看，1998 年纪念周恩来诞辰 100 周年是研究的高峰期，共有 14 篇研究评论文章，占到全部研究文章的三分之一强。到 2008 年纪念周恩来诞辰 110 周年时又有一个小高峰。两部周恩来人格研究的专著是：吕志、范英著《周恩来的人格风范》（1997 年）、王凤胜、刘德军著《伟人的魅力——周恩来人格研究》（2000 年）。而 2004～2005 年没有见到有关研究文章。2009 年也尚未见到发表有关文章。杨可实、侯吞书《周恩来的人格美与统一战线》一文虽然是 1995 年发表的，但具有独特的研究视角，在此一并收录作为评述内容。

二、周恩来人格研究的主要内容与成果

关于周恩来的人格研究，专家、学者们通过这十几年的悉心研究探讨，取得了重要成果。正如《伟人的魅力——周恩来人格研究》一书所指出的："人们从不同的角度探求：通过重大历史事件研究周恩来的人格，通过周恩来的风范表现揭示周恩来的人格，通过直接进行理论分析展现周恩来的人格……一致评价周恩来的人格是最高层次的高尚完美的理想人格类型。"②

本文将专家学者们的研究成果综合分析后，概述为以下几个

---

② 王凤胜、刘德军：《伟人的魅力——周恩来人格研究》，第 2 页，山东人民出版社，2000 年。

方面内容：一是对周恩来人格精神的构成和科学内涵的探讨研究、二是对周恩来人格魅力基本特征的评述研究、三是对周恩来人格形成的探讨研究、四是关于周恩来人格研究的现实意义、时代价值。

（一）对周恩来人格精神的构成与科学内涵的探讨

人格的定义，从严格意义上来讲包括三个方面：人的性情、气质、能力等特征的总和；人的道德品质；依照法律、道德或其他社会准则，个人应享有的权利或资格。通常我们所说的人格，主要是指的前两项。汉语大词典解释为"一般意义上讲的人格是人的品格操守，真正意义上的人格是人生格局养成与操守"。"人格是构成一个人的思想，情感及行为的特有统合模式，这个独特模式包含了一个人区别于他人的，稳定而统一的心理品质"。

周恩来的人格，具有独特的内涵、特征和魅力，达到了共产主义理想人格的最高境界，体现的是全人类最优秀的品德。这点得到中外研究者的一致认同，同时，也得到中外杰出政治家的高度赞赏和评价。例如美国前总统尼克松在《领袖们》一书中，就曾这样描述周恩来的品德："这是中国人独有、特殊的品德，是多少世纪以来的历史发展和中国文明的精华结晶。"③ 我们认为，探讨周恩来人格精神的构成和内涵，也即对其人格特质的理性界定和客观表述。

关于周恩来人格构成，专家、学者们的研究都有许多独到的见解。有的认为，周恩来人格精神的构成是民族性加马列主义者；有的认为，是党魂、国魂、民族之魂的结合；有的认为，"在周恩来身上，可以从各个不同的角度看到什么是共产党人的优秀品质，什么是中华民族的优良传统，什么是领导者德才兼备

---

③ 尼克松：《领袖们》，第211页，海南出版社，2008年。

的最高境界"④。周恩来的人格是中华民族的传统美德与共产党人的优秀品质与领导者的超凡智慧和才能的有机统一体，它达到了品德、境界、才能三者的高度统一。笔者认为，只有从这样的角度和视点来剖析研究周恩来人格的构成，才是恰如其分，才能达到客观、准确、科学的要求。

关于周恩来人格精神的内涵，学者们研究探讨的比较集中也较为深入。正如《伟人的魅力——周恩来人格研究》一书指出，周恩来的人格精神体现了独特的精神内蕴，展示的是"无我"、"无畏"、"无怨无悔"。具体地说，周恩来人格精神的内涵可概括为五个方面：一是大志——志在中华民族崛起，志在为公为民，志在实现共产主义，志在终生奋斗不息；二是大真——真实地工作，真诚地处理各种复杂关系，真情地同各种人交往；三是大爱——爱党，爱国，爱人民，爱和平；四是大智——才华出众，智慧超群，思维敏捷，观察能力敏锐，应变能力灵活，战略眼光远大，斗争经验丰富；五是大勇——敌人面前，斗争坚决；灾害面前挺身而出；危局面前，力挽狂澜；生死面前，置之度外⑤。鞠建国、隋大利的文章，将周恩来人格精神的内涵概括为：第一、无产阶级党性和人民性的统一；第二、个人目标与群体目标的统一；第三、领导者与人民群众的统一；第四、勤政与廉政的统一⑥。陈新建认为，崇高志向是周恩来人格精神的坚实基础，把有限生命完全溶处全心全意为人民服务之中，是周恩来人格精神的核心⑦。宋天和、李海明认为，周恩来的和谐理念是对周恩来人格特质的客观表述，其内涵包含三个方面：思想和谐、行为

---

④ 屠连芳：《试论周恩来领导品质的民族性》，《毛泽东思想研究》1989 年第 3 期。

⑤ 《伟人的魅力——周恩来人格研究》，第 3 页，山东人民出版社，2000 年。

⑥ 鞠建国、隋大利：《学习周恩来的人格精神，做好人民公仆》，《党政干部学刊》1998 年第 3 期。

⑦ 陈新建：《试论周恩来的人格精神》，《桂海论丛》1998 年第 2 期。

和谐和作风和谐⑧。苏新有的文章则从四个方面探求其内涵：一、坚定的共产主义信念；二、顾全大局的宽阔胸怀；三、襟怀坦荡的高尚情操；四、鞠躬尽瘁为人民的思想⑨。吕志、范英著《周恩来的人格风范》则用四个专题，用了大量篇幅来具体表述周恩来人格风范的思想内涵：一、人格理想："为中华之崛起"；二、人格情感：革命者是有人情的；三、人格准则：做服役社会的公仆；四、人格境界：注重修身律己尚德⑩。总之，这些专家学者们都比较全面地探究了周恩来人格精神的科学内涵，体现出了较高的研究水平。

（二）对周恩来人格魅力、精神风范特征的论述

关于周恩来人格魅力、精神风范的基本特征，以往发表的评述文章比较多，研究者们各抒己见。有称人格特点的，有称人格特色的，还有称突出表现的。也有的文章把主要表现和基本特征分开单列阐述的。笔者认为它们含义基本类同，在此将它们合并在一起，统称为特征。文章所阐述的观点主要包含：信念坚定、矢志不渝、作风民主、顾全大局、廉洁奉公、严细守纪、无私奉献、艰苦朴素、真诚待人、奋不顾身、鞠躬尽瘁、死而后已、智慧超群、多谋善断、求真务实、非凡决策、光明磊落等等。因这类的研究文章较多，相同点也较多，阐述较为具体，所举典型事例也较多。如王玉如的文章论述周恩来人格魅力的基本特征是：一、以中华崛起为己任的崇高理想；二、为民服务的公仆意识；三、相忍为党的博大胸怀；四、不卑不亢的外交风格；五、严于律己的做人原则；六、充满爱心的真挚情感；七、忠贞专一的婚

⑧　宋天和、李海明：《论周恩来的人格特质》，《内蒙古民族大学学报》2008 年第 1
　　期。

⑨　苏新有：《试析周恩来人格的内涵与特色》，《党史博采》2006 年第 12 期。

⑩　吕志、范英：《周恩来的人格风范》，暨南大学出版社，1997 年。

姻态度；八、艰苦朴素的生活作风⑪。杨可实、侯吞书的文章从统一战线的实践来探析周恩来的人格魅力特征。他们认为，人格既有全过程的综合度又有其终结度，周恩来的人格就是一种过程性与终结性的统一质；人格又是独立性与关系性的统一，而周恩来的人格正是独立性和"群"性即关系性的完美统一体。除此而外，周恩来的人格还有言行一致性、利他性、生死为一性等特征，作者采用了大量事例来叙述这些个性特征⑫。蒋元文的文章则强调突出周恩来人格魅力的特征为：信念坚定、矢志不渝；勤于学习、慎思明辨；诚实守信、廉洁奉公⑬。缪慈潮的文章则归结为：一、认定真理，矢志不移；二、自我改造，意识强烈；三、顾全大局，甘当"助手"；四、乐于"服役"，鞠躬尽瘁；五、以史鉴今，正己率下⑭。田永清的文章，通过周恩来的四次比喻：孺子牛、驴子、蜜蜂、春蚕，来集中诠释周恩来的人格特征，这就是：大公无私、清正廉洁、光明磊落、谦虚谨慎、鞠躬尽瘁、死而后已。他为人民呕心沥血，献出了一切，却从不要求丝毫报答和点滴特权。他生不争权争利，死不争名争位⑮。

李丕基则认为，"善于处理党性和人性的关系，是周恩来具有巨大影响力和凝聚力的主要原因之一"。"他对人对事，既有坚强的党性，又富有真诚的人情味。他能在党的原则指导下，处理好人与人的关系，能在讲人性的基础上，坚持党性原则"⑯。苏新

⑪　王玉如：《试论周恩来的人格魅力》，《毛泽东思想研究》1998 年第 2 期。

⑫　杨可实、侯吞书：《周恩来的人格美与统一战线》，《福建省社会主义学院学报》1995 年第 1 期。

⑬　蒋开元：《周恩来的人格魅力》，《公民导刊》2008 年第 5 期。

⑭　缪慈潮：《论周恩来人格修养的若干特点》，《福建党史月刊物》1998 年增刊第 1 期。

⑮　田永清：《周恩来的人格》，《广东党史》2008 年第 2 期。

⑯　李丕基：《周恩来的人格特点和巨大凝聚力》，《天府新论》1998 年增刊。

有的文章在众多相同观点的基础上，又提出了周恩来"敦厚宽仁，贵和持中"与"重民亲民，勤政高效"的人格精神魅力特色[17]。陈新建提出，周恩来的人格精神魅力，还体现在他临危不惧、非凡决策和指挥才能以及不争功不透过的自谦品德上[18]。吕志、范英通过对周恩来"良好的人格素养、和谐的人格秉性、丰富的人格情愫、博大的人格胸怀、非凡的人格才智"等五个方面人格风范的表述，进而概括出周恩来人格精神、风范的十个基本特征：一、领导气度特征；二、领导品质特征；三、思想方法特征；四、工作作风特征；五、个性修养特征；六、生活态度特征；七、领导艺术特征；八、统战工作特征；九、外交工作特征；十、道德情操特征[19]。王凤胜、刘德军在《伟人的魅力——周恩来人格研究》一书中，提出了周恩来人格的显著特征是：一、思想境界的崇高性；二、最高层次的完善性；三、吸取融汇的贯通性；四、存在历史的恒久性[20]。

上述文章基本上涵盖了周恩来人格魅力、精神风范的主要特征或特色。我们说，周恩来的人格魅力是由其生命活动、实践行为所体现出的独特的精神内涵。它的本质特征体现在：它既反映出中华民族的传统美德，也折射出人类对理想人格的共同追求。正如叶岗的文章所指出的："周恩来的人格特征，既是立足本土的，又是面向世界的；既是发轫于传统的，又是导向于未来的。"[21] 如果借用周恩来自己的话说，这种特征在总体上便是

[17] 苏新有：《试析周恩来人格的内涵与特色》，《党史博采》2006 年第 12 期。

[18] 陈新建：《试论周恩来的人格精神》。

[19] 吕志、范英：《周恩来的人格风范》，第 153～223 页，暨南大学出版社，1997 年。

[20] 王凤胜、刘德军：《伟人的魅力——周恩来人格研究》，第 3～6 页，山东人民出版社，2000 年。

[21] 叶岗：《周恩来人格的传统文化基础》，《史学月刊》1998 年第 4 期。

"以人民的疾苦为忧，以世界的前途为念"[22]。笔者认为，只要紧紧扣住这点，也就抓住了周恩来人格的主要特征或主要特色。

（三）对周恩来人格精神形成的剖析

关于周恩来人格的形成，专家学者们通过深入细致的分析探究后，一致认为，周恩来完美人格的形成不是偶然的。它是多种因素催生和多种"养分"孕育的结果，它是时代、民族和环境加上个人努力追求的结果。"只有这样的时代，这样的民族以及这样独特的人生经历，才能产生出这样伟大的人物"[23]。

王玉如的论文通过对内忧外患的震撼、家境身世的影响、良师益友的启迪、中西文化的熏陶、复杂环境的锤炼、自我意识的修养等六个方面的阐述，全面而具体地分析了周恩来人格形成的要素。邹嘉南在研究中指出，对革命事业的赤胆忠心，铸就了周恩来无私无畏的献身精神；他的高尚人格，植根于高度的党性原则和强烈的爱国主义精神；在爱情、友情、亲情等方面，集中体现了中华民族的传统美德。叶岗的文章专题探讨了周恩来人格的传统文化基础，他认为，"就传统文化范畴而言，对周恩来人格形成影响程度最深，时间最长的当为儒家文化，释道两家的影响在程度上和时间上都不能与之相比"。"周恩来的人格，受到了经孔子改造后的新型君子人格的影响……这种君子人格在多难而屡起的中华民族的历史上，催生和滋养了一代又一代的豪杰，建构和培育了中华民族基本的人文精神，尤其当遭际乱世之时，更是如此"[24]。葛洪泽的文章指出："面对当时国人鲜有人格和国家没有'国格'的屈辱，少年周恩来立志'为中华之崛起'而发愤求知，正是这种远大的目标决定了周恩来后来光辉人格的形成。"[25]

---

[22]　《周恩来选集》（下），第 427 页，人民出版社，1984 年。

[23]　王玉如：《试论周恩来的人格魅力》，《毛泽东思想研究》1998 年第 2 期。

[24]　叶岗：《周恩来人格与中国传统文化》，《淮阴师范学院学报》1998 年第 1 期。

[25]　葛洪泽：《鞠躬尽瘁，党之楷模》，《广东社会科学》1998 年第 3 期。

王旭东则在文章中，详细解读了周恩来在南开就读时期所受的教育，和环境对其人格早期定式的重要影响。作者进一步指出，周恩来在跨出南开学校大门时，人格早期定式就已呈现以下特征：重信仰、重理想重事业而轻名誉、轻地位；"退让竞争主义"的尊中庸、尚调和；推崇公众、乐于助人；宽厚谦和、多情善感；严肃与活泼㉖。林浣芬、廖艺萍《周恩来的人格精神与传统文化》一文，侧重从传统文化方面来阐述对周恩来人格形成的影响。作者指出，周恩来的人格精神有着中华传统文化的血脉，"大同理想"是周恩来人格追求的内在思想动因，同时他汲取了儒学中关于道德践履的精神并确立"君子和而不同"价值取向，这三者成其人格形成的主要因素㉗。吕志、范英《周恩来的人格风范》一书中，对周恩来人格形成塑造进行了细致深入的剖析。他们认为，善良母亲的教诲、悠久历史文化的熏陶，悲壮历史的启迪，是童年少年周恩来人格形成的基础；重视人格修养学习与磨炼、参与反帝反封建的革命实践、选择马克思主义为终生信仰，这些是对青年时代周恩来人格精神塑造的不断磨炼。而革命战争的考验、和平时代的考验、生死关头的考验、党的统战伟业、新中国的建设事业及战友间的亲密合作、生活中对自己的严格要求，这些对周恩来人格精神的完善升华起了重要作用㉘。王凤胜、刘德军《伟人的魅力——周恩来人格研究》一书中，对周恩来人格生成的时代环境、家庭、文化、人文、地理、社会实践、远大志向、求真精神等进行综合分析，全面阐述周恩来人格升华的主要动因：思想基础——自觉接受马克思主义；决定因

㉖ 王旭东：《试论南开就读时期周恩来的人格早期定式》，《合肥教育学院学报》2001 年第 1 期。

㉗ 林浣芬、廖艺萍：《周恩来的人格精神与传统文化》，《福建师范大学学报》（哲社版）1999 年第 2 期。

㉘ 吕志、范英：《周恩来的人格风范》，第 93～151 页，暨南大学出版社，1997 年。

素——革命实践的锻炼；重要途径——持久不断地改造自己。作者还剖析了周恩来的人生轨迹，并在理论上推论了周恩来人格的逻辑构成：从"为中华之崛起"到"立在共产主义"，从"良心"到"民心"、"党心"，从"敬业乐群"到"全心全意为人民服务"，从做事实在到求真务实，从富有同情心到心系大众、爱在人民㉙。

　　笔者认为，林浣芬、廖艺萍对周恩来人格精神的形成，概括得更精炼也更准确。作者认为，首先，马克思主义塑就周恩来人格的主体精神；其次，中华民族传统美德形成周恩来人格的东方风范；第三，崇尚民主是周恩来执著的人格追求。周恩来人格精神的文化渊源还有一个不可或缺的部分，那就是从资产阶级民主主义发展为马克思主义民主观及对民主精神的执著追求。作者又进一步指出："周恩来的人格精神是以马克思主义的道德原则和伦理观念为主体，批判地继承了中华传统道德的精华，吸收和升华了以民主主义为主要内容的西方文化发展过程中的先进成果，形成自己既具鲜明阶级性又富民族色彩，且带时代感的人格魅力。"㉚

　　（四）对周恩来人格精神风范的意义、影响和时代价值的探讨

　　江泽民同志在周恩来诞辰 100 周年纪念大会上指出："他崇高的精神和人格，丰碑似的屹立在中国各族人民的心里。""在他身上凝聚着中华传统美德和工人阶级的优秀品格。他的崇高的精神和人格，感召和哺育着一代又一代共产党人，继续发展成为推进我们党和国家事业的一种巨大力量。"

　　周恩来以其高尚的道德修养和独特的人格魅力，赢得了中国

㉙　王凤胜、刘德军：《伟人的魅力——周恩来人格研究》，第 14～163 页，山东人民出版社，2000 年。

㉚　林浣芬、廖艺萍：《论周恩来人格精神的文化渊源》，《福建党史月刊物》1998 年第 1 期。

人民和爱好和平的世界各国人民的崇敬的爱戴。众多学者在阐述和研究周恩来人格魅力的同时，结合实际，提出对当代的启示教育意义，主要有以下内容：

1. 周恩来的人格力量及其启示

周恩来的人格魅力就在于，在他身上所体现的共产党人积极进取的人生态度和全心全意为人民的奉献精神。周显信《论周恩来的人格力量》一文指出，这种人格力量体现在四个方面：一、实事求是，言行一致——不令而行的感召力；二、严于律己，宽以待人——不树而威的向心力；三、顾全大局，相忍为党——中流砥柱的凝聚力；四、谦和待人，襟怀坦荡——心心相印的亲和力[31]。王凤胜、刘德军则指出："周恩来人格魅力的巨大力量，归根到底在于它能够赢得人心。""人们在赞美周恩来的同时，很自然地被他的人格风范所感染，自觉地以他为榜样，来校正自己的人生坐标。"[32] 此外，田澍的文章侧重从周恩来四个方面的实践活动来谈其魅力和影响，他指出，今天我们纪念和研究周恩来，就应该努力像他那样，做一个道德高尚、人格完美的人。要努力营造更加良好的社会文化氛围，进一步提高国民人格水准[33]。

2. 周恩来人格精神的现实意义

研究周恩来，学习周恩来，不仅是为了缅怀他的丰功伟绩，更重要的是要弘扬他的高尚人格[34]。对学习和研究周恩来人格精神的现实意义，研究文章论述的观点较为一致。葛洪泽将其现实意义列为三个层次：第一，对于领导干部来说，要学习周恩来勤

---

[31] 周显信：《论周恩来的人格力量》，《徐州师范大学学报》（哲社版）1996 年第 1 期。

[32] 王凤胜、刘德军：《伟人的魅力——周恩来人格研究》，第 6、7 页，山东人民出版社，2000 年。

[33] 田澍：《周恩来的人格魅力及其启示》，《探求》1998 年第 2 期。

[34] 吕志、范英：《周恩来的人格风范》，第 5 页，暨南大学出版社，1997 年。

政廉政、忍辱负重、鞠躬尽瘁、死而后已的高尚"官德"；第二，对于共产党员来说，要学习周恩来实事求是、光明磊落、顾全大局、无私奉献的"党德"；第三，对于普通公民来说，要学习周恩来知书达理、遵纪守法、热情待人、温文尔雅的"民德"㉟。梁晓宇、卿秋军认为，周恩来一生淡泊名利，顾全大局，任劳任怨，他与不同背景的人都能和谐相处，合作共处，其精神核心就是和谐。学习周恩来的人格精神，对于提高思想境界、实现人与人之间和谐有着重要的方法论意义㊱。

二、周恩来人格研究存在的不足与发展思考

这十几年来，学者们对周恩来人格的研究已较为全面，但还需要在广度和深度上作进一步的探讨研究：1. 研究中，从马克思主义理论高度或哲学角度来进行研究的，且具有相当深度和力度的文章少。2. 研究的方法和手法相对单一，缺少创新。3. 研究中，不仅手法要与时俱进，有的观点也需要与时共进，真正做到实事求是，提炼、总结出一些规律性的东西，还历史本来面目。4. 从研究文章的数量来看，近年来有减少的趋势，还需要进一步提倡和鼓励，加强这方面的研究。不仅使之有高度的学术价值，还要结合实际，使其具有高度的时代价值。为促进社会的和谐发展做出重要贡献。

（入选 2010 年 4 月由中国中共文献研究会周恩来思想生平研究分会、中共浙江省委党史研究室联合举办的《1996—2009 年周恩来研究述评研讨会》）

㉟　葛洪泽：《人民公仆，高山仰止——读〈周恩来的人格风范〉》，《探求》1998 年第 2 期。

㊱　梁晓宇、卿秋军：《论周恩来的人格魅力及其时代价值》，《传承》2008 年第 5 期。

周恩来民族团结思想与 21 世纪初民族工作

陈国民

胡锦涛总书记在中央纪念周恩来诞辰 110 周年大会上要求全党同志，"永远铭记老一辈革命家为创建新中国、确立社会主义基本制度、探索中国特色社会主义道路作出的历史贡献。"中共十六届六中全会把构建和谐社会提高到一个前所未有的高度。和谐包括人与人的和谐、人与社会的和谐、人与自然的和谐。民族关系始终是我们这个统一多民族国家至关重要的社会关系，民族和谐是社会和谐的重要内容。回顾历史，周恩来制定和实施了一系列正确的原则、方针和政策，促进了我国各民族和睦相处、和衷共济、和谐发展。其民族工作方面的经典著作，集中地体现了周恩来的民族团结思想。笔者在此研究周恩来民族团结思想，并探讨其对做好 21 世纪初民族工作、构建和谐社会的借鉴作用。

一、周恩来民族团结思想

（一）周恩来民族团结的基础论论述了我国民族团结的政治基础。他认为：建设社会主义的现代化国家是各族人民团结的共同基础和共同目标，若不建成社会主义的现代化国家，就要受帝国主义的欺侮。

周恩来认为建设强大的社会主义祖国是中国民族团结的基础。他在《关于我国民族政策的几个问题》中说："这个新的基础，就是我们各民族要建设社会主义的现代化国家。建设这样的祖国，就是我们各族人民团结的共同基础。我们反对两种民族主义——大汉族主义和地方民族主义的共同目的，就是建设社会主义的祖国大家庭，建设一个具有现代工业、现代农业的社会主义国家。这个社会主义国家，不是哪一个民族所专有，而是我们五十多个民族所共有，是中华人民共和国全体人民所共有。……我们各民族必须在为了建设强大的社会主义祖国这个新的基础上来达到新的团结。"① 周恩来的这个基础论，指明了我国民族团结的政治基础。他进一步论述道："在现在这个世界上，我们若不强大起来，不建成社会主义的现代化国家，就要受帝国主义的欺侮。当然，解放以来，我国人民已经站起来了，不受欺侮了，但是，这并不能保证我们永远不受欺侮，必须把社会主义祖国真正建设强大了才有保证。处于帝国主义现在还存在的世界，虽然我们社会主义的事业发展了，但是帝国主义还不死心。它一有机会还要用各种办法来捣乱，这就要求我们提高警惕，更要着重强调我们各民族间的团结，以利于共同努力建设强大的社会主义祖国。不如此，我们这个多民族的国家站起来以后，还会栽跟头，还会是一个落后的、贫困的、受欺侮的国家。"②

显然强大的社会主义国家必然要是一个统一的国家，很难想象一个不统一、不团结的国家会是一个强大的国家。周恩来认为祖国的统一是中国各民族团结的最高利益。他在第二届全国人民代表大会第一次会议上作报告时，分析了国家的统一与民族团结的关系，他说："祖国的统一是全国各民族的最高利益。中国作为一个统一的、多民族的国家，是长期历史发展的结果。""帝国主义的侵略反而使中国各民族的最大多数人民深切感到他们的共

---

① 《周恩来选集》下卷，第 248 页，人民出版社，1998 年。
② 《周恩来选集》下卷，第 252 页，人民出版社，1998 年。

同命运，感到统一国家的可贵。"③

团结是胜利的保证，也是实现民族独立，使中华民族自立于世界民族之林的根本前提。这一点在周恩来的民族思想中占有极重要的位置。他多次指出："我们主张除汉奸外，全中国人民都应团结起来，共同抗日。""我们认为在中国，阶级利益并不与民族利益矛盾。除掉极端自私自利大发国难财的极少数分子外，任何阶级欲维持其整个阶级利益，只有从民族解放的利益中取得。"他在纪念辛亥革命27周年的一篇文章中指出："今天在反对日本强盗的自卫战争面前，我们的统一战线是全民族的，不分任何种族、阶级、党派、信仰、性别，都应该联合起来……中国抗战，非全中华民族团结起来，不能成功。"周恩来的这些论述，不但为当时抗日统一战线的巩固和发展发挥了巨大的推动作用，而且显然也具有强烈的现实意义。因为，在当今实现和维护祖国统一的斗争中，每一个中国人都应该从全中华民族的根本利益出发，自觉地促进民族团结、维护民族团结④。

（二）周恩来民族团结的共同发展观论述了我国民族团结的经济动因。他认为，合则双利，分则两害。发展民族经济意义重大，发展经济的方针政策要针对少数民族的特点。

周恩来指出，要把我们的祖国建设成为一个现代化的社会主义国家，摆脱贫困落后的状态，只有我国五十多个民族合作起来，共同发展。对于汉族和少数民族他进行了比较。汉族人口多，经济、文化比较发展，但是可开垦的土地已经不多，地下资源也不如兄弟民族地区丰富。兄弟民族地区的资源开发是祖国工业化的有力后盾。但是，兄弟民族地区的资源还没有开发，劳动力少，技术不够，没有各民族特别是汉族的帮助，也不可能单独

---

③ 《民族政策文件汇编》，第308页。人民出版社，1960年。

④ 《周恩来百周年纪念论文集》下卷，第808页，中央文献出版社，1994年。

发展。因此，各个民族必须互相帮助，互相支持，在共同发展的目标下建设社会主义祖国。有了共同的、积极的发展目标，就可以克服那些消极的、不满的对立情绪。他用在新疆建设克拉玛依油田和乌鲁木齐工业中心举例，指出如果没有新疆各民族和内地汉族的共同努力，就搞不成功。首先铁路就修不成。铁路通了，劳动力不够，资金不够，也没有办法来开发。这就必须用全国的力量支援⑤。因此，他在建立广西壮族自治区问题座谈会上的总结发言中讲到，关于合与分的问题。不论是从全国来看，还是从一个省来看，都需要合。为了合，就要采取一些必要的照顾少数民族的办法。合则双利，分则两害⑥。

　　周恩来论述了发展民族经济的重要意义。1950 年 4 月，他在给藏族干部研究班的报告中指出：经济不发展，是少数民族政治落后，文化不能进步的关键，党和政府要扶助少数民族经济的发展。周恩来之所以把发展少数民族经济摆在我国社会主义时期民族工作的首位，这是因为：首先，周恩来认为，发展民族经济是实现各民族事实上平等的根本途径。周恩来指出："如果少数民族在经济上不发展，那就不是真正的平等，就必须帮助少数民族发展经济。"再次，周恩来还指出，发展民族经济有利于民族团结、巩固国防。在社会主义时期，各民族之间的不信任、磨擦和歧视，汉族中的大汉族主义倾向及少数民族中的地方民族主义情绪等民族矛盾仍然存在。周恩来认为，这些矛盾发生的最深刻根源在于先进民族与后进民族之间经济发展水平的差异，要从根本上消除这两种错误的民族情绪，必须发展全国各民族的经济、文化。我国少数民族的地理条件决定了巩固国防要依靠少数民族人民。因为只有通过大力发展少数民族经济，缩小各民族间的差

⑤　《周恩来选集》下卷，第 252 页，人民出版社，1998 年。

⑥　罗广武：《新中国民族工作大事概览》，第 234 页，华文出版社，2001 年。

距，少数民族人民才会更自觉地为保卫边疆、巩固国防而奋斗⑦。

周恩来阐明了针对少数民族特点的发展经济的方针政策。首先，他认为要通过社会改革，去掉不利于民族繁荣的条件。历史遗留给我们的，是很多对民族繁荣不利的条件，我们必须把这些不利的条件逐步地去掉。要去掉这些不利于民族繁荣的条件，关键在哪里？关键在于社会改革。少数民族过去由于处在反动统治下面，被反动统治者所压迫，经济得不到发展，人口得不到增长，生活得不到改善，民族不能够发展。他指出："我们所说的社会改革，最根本的是经济改革。""如果不进行经济改革，维持奴隶制度、封建制度，多数的人民还是奴隶、农奴和封建制度农民，生产力就不能够解放。"当时我国有些少数民族地区还处在奴隶社会、封建社会，生产的东西大部分被剥削去了，穷困的劳动者没有增产的积极性。那么什么时候进行改革呢？周恩来明确地说："我们主张，各个兄弟民族的人民，包括他们的上层分子，觉悟到需要改革的时候，再去改革。某些地方推迟改革，是为了将来更好地改革，更和平地改革，更有准备地改革，但总是要改革。"总之，他认为不改革，民族就要贫穷。改革要采取慎重稳妥的方法⑧。第二，周恩来领导的国务院制定了许多发展民族经济的特殊政策。在贸易上，不能剥削少数民族，仅做到平等互利还不行，要多补贴、多支出一些；生产上，在半农半牧或农牧交错地区，以发展牧业生产为主，为此采取保护牧场禁止开荒的政策；在财政上，采取轻于农业区与城市的税收政策，使牧民得以休养生息。另外，大力提倡并推动打狼、调剂种畜、改善牧畜方法，打草、打井、搭圈棚，发放大量贷款。第三，在新建国有厂矿时应帮助民族地区发展经济。国家在少数民族地区建立新的厂

⑦ 《周恩来和他的事业》，第350页，中共党史出版社，1990年。

⑧ 《周恩来选集》下卷，第264页，人民出版社，1998年。

矿企业，一定要把建立新的厂矿企业和开发利用少数民族地区自然资源与帮助各民族经济发展结合起来。

（三）周恩来在抓民族团结工作这一行政工程时体现出了丰富的系统论管理思想，他用历史的眼光看待民族团结工作，从法律、文化、宗教等这些对民族工作有影响的各个方面进行管理，进而实现中华民族大家庭团结的目标。

系统工程学作为一门学科形成于本世纪 50 年代，它对于解决由许多相互作用、相互依存的部分所组成具有特定功能的复杂系统问题是个十分有效的方法。民族工作是一个行政系统工程，周恩来在这一工程中体现出了丰富的系统论思想。系统的关联性特征，要求我们在考虑和处理问题时，必须从全局出发，用发展的、联系的、动态的观点，来研究系统内部要素之间存在的必然联系和客观规律，进而有效地进行调节和控制。用系统论思想看民族工作，每个民族都有它的历史，遗留问题都有它的来龙去脉。法律是保证民族团结的有效手段，先进的文化对古老封闭的民族有独特的作用，民族问题与宗教问题常常是剪不断理还乱。

周恩来用历史的、发展的观点看待和分析、处理民族问题，制定民族政策。对于我国实行与苏联不同的民族区域自治制度，他分析说，这是从两国的历史发展的不同而来的，部分地也是由于中国和当年十月革命时代的形势不同而来的。中国的发展在地区上是互相交叉的，这样就形成各民族杂居的现象。整个旧中国是被帝国主义侵略的殖民地、半殖民地国家，加上我国各民族在革命战争中就建立了起来的密切联系，这样我们的民族大家庭需要采取与苏联不同的形式即实行民族区域自治，而不宜建立也无法建立民族共和国[9]。1952 年，在国务院的领导下，对被国民党迫害流散的约 2400 人哈萨克人的进行争取团结和安置，给他们

---

[9] 《周恩来选集》下卷，第 254 页，人民出版社，1998 年。

划定居住和放牧地区，并拨款帮助他们购置牛、羊、帐篷等，使他们与周围蒙古族、藏族等其他民族和谐相处。这是解决国民党遗留的一个民族难题。周恩来还使达赖与班禅原本不善的关系得到了缓和，加强了藏族内部的团结。这些历史问题的解决，有效地改善了民族关系，促进了民族团结。

周恩来亲自参与制定的《中国人民政治协商会议共同纲领》、《中华人民共和国宪法》、《中华人民共和国民族区域自治实施纲要》是保证我国民族团结的三个重要法规。1949 年《中国人民政治协商会议共同纲领》中明确规定："各少数民族聚居的地区，实行民族区域自治，按照民族聚居的人口多少和区域大小，分别建立各种民族自治机关"。后来，民族区域自治又明确载入宪法，成为我国一项重要政治制度。《共同纲领》明确规定："禁止民族间的歧视、压迫和分裂民族团结的行为"。根据这一规定，1951年 5 月，中央人民政府发布《关于处理带有歧视或侮辱少数民族性质的称谓、地名、碑碣、匾联的指示》。共同纲领把"民族政策"单列为一章。在周恩来主持下，政务院通过了《中华人民共和国民族区域自治实施纲要》。《纲要》共七章、四十条。《纲要》规定：凡是构成一级地方国家政权的自治地区都是中华人民共和国领土不可分离的一部分。各民族自治地方的自治机关都是中央人民政府统一领导下的一级地方政权。《纲要》还规定了关于自治地方的民族组成、区域界限、行政地位、自治机关、自治权力、内部关系和上下关系等问题的处理原则。

民族与宗教有着十分紧密的联系，构成民族的四要素之一的"共同文化心理素质"就与宗教信仰有着密切的联系。民族与宗教的关系涉及社会的稳定与和谐，同时，各民族的社会生活又制约着宗教的传播与发展。不同宗教的和谐相处可以促进不同民族的和谐，不同宗教的对抗性倾向也会引起不同民族的对抗性倾向。周恩来认为，信仰不同，但仍然可以互相尊重、和睦相处、相通相融、合作共存。这是周恩来关于如何认识和正确处理民族宗教关系，协调不同信仰人们之间关系，使宗教界与社会主义协调发展的根本思想。不同信仰的人们和谐相处，就能保证民族间的团结。解放初期，周恩来为避免"引起人家反感"，伤害民族感情，他指出"对于少数民族的宗教，我们现在也还不能提出改革的口号"⑩。"文革"中，周恩来保护了十世班禅大师。党的宗教政策深入人心对党的民族政策的执行起到了促进作用。

周恩来还从文化、卫生上制定政策促进少数民族与汉族和谐相处。第一次民族教育工作会议通过了《关于加强少数民族教育工作的指示》、《关于建立少数民族教育行政机构的决定》、《培养少数民族师资试行方案》、《少数民族学生待遇暂行办法》⑪。国家拨付专款对少数民族的文化建设起到了巨大作用。在卫生上，当得知内蒙、青海、新疆性病患者约占人口的百分之五十、疟疾等传染病在西南少数民族地区严重流行时后，中央拨出 1000 万元专款。这些措施让少数民族看到了民族团结实实在在的益处⑫。

二、周恩来民族团结思想对我国 21 世纪初民族工作的借鉴作用

（一）周恩来民族团结思想对 21 世纪初民族工作启示之一：国内外的历史和现实都充分证明，没有民族的团结、就没有国家的团结、稳定和统一。我们必须高举民族团结的旗帜，旗帜鲜明地反对民族分裂活动。

首先，纵观全球一些热点地区发生的冲突和战争，大都与民族问题处理不当或外国势力插手民族纠纷有关。伊拉克、车

⑩　罗广武:《新中国民族工作大事概览》，第 12 页，华文出版社，2001 年。

⑪　罗广武:《新中国民族工作大事概览》，第 60 页，华文出版社，2001 年。

⑫　罗广武:《新中国民族工作大事概览》，第 61 页，华文出版社，2001 年。

臣、科索沃等国家和地区因民族问题而陷入长期的动乱，东欧剧变、前苏联解体的过程中，民族分裂势力成了西方敌对势力搞垮社会主义的工具。就连英国、加拿大等西方国家，也不时因民族问题而发生流血冲突。

其次，从中国的成功经验来看。党处理民族问题时，既考虑了我们这个多民族统一国家走上社会主义道路的基本事实，又全面考虑了 56 个民族在发展水平和文化风俗上存在多样性与差异性的基本事实；既深刻总结历史上处理民族问题的经验教训，也积极借鉴世界上处理民族问题的经验教训。因而，虽然我们在前进过程中遇到了政治和经济、自然和国内国外人为的不少困难和风险，但都顶住了，保持了改革、发展、稳定的大局。其中很重要的一个原因，就是我国 56 个民族始终同心同德、紧密团结。事实充分说明，我们处理民族问题是最成功的。这些正确的政策和制度，保证了我国平等、团结、互助的社会主义民族关系的形成和巩固，保证了各民族在共同发展、共同繁荣的道路上不断前进，保证了我们多民族国家的政治统一、经济发展和社会稳定。

在正确估计和充分肯定我国民族问题处理比较成功的同时，我们也要清醒地认识到我国民族问题的复杂性和长期性，特别是在国际敌对势力以民族、宗教问题为突破口，加紧对我国进行"西化"、"分化"的情况下，我们的民族工作面临着许多新情况、新问题，围绕民族问题进行的分裂与反分裂的斗争十分尖锐。近来的拉萨 3·14 打砸抢事件以及藏独组织在海外反华势力支持下对奥运圣火传递的破坏活动就充分说明了这点。分裂和反分裂的斗争是政治斗争，是敌我矛盾，从实质上讲，不是民族问题，也不是宗教问题。民族分裂主义分子闹独立不行，半独立、变相独立也不行。

（二）周恩来民族团结思想对 21 世纪初民族工作启示之二：民族自身发展问题应列于民族问题的首要位置，坚持胡锦涛同志提出的"共同团结奋斗、共同繁荣发展"这一民族工作的时代主题，使民族团结在广度和深度上得到新的发展。

摆脱贫困、创造更高的生产力。这不仅是个经济问题，而且是一个重要的政治问题。改革开放以来，为解决少数民族的贫困问题，党和国家进行了卓有成效的工作。邓小平同志十分鲜明地提出，解决民族问题的首要任务，就是"让少数民族发展和进步"，民族地区能不能发展起来，是观察少数民族地区一切工作得失成败的标准。1987年中共中央、国务院批转的《关于民族工作几个重要问题的报告》，提出新时期民族工作的根本任务是："以经济建设为中心，全面发展少数民族的政治、经济和文化。"十一届三中全会以后，小平同志根据我国的基本国情，提出了优先加速沿海地区的发展，然后再由沿海地区拿出更多的力量来帮助内地发展的战略思想。

胡锦涛同志在2005年中央民族工作会议上提出"共同团结奋斗、共同繁荣发展"这一新世纪新阶段的民族工作主题，抓住了"两个共同"，就抓住了民族问题的时代特点，就抓住了民族团结进步事业的核心，就抓住了民族工作的根本。牢牢把握、全面落实民族团结进步事业的这一时代主题，对做好新形势下的民族工作、全面开创我国民族团结进步事业的新局面、实现中华民族的伟大复兴，具有重要指导意义。在当前时期，特别要注意尽快使少数民族剩余贫困人口脱贫。

长期以来，中央及各省区对民族聚居区的扶贫资金支持力度一直是比较大的。但也要看到，西北各省区仍有相当数量的少数民族人口未脱贫。对此，国家要适当增加中央投入。在现有扶贫力度的基础上，利用西部大开发这一契机，仍以项目投入方式为主，继续由中央有针对性地增加对西北少数民族聚居区的扶贫投入，最终使西北少数民族贫困人口大致与全国贫困人口同步摆脱贫困。要继续增加和扩大扶贫资金来源渠道。继续鼓励东南沿海发达地区与西北少数民族贫困区县之间对口扶贫。要进一步增加扩大项目扶贫和"造血"扶贫，把救济扶贫与开发扶贫有机地结合起来。要在扶贫中重视科技，使脱贫的少数民族群众能普遍掌握一门农、林、牧、副、渔等实用生产技术。

（三）周恩来民族团结思想对 21 世纪初民族工作启示之三：各级政府、各部门要综合运用多种手段把少数民族聚居区社会稳定作为一项重要工程来抓。

民族团结，就是中华人民共和国境内各民族彼此之间以及本民族内部都平等相待，和睦共处，坚决反对一切形式的分裂行为。各级政府、各部门的党、政、工、团以及社区各个方面，要齐抓共管。要动员和利用全社会力量，进行综合治理。当前西北四省区特别是新疆在维护社会稳定方面存在一些问题，我们要在民族祖国大家庭的统一原则下，科学区分居民间的纠纷与民族纠纷，不要把不同文化背景的居民间纠纷统统看成是民族间纠纷。在多民族聚居地区，要在处理具体问题时尽可能淡化民族色彩，强化统一多民族国家这一主题。要坚持维护法律尊严、维护人民利益、维护民族团结、维护祖国统一的原则，把民事纠纷、刑事案件与民族、宗教问题区分开来。发生在民族地区的严重刑事犯罪活动既不是民族问题，也不是宗教问题，必须坚决依法打击。

要用法律手段保障民族区域自治制度的实施。现行的《民族区域自治法》是在计划经济体制条件下制定的，在今天，有相当一部分内容主要是一些经济方面的条款已经不能适应社会主义市场经济发展的要求。修改好自治法，保证修改后的自治法真正起到促进民族自治地方发展进步的作用。要制定配套的民族法规，如制定五个自治区的自治条例，国家机关实施民族区域自治法的行政法规等等，建立比较完备的民族法律法规体系。要加大民族法律法规的实施、监督力度，形成有法可依，有法必依，执法必严，违法必究的机制。

　　要切实依法加强对宗教事务的管理，要坚决遏制境外敌对宗教势力的渗透。根据近几年出现的一些新动向，应进一步严格审批、检查经文摊点。一旦发现出售反动宗教书刊或音像制品，应立即查封。在处理宗教与社会主义社会的关系问题上，要充分发挥爱国宗教组织、爱国宗教人士的带头作用，引导宗教与社会主义社会相适应，即在政治上热爱祖国，拥护社会主义制度，拥护共产党的领导，坚持"四个维护"的原则。

　　让我们响应胡锦涛总书记的号召，搞好 21 世纪的民族工作，把周恩来等老一辈革命家孜孜以求的美好理想变成现实，为把我国建设成为富强民主文明和谐的社会主义现代化国家而不懈奋斗！

　　（原载《纪念周恩来同志诞辰 110 周年研讨会论文选编》，中央文献出版社，2008 年）

论周恩来为人民服务的思想

施春生

周恩来生前曾说要为人民服务而死，临终前他还交待："把我的骨灰撒到祖国的江河大地上去做肥料，这也是为人民服务。"① 江泽民同志在纪念周恩来诞辰 100 周年大会上说他是"人民的总服务员"。原国家主席李先念说："我们常讲要全心全意为人民服务，什么是全心全意？我看恩来同志就是我们的榜样。"②

一、周恩来为人民服务思想的基本内容

（一）全心全意为人民服务是周恩来为人民服务思想的核心

周恩来的一生是全心全意为人民服务的一生。他把是否代表人民利益，是否为人民办实事、做好事，当作衡量自己工作是否有效的标准。他曾经说过："我们这些人，一辈子就是为国家为人民拉车啊！一息犹存就得奋斗！"

（二）坚持群众路线是周恩来为人民服务思想的关键

如果不走群众路线，不被群众所接受，就不能真正代表广大人民的利益，全心全意为人民服务就无法落到实处。周恩来对此早就有了很深的认识。他是我党第一个明确提出群众路线并运用

---

① 周恩来生平和思想研讨会组织委员会编：《周恩来百周年纪念》，第 56 页，中央文献出版社，1999 年。

② 周恩来生平和思想研讨会组织委员会编：《周恩来百周年纪念》，第 55 页，中央文献出版社，1999 年。

群众路线的领导。1929 年 9 月 28 日经周恩来审定的《中共中央给红军第四军前委的指示信》中讲道："要经过群众路线"③。周恩来还多次告诫大家："离开群众，我们就会枯死、锢死"。他提出："永远不与群众隔离，向群众学习，并帮助他们。"④

（三）力求实事求是是周恩来为人民服务思想的基础

周恩来是我党灵活运用实事求是的光辉典范。他指出："要做实实在在的事，做实事，收实效，才会对人民有利。"⑤ 周恩来不仅在实际工作中处处坚持和运用实事求是的原则，还在理论上给予了精确的表述。他在 1962 年扩大的中央工作会议上表示："说真话，鼓真劲，做实事，收实效，这四句话概括起来就是实事求是。"⑥

二、周恩来为人民服务思想在实际工作中的指导与运用

（一）发展国民经济，保证人民根本利益的实现

周恩来在建国伊始，就把发展国民经济放在首要地位，为了更好地发展国民经济，他提出既要国家又要人民的思想，这也是他关于经济建设的总的指导思想。他在高度概括毛泽东《论十大关系》时说："十大关系主要是经济关系，最重要的一条就是国家建设和人民生活的关系摆得是否恰当。"⑦

（二）治理大江大河，保护人民的生命财产

周恩来曾经说过："解放后 20 多年我最关心两件事，一个水

③　《周恩来选集》上册，第 36 页，人民出版社，1980 年。

④　《周恩来选集》上册，第 125 页，人民出版社，1980 年。

⑤　《周恩来选集》下册，第 350 页，人民出版社，1984 年。

⑥　《周恩来选集》下册，第 350 页。人民出版社，1984 年。

⑦　周恩来生平和思想研讨会组织委员会编：《周恩来百周年纪念》，第 469 页，中央文献出版社，1999 年。

利，一个上天。"⑧ 周恩来把治理水患当着头等大事来抓，因为水患不解除，人民就不可能过上安定的生活。1950 年建国不久，在周恩来亲自领导下，昔日"桀骜不驯"的淮河终被驯服，此区域人民得到了休养生息。周恩来治水还十分注重综合利用。他一边治水，一边思考着如何变废为宝，让人民从水中获益。

（三）搞好文卫事业，努力实现文艺卫生为广大人民群众服务

社会主义文体卫生为什么人服务，这是周恩来非常关心的问题。他多次提出："文艺要为工农兵服务，要为劳动人民服务，要为无产阶级专政条件下的人民大众服务。"⑨ 在文化艺术方面，周恩来鼓励艺术家深入农村工厂等生产第一线，多创作人民喜闻乐见、反映人民群众心声的作品，丰富人民的精神文化生活。他把卫生保健的重点放在卫生条件较差、人口众多的广大农村。他说："如果我们的卫生工作不把重点放到农村，那怎么为劳动人民服务啊？为绝大多数劳动人民服务的口号等于没有兑现嘛。"⑩

周恩来为人民服务思想内容丰富，博大精深，是中华民族的瑰宝。

（原载《周恩来与新中国研究文集》，中央文献出版社，2010年）

---

⑧　中央文献研究室编：《不尽的思念》，第 193 页，中央文献出版社，1991 年。

⑨　《周恩来选集》（下册），第 336 页，人民出版社，1984 年。

⑩　《周恩来选集》（下册），第 443 页，人民出版社，1984 年。

试论周恩来领导艺术

庞廷娅

周恩来的领导艺术，既反映了中国的传统特色，又反映了科学的现代特色，它是中国革命建设过程中周恩来领导智慧的结晶，也是他成为成功的政治家的重要原因。认真研究和学习周恩来领导艺术，对提高当今干部执政能力，用科学发展观指导建设和谐社会，有着十分重要的意义。

一、领导风格

总揽全局是周恩来的领导风格的重要特点之一。周恩来在领导生涯中，自始至终注意宏观的整体性把握，追求总体上的精美和谐。周恩来要求每一个人都要养成"与闻天下大事的习惯"。与闻天下大事是领导者制定政策、执行政策，实施正确领导的首要环节。要总揽全局，必须先明确目标，才能作好整体导向；再抓住中心，这样才能一环紧扣一环，总体推进。

周恩来在领导"两弹"上天的过程中，一方面，从全局上协调各部、省、工厂组织人力物力，一环扣一环的按照计划协同作战，以保证任务的按时完成。另一方面，在"两弹"研制基地，按照社会系统工程的方法，还组建了总体设计部。在每项工程实施以前他都要求总设计师拿出各种方案，由总体设计部对各种方案进行可行性分析和严密论证，然后，由中央专门委员会批准实施。在实施过程中，按照总体设计要求，分解任务，从而实现了我国"两弹"上天的总体设计。这不仅大大地增强了国防力量，也提高了我国在国际社会中的地位。

二、领导品质

古代政治家诸葛亮在《出师表》中表现出"鞠躬尽瘁，死而后已"的忠诚和奉公的精神受到后人的敬仰。从这典故里我们不难领悟到：一个真正为中国社会接受的政治家，必须是有着杰出的领导才能和优良的领导品质。勤勉治政是周恩来突出的领导品质之一。勤政是领导者必备的品质。一个领导人，在某一特定的环境打开局面，辛勤工作，一点也不难做到。但是，在任职期间，能始终如一勤勉治政是很难做到的。

周恩来的勤政不仅表现在勤勤恳恳、任劳任怨，重要的是体现在他对工作高度的责任心。在那天下大乱的文革岁月里，为了苦撑危局，作为八亿人口大国的总管家，周恩来不得不夜以继日的超负荷工作。1972 年的 5 月一次常规体检中，经专家确诊周恩来患上了膀胱癌。他本该住进医院接受治疗，然而，当时的政治局势不允许他有太多的时间接受治疗。为了党的利益，周恩来早将自己的安危置之度外，依然担负着连健康人都难以承受的极端繁重的工作，以常人难以想象的毅力同疾病作斗争，呕心沥血，不知疲倦地操劳国事。他曾说过我只有八个字"鞠躬尽瘁，死而后已"，充分展示他为人民辛勤操劳，呕心沥血直至献出生命的高尚情操。

三、领导境界

领导境界是指领导工作在意境上的高低和造诣上的深浅，是衡量领导效果的一种认识标准。周恩来领导境界主要体现在"德服天下"。他身居高位而不自显，手握大权而不稍纵；他不以高层领导自居，以平民风度为乐；严于律己，宽以待人。他曾说过："以人民的疾苦为忧，以世界的前途为念。这样，我们的政治责任感就会加强，精神境界就会高尚。"

在我国最困难三年自然灾害时期，他从不吃肉。自己穿的衣服都是那里破了，就补那里，直到不能穿为止，从不贪图享受。他一生高风亮节，没有私欲。自己带头过"五关"，即思想关、政治关、社会关、亲属关、生活关。20 世纪 60 年代后期，党中央提出了"知识青年上山下乡"的口号，号召广大城市青年到农村广阔天地，接受贫下中农的再教育。作为一国总理，周恩来坚决执行党中央的政策，教育自己的侄儿、侄女到最艰苦的地方锻炼。在周恩来的动员下，侄儿周秉和"下放"到了延安，侄女到内蒙参加边疆建设。十年动乱中，他不顾个人安危，保护了一大批党内外老干部。他逝世以后联合国降半旗致哀，可见周恩来道德风范在全世界的巨大影响力。

在新的历史条件下，我们各级领导干部要树立正确的世界观、人生观、价值观和政绩观，认真学习周恩来高超的领导艺术，把握领导艺术的精髓，并充分应用到实际工作中去，这样才能从根本上提高领导干部的执政能力。

（原载《周恩来与新中国研究文集》，中央文献出版社，2010年）

周恩来亲民思想与实践

张　望

亲民，亲近安抚人民之意。封建社会和资本主义社会的统治者也搞亲民，那是他们巩固统治的手段，是形式上的亲民；共产党人的亲民，是在感情上、立场上和人民保持一致，真正做到"情为民所系、利为民所谋、权为民所用"。周恩来是党和政府成员中亲民的典范，受到广大人民群众的尊敬和爱戴，被称为"人民的好总理"。他的亲民思想和实践的内容很丰富，我主要谈三点，一是他为什么要亲民，二是他怎样去亲民，三是给我们的启示。

一、为什么要亲民，周恩来亲民的政治思想基础是什么

首先，周恩来把亲民看作是我们的本分。他说，"我们是从人民中来的，我们过去的胜利都是在人民的支援下取得的，不能忘本。"周恩来深厚的党性修养决定他模范地践行党的宗旨，真诚自觉地亲近人民。

其次，他认为亲民是凝民心聚民力的途径，认为只有走亲民路线，中国共产党才能夺取政权，取得胜利；建设社会主义也要依靠人民，社会主义事业需要的智慧和创造力来自人民。

第三，他把亲民看作是执政为民的保证。周恩来主张干部要广交朋友，同各方面的群众保持经常性的直接联系，获得民情政情的第一手资料，这对制定正确的方针政策起到很大的作用。同

时通过广交朋友，能够及时把党的方针政策化为各界群众的自觉行动，保证政策的贯彻实施。

二、怎么样去亲民，才能使人民觉得可亲可信

一是要平等待民，这是周恩来亲民的态度和方法。他改变了封建的官民观念，社会主义的国家干部不再是高人一等的官，而是"和群众同甘苦，共命运"的人民公仆，"不是做官，是做事，是为人民服务"。他认为，要以平等的态度与群众交流，"你要想了解真实情况，就要与老百姓平等对待"。周恩来纪念馆的陈列厅有一张周恩来坐在农民家的门槛上和主人交谈的照片，是他平等待民的最生动的说明。做到平等待民还要反对扰民，他反对因为深入群众而干扰群众的生产和生活。

二是要为民谋利，这是周恩来亲民的出发点和归宿。他将人民的利益看得高于一切，在"反冒进"的问题上实事求是，犯颜直谏，在"文革"中鞠躬尽瘁，苦撑危局，都是为了人民的利益，没有个人利益的考虑。他关心人民的疾苦，关心人民健康，努力改善生产条件，提高人民的生活水平，这方面的事例太多了。为民谋利，他兼顾眼前之利和长远之利。建国初期非常困难的情况下，他支持优先发展重工业，推动两弹一星工程的进展，这是他目光长远的表现。此外，他在兴修水利、防治环境污染、文物保护等方面都提出很多具有前瞻性的观点。

三是永葆本色，坚决反对脱离群众的思想和行为。他严于律己，清正廉洁，提出要过好"五关"：思想关、政治关、社会关、亲属关、生活关，做清正廉洁的表率。他努力管好自家人、身边人。他对亲属有"十条家规"，对身边工作人员有"四要六不准"，反对干部后代成为八旗子弟，带头将自己的亲属送到农村和边远地区工作。"十条家规"和"四要六不准"，周恩来纪念馆都请他的亲属和身前身边工作人员亲笔书写并展出，大家可以去

看一看。他反对官僚主义，反对干部队伍脱离群众，蜕化变质。为防止干部队伍蜕化变质，从 1955 年前后起，他就多次提出反对脱离群众的官僚主义。1963 年，在《反对官僚主义》一文中，他集中列举了官僚主义的 20 种表现形式，指出，官僚主义最突出的表现是"高高在上，孤陋寡闻，不了解下情，不调查研究，不抓具体政策，不做政治思想工作，脱离群众，脱离实际"，它阻碍人民民主专政制度的更好实行，破坏民主集中制，误党、误国、误民，绝不容许官僚主义再继续发展下去。

三、周恩来亲民思想对我们的启示

首先，民的主体是全体公职人员及其亲属。亲民意识是党的宗旨的体现，应该成为全党的共识，成为每个政府成员自觉遵守的行为准则。

其次，亲民是一个系统工程。要全方位为各阶层的人民谋利，将亲民做到实处，才能和谐发展，科学发展。

再次，亲民必须坚决反对各种脱离人民的思想行为，杜绝轻视人民、欺骗人民，甚至仇民、害民现象。

（原载《周恩来与新中国研究文集》，中央文献出版社，2010年）

周恩来与邓小平外交思想之比较

赵　凌

　　周恩来是新中国外交事业主要开拓者和奠基者之一，邓小平在继承、发展周恩来外交思想的基础上，形成了具有中国特色社会主义外交思想。周恩来外交思想是邓小平外交思想的基础和架构，邓小平外交思想则是对周恩来外交思想的继承、补充和发展。

一、关于时代主题的认识与概括

　　周恩来较早提出了"战争与和平"的理论，并以此为基石制定外交策略和方针。他指出："当前矛盾主要表现在战争与和平、民主与反民主、帝国主义与殖民地以及帝国主义之间四个方面"，"今天国际上的主要矛盾是战争与和平，我们主张通过和平协商解决一切国际纠纷"①。周恩来坚持"战争与和平"的思想，致力于争取和平、缓和国际紧张形势，开创和平外交事业，为新中国赢得了稳定的国际环境。

　　邓小平坚持周恩来和平思想，进一步提出了"和平与发展"的思想。他指出："中国的政策……是把战争与和平问题、南北的经济发展问题作为主要任务。"② 二十世纪八十年代后期，邓小

---

① 《周恩来外交文选》，第 62 页，人民出版社，1993 年。
② 《邓小平思想年谱》，第 386～387 页，中央文献出版社，1998 年。

平进一步将"和平与发展"提升到中国外交总战略的高度。

周恩来"战争与和平"观与邓小平的"和平与发展"观，都是对其各自所处的时代国际形势的高度概括和凝练，都是其制定外交政策的蓝本和依据。周恩来对时代主题的认知和概括对邓小平产生了一定的启迪和借鉴作用。

二、关于和平共处五项原则

周恩来和平共处五项原则，包括三个层面的内涵：其一，与不同社会制度国家之间和平共处；其二，与社会主义国家之间的和平共处；第三，反对大国主义、霸权主义。

邓小平坚持和平共处五项原则，并使之真正成为处理国与国之间关系的基本准则。邓小平指出："处理国与国之间的关系，和平共处五项原则是最好的方式。总结国际关系实践，最具有强大生命力的就是和平共处五项原则。"[3] 邓小平主张超越社会制度和意识形态界限，普遍实行和平共处五项原则，发展与各国的正常关系、维护世界和平的思想，实际上是对和平共处五项原则的发展和延伸。

和平共处五项原则是周恩来外交思想的精髓，也是新中国外交的基本原则，成为中国处理国与国之间关系的准则；邓小平坚持和发展了和平共处五项原则，并提出以和平共处五项原则为基础建立国际政治经济新秩序的理论，丰富了和平共处五项原则的内涵。

三、关于对外开放

周恩来注重学习世界上先进的经验和技术，重视发展对外贸易关系。他指出："我们必须把世界上一切好的东西都学过来，

_____

③《邓小平文选》第三卷，第96页，人民出版社，1993年。

这样，我们的制度就会更优越"，"要敢于向一切国家的长处学习。"④ 学习其他国家包括美国、英国等资本主义国家成熟、科学的技术和管理经验，使社会主义充分发挥优越性，这是周恩来对外开放认识的出发点和立足点。

邓小平对外开放思想比较系统完善，实践中他将对外开放提升到中国发展的战略高度，作为社会主义初级阶段的一项基本国策长期坚持不变。他指出："中国要谋求发展，摆脱贫穷和落后，就必须开放。开放不仅是发展国际间的交往，而且要吸收国际经验。"⑤ 邓小平开放思想在周恩来对外开放思想基础上的进一步发展和补充，是全方位的开放，已经由单一经济领域逐步辐射到社会各个领域。邓小平对外开放思想的实践，给中国注入了无穷的活力。

周恩来外交思想与邓小平外交思想在本质上是一脉相承的，周的思想具有前瞻性、启迪性，邓的思想是对周的思想继承、发展和补充，它们成为二十一世纪中国制定外交政策和指导外交实践的指南。

（原载《周恩来与新中国研究文集》，中央文献出版社，2010年）

---

④　《周恩来外交文选》，第 159~160 页，中央文献出版社，1990 年。

⑤　《邓小平文选》第三卷，第 266 页，人民出版社，1993 年。

周恩来廉政思想主要特征及做法

李红艳

周恩来毕生严于律己，清正廉洁，光明磊落，谦虚谨慎，不求索取，但求奉献，鞠躬尽瘁，把一切献给了党和人民。这些构成了周恩来特有的人格风范。特别是周恩来廉政思想至今还有重要的现实意义。

一、"为人民服务"是周恩来廉政思想的核心内容

周恩来"为人民服务"思想包括：一、确认"国家的一切权力属于人民"，人民是国家和社会的主人这一最高原则；二、绝对服务"全心全意为人民服务"这一根本宗旨；三、笃信人民群众是真正的英雄这一唯物史观，坚持虚心向人民学习，自觉接受人民监督；四、深知人民是自己的衣食父母这一客观现象。

人民创造历史是马克思主义的基本观点。周恩来对人民力量和作用有深刻的认识，他指出："尽管社会制度一再改变，但人民是永生的。"人民是取之不尽的力量源泉，是层出不穷的智慧源泉，这体现在周恩来的思想和实施上。他把"永远不与群众隔离，向群众学习，并帮助他们"① 作为自勉的准则。"要相信群众力量"，"领导者本身知识还不完全，经验还不够，领导地位并

---

① 《周恩来选集》上卷，第 125 页，人民出版社，1980 年。

不能使你得到知识和经验，面向群众，汲取群众经验，十分必要"② 从人民的角度来研究周恩来的廉政思想和实践，其意义是明显的，因为在社会主义的中国，任何人特别是领导人只有立足于人民，才有真正被社会、群众所认同的价值。

二、民主执政并将民主形式多样化、具体化，以防治腐败，这是周恩来廉政思想的重要特色

周恩来认为，民主集中制是政府管理的根本原则。针对执政党的特点，他首先十分注重党内民主。同时，对于他所领导的国务活动中涉及国家的民主生活方面，他更是以身作则，严格遵循民主集中制原则。

决策中最容易产生腐败，因此决策的民主化和科学化极为重要。周恩来认为，民主作风必须从我们做起，要允许批评，允许发表不同的意见。在决策活动中，"领导是起决定作用的"，但"必须走群众路线，倾听群众的意见，吸取各方面的专家、科学家们的意见"③。

实行集体领导意义十分重大。政务院采取了委员制的领导体制，政务会议须有政务委员过半数的出席才得开会。后来国务院采取了部长会议制领导体制，发布决议和命令，必须经过国务院会议通过。

周恩来认为，上下通气是我们革命队伍的优良传统，要做到上下通气，那就必须互通情报，交流经验，遇事磋商，明文规定。

监督是民主的一种特殊形式，能够有效防止腐败的产生。周恩来非常重视民主监督，他很注意国务院接受最高权力机关人大的监督，充分发挥人民政协的作用，保证党外人士有职有权能够

---

② 《周恩来选集》上卷，第131页，人民出版社，1980年。
③ 《周恩来选集》下卷，第385页，人民出版社，1984年。

对党进行监督，同时强化专门机构的监督职能，不让这些监督成为摆设。

三、注重制度建设并将防腐措施细节化是周恩来廉政思想的重要举措

周恩来非常重视在制度建设上防腐反腐。针对党政不分的弊端，周恩来指出，"党的领导只是保证监督作用，不是指挥，下命令还要行政首长才行"④。在管理体制上，他认为权力过分集中时就会有偏向。地方除了有党权、行政权外，还要有人权、财权。每一个生产单位也要有一定的权力。防止权力过分集中有利于防腐倡廉。

周恩来强调：按程序办事能遏制腐败；他不仅重视法规制定，而且还特别重视法规的执行，强调有法必依，按章办事；用人要符合干部的任免程序。特别值得一提的是周恩来认为会议是保证实施集中领导的重要形式，他非常重视实行会议制度。周恩来的这些思想，对防止用人上的腐败有极其重大的意义。

周恩来非常重视信访工作，他多次在会议上教育干部重视人民的来访和来信。他在《十五贯》座谈会上讲到老百姓见"官"之难，指出需要一套制约的办法。他批示充分发挥信访的作用，以便有效地密切联系群众，克服官僚主义，他还批示，机关领导人重视和亲自动手去抓，这是做好处理人民来信和接待人民来访工作的关键。

四、"率先垂范，廉身、廉职、廉于社会"是周恩来廉政思想的鲜明特点

廉身，即在生活方面要廉洁，不搞特殊。周恩来常用孔子的

---

④ 《周恩来选集》下卷，第365页，人民出版社，1984年。

"己身正不令而行，己身不正虽令不从"的话告诫领导者。建国伊始，他就对亲属提出"过五关"的要求，即思想关、政治关、社会关、亲属关、生活关。后来，他又把"过五关"拓展到全社会。能否廉政、勤政，这是衡量领导干部品质优劣的一块试金石，周恩来在这方面率先垂范堪称全党楷模，并给后人树立了光辉的典范。

（原载《周恩来与新中国研究文集》，中央文献出版社，2010年）

周恩来如何确立共产主义信仰？

王　萍

　　年少的周恩来面对满目疮痍的旧中国，理所当然地感到重任在肩，他少年立雄志，辗转求学，振兴中华。少年恩来的成长的历程是我们当代的青少年学习、成长、报国的路标。

　　1917年周恩来东渡日本，寻找救国救民真理。到日本后，周恩来给自己定下了目标：第一，想要想比现在还新的思想；第二，做要做比现在最新的事情；第三，学要学离现在最近的学问；思想要自由，做事要实在，学问要真切。他细心观察、研究日本国情，广泛阅读介绍各种新思潮的书籍报刊，同时还认真研读托友人从国内寄去的《新青年》等进步刊物，一心为自己的"思想"、"学问"、"事业"去开辟一个新纪元。当时，随着俄国十月革命的胜利，马列主义传到日本，使周恩来受到极大鼓舞。他以极大的热情认真学习钻研了马克思主义，思想认识开始新的飞跃。

　　随着俄国十月革命的影响日益深入，中国正酝酿着一场革命风暴。1919年"五四"运动时，远在日本的周恩来毅然弃学回国，又进南开大学，主编《天津学生联合会报》，投身于轰轰烈烈的五四爱国运动，英勇坚决地战斗在反帝反封建第一线，并很快成为天津"五四"运动的卓越领导者，倡议并组织了天津青年革命团体"觉悟社"。在他的领导下，"觉悟社"成了"五四"运动时期革命社团中组织最严密，斗争最坚强的一个典范，成为天津"五四"运动的领导核心。这个时期，周恩来的思想已从赞成革命而走向社会主义，并从早期的乌托邦的社会主义思想转变到马克思的唯物主义。

　　1920年，为进一步研究马克思主义真理，寻求根本改造中国的方法，周恩来到法国勤工俭学，他一面读书，一面给国内的报刊写文章，向国人灌输"驱除鞑虏，振兴中华"的思想，唤醒劳苦大众自助救中国。旅法期间，周恩来一度去了德国，在德国，他如饥似渴地系统地阅读马克思主义著作，并理论联系实际，对欧洲社会进行深入的考察，用社会实践来检验他所接触到的各种主义。经过近三年时间的艰苦探索，推求比较，慎思明辨，他终于确立了共产主义信仰。1922年，周恩来从德国返回法国，在巴黎和王若飞、罗迈等同志聚集二十多人成立旅欧中国共产主义青年团（开始叫"旅欧中国少年共产党"），从此义无反顾，并把全部精力投入到为共产主义的崇高理想而斗争的伟大事业中，直到生命最后一息。

　　伟人逝去，精神永存，作为祖国未年的青少年们只有树立起报国大志，确定好人生坐标，坚韧不拔，奋发前进，方能肩负起历史赋予的重任，让青春放射出绚丽的光彩。

　　（原载《淮安日报》2008年7月18日）

浅谈周恩来精神与新时期青少年教育

房士鸿

江苏淮安周恩来纪念馆是全国爱国主义教育示范基地。近年来，周恩来纪念馆以弘扬和践行周恩来精神为己任，以加强青少年思想教育为重点，充分利用周恩来留下的宝贵精神财富和丰厚的资源优势，深入开展"四进"周恩来班活动，有力地配合了学校德育教育，为构建社会主义核心价值体系发挥了应有作用，取得了明显成效。

周恩来是广大青少年非常熟悉、非常景仰的伟人，在他身上凝聚着中华民族的传统美德和优良品格，是继承和弘扬中华民族精神的优秀代表。周恩来精神，具有丰富的内涵和时代价值，他对党和人民无限忠诚的精神，他热爱人民、勤政为民、甘当人民公仆的精神，他严于律己、廉洁奉公、无私奉献的精神，以及他的崇高品德和人格魅力，是教育和引导青少年学生学习做人、提升人格境界的重要内容，是新时期进行青少年德育教育的生动教材，具有着其他德育教育不可代替的重要作用。本文从青少年立志、立行、立德三方面试论周恩来精神与新时期的青少年教育的意义。

一、立志　学习周恩来立志高远，信仰坚定，爱国主义精神

周恩来青少年时代正是中华民族生死存亡的关头。有着强烈

社会使命感和远大志向的周恩来，曾在作文《奉天东关模范学校第二周年纪念日感言》中明确提出学习应以肩负"国家将来艰巨之责任"为目的，开始把个人前途和国家民族命运联系起来。1915 年 4 月，周恩来在所作的《尚志论》一文中写到："彼志在金钱者，其终身恒乐为富家翁，志在得官者、百计钻营不以为耻，此志卑之害也。故立志者，当计其大舍其细，则所成之事业，当不至限于一隅，私于个人矣。"[①] 在文中，他提出了"志卑"这个概念，认为立志要立有出息的志向，也就是"不限于一隅，不私于个人"，换言之，立志不要小气，不要自私，否则不能称其为立志。"舍其细"就是抛弃个人私利，而所谓"计其大"，即当以国家、民族、社会的大事为己任。

在沈阳东关模范学校读书期间，当校长问大家"读书为了什么"时，13 岁的周恩来庄重地回答："为了中华之崛起"。1916 年，他在《中国现时之危机》的演说词里，在分析国家的内忧外患之后，发出了"天下兴亡，匹夫有责"的呼声，号召青年学生以救国为己任。1917 年 8 月，周恩来在赴日留学前来到沈阳，给同学郭思宁写下临别赠言："愿相会于中华腾飞世界时"。

1920 年，为进一步研究马克思主义真理，寻求根本改造中国的方法，周恩来又到欧洲，如饥似渴地系统地阅读马克思主义著作，并注意理论联系实际，对欧洲社会进行深入的考察，用社会实践来检验他所接触到的各种主义。经过近三年时间的艰苦探索，推求比较，慎思明辨，他终于确立了共产主义信仰："我认的主义一定是不变了，并且很坚决地要为他宣传奔走。"[②] 从此周恩来义无反顾地把全部精力投入到为共产主义的崇高理想而斗争

---

① 《周恩来早期文集》上卷，第 49～50 页，中央文献出版社、南开大学出版社，1998 年。

② 《周恩来早期文集》下卷，第 453 页，中央文献出版社、南开大学出版社，1998 年。

的伟大事业中，把自己一生的价值追求和道德理想的实现与民族的命运和国家的振兴紧紧地联系在一起，直到生命的最后一息。

少年的周恩来立志高远，青年的周恩来信仰坚定，皆与周恩来强烈的爱国主义精神密不可分。虽然立大志者未必能成大事，但成大事者必立有大志。周恩来思想成长的过程启示我们，一个有所作为的人，只有树立远大的志向，确定好人生的坐标，才能坚韧不拔，奋发前进，肩负起历史赋予的重任，他的生活才真正有意义，他的人生才能实现真正的价值。教育青少年学习周恩来的爱国主义精神，就是要激发他们的爱国主义热情，帮助他们树立崇高理想，形成正确的人生观、价值观和世界观，自觉地把个人的前途命运和祖国的前途命运结合起来，在为人民服务中实现人生的价值，在奉献中追求完美的人生。

二、立行 学习周恩来勤奋好学，积极进取，勇于创
　　　　新精神

周恩来一生酷爱学习，且善于学习，学以致用，不断丰富自己，改造自己，进而改造社会。他自幼酷爱读书，认为"一物不知，学者心耻"。对于"圣贤书籍，各种学科"必须广泛阅读，要"深究而悉讨"，而不能"浅尝辄止，见异思迁"。

周恩来认为，"欲筹一生之计划，舍求学其无从"③。而学好知识，前提在于勤奋，一生之计在于勤。"是故求学贵勤，勤则一生之计足矣。"他在一篇题为《一生之计在于勤论》的作文中写道："人一生求学，惟青年为最大之时期，基础立于此日，发达乎将来。"④

周恩来的勤奋好学充分展现了他积极进取的精神。他的一生

_____

③ 《周恩来早期文集》上卷，第7页，南开大学出版社，1993年。
④ 《周恩来早期文集》上卷，第8页，南开大学出版社，1993年。

是不断追求真理、崇尚共产主义远大理想，不断进取的一生。
1913 年 8 月，周恩来考入天津南开学校，在此期间，周恩来生活
十分俭朴，由于伯父收入微薄，他的学费常常不能及时缴付。即
便如此，周恩来在学校学习成绩仍非常优秀，《南开第十次毕业
同学录》中对周恩来的评价是："君家贫，处境最艰，学费时不
济，而独能于万苦千难中多才多艺，造就斯绩。"

　　无论是少年时代的周恩来还是革命战争年代、社会主义建设
时期的周恩来，我们都可以看出他的那种不断进取的精神，特别
是他与邓颖超同志互励的话语："要努力学习，适应时代的要求，
跟上时代的步伐，站在时代的前列。"他还经常告诫自己："偶一
不注意，便有落后的危险，还得再鼓干劲。前进再前进啊！"

　　创新是周恩来一生的追求。1918 年 2 月 11 日，他在日记中
写道："第一，想要比现在还新的思想；做要做现在最新的事情；
学要离现在最新的学问。"⑤ 在"求新"的思想驱动下，周恩来
积极寻求救国真理，认定马克思主义，走上了革命道路，肩负起
"救国救民"的社会责任，最终成为中华民族的一代伟人。周恩
来科学地对待马克思主义，以创新的精神，处理革命和建设中的
诸多理论和实践问题。他善于把马克思主义和中国实际结合起
来，在指导中国革命和建设的实践中加以创新，不断作出理论概
括，对党的新民主主义革命理论与社会主义建设理论作出较多的
建树。新中国建立后，周恩来在他所领导的经济、统战、外交、
文教科技等工作中，不断开创新局面，皆得益于他科学地对待马
克思主义，坚持将马克思主义和中国的具体实践相结合，既有继
承，又有发展。

　　时代发展到今天，创新已成为一个民族进步的灵魂，一个国

————————————————————

⑤ 《周恩来早期文集》上卷，第 331～332 页，中央文献出版社、南开大学出版社，
　1998 年。

家兴旺发达的动力，一个组织及个人等在竞争中取胜的核心力量。同时，创新也是人类社会发展与进步的永恒主题，是素质教育的必然要求。对于新时期青少年来说，没有创新的意识和能力就不能很好地适应迅速发展的形势，就跟不上发展的社会。创新精神使我们不断地掌握扩充自己的知识，对于老师所讲的知识不是简单的学一知一，而是能够举一反三，能不断地更新知识，完善自我。我们要培养学生的创新精神，就要引导学生像周恩来那样，具有高度的社会责任感，把服务于民族的进步、国家的发展、服务于人类社会的整体利益作为创新活动的出发点和根本归宿。

三、立德　学习周恩来求真务实，胸襟宽广，无私奉
　　　　献精神

　　周恩来曾说过，"我平生最烦恶的是平常人立了志向不去行"[6]，不去脚踏实地的做，不去一步一个脚印的行，再美好的理想也是空中楼阁。因此，一旦看准的事情、认准的目标，就要"拼命去做，不计利害"，而且要有恒心，"不能因为有折磨便灰心，也不能因为有小小的成功便满足"[7]。在周恩来看来，只要志向坚定，持之以恒，就一定能够将理想变为现实。

　　周恩来从学生时代即逐步培养起趋重实际、言行一致、实事求是的优良品质。他认为"发于言，著于行，无丝毫假借，无智利相扰"[8]。主张培植"趋重实际的精神"。留日期间，他给自己

---

⑥　《周恩来早期文集》上卷，第 297 页，中央文献出版社、南开大学出版社，1998年。

⑦　《周恩来早期文集》上卷，第 300 页，中央文献出版社、南开大学出版社，1998年。

⑧　《周恩来早期文集》上卷，第 115 页，南开大学出版社，1993 年。

定过一个标准："思想要自由，做事要实在，学问要真切。"⑨ 从这里可以看出，他年轻时就有坚定的理想、志向，同时踏踏实实通过实际的努力去实现这个理想和志向。这种务实重行的态度贯穿了他的一生。

在探索社会主义建设的艰辛历程中，周恩来始终坚持实事求是，坚持要把主观能动性和客观可能性结合起来，既反保守，又反急躁冒进，强调干劲要大，步子要稳。面对落后的现实，他主张既要有雄心壮志，尽快赶上先进水平，又要循序渐进，不能一步登天。他反复倡导要"讲真话，鼓真劲，做实事，求实效"。创造性地发挥党的实事求是的思想路线。他的一生是谨慎稳重、兢兢业业、求真务实的一生，是中国共产党内名副其实的实干家。

"不积跬步，无以至千里；不积小流，无以成江海。"教育青少年学习周恩来求真务实的精神，就是要培养他们脚踏实地，一步一个脚印，从点点滴滴做起，不能只看到个人的前途和实际功利，而是要树立为国家、为社会的崇高的理想信念。

"海纳百川，有容乃大。"周恩来多次强调："要划一个大的圈子，把亿万人民群众团结在一起。"⑩ 把党外凡是能够争取的、能够和我们合作的人士团结在一起。早在五四运动时期，周恩来就在斗争实践中体会到革命必须团结各阶层广大群众。他在长期的统一战线工作中，不仅团结了大批进步人士，而且还团结了那些曾经有过"宿怨"、政治倾向和世界观与共产党完全不同的人，从而真正做到了团结多数。从"西安事变"到"重庆谈判"，从"万隆会议"到"莫斯科"，各个时期、各个地域和各种角色中的周恩来之所以能游刃有余，把能够争取的、能够和我们合作的人

---

⑨　《周恩来早期文集》上卷，第281页，南开大学出版社，1993年2月版。
⑩　《周恩来选集》上卷，第327～328页，人民出版社，1980年。

士都团结起来，得到众多人的尊重和爱戴，与周恩来胸怀宽阔不无关系。

我们要教育青少年学习周恩来拥有宽广的胸襟，善于协调矛盾的可贵品质。教育学生以国家、天下大义为重，处理好自己面临的人际关系。一旦国家大义需要，也能够摆脱个人之间的恩恩怨怨，与他人相处，表现出崇高的品格和伟大的胸怀。

"先天下之忧而忧，后天下之乐而乐"。周恩来的一生，就意味着只有奉献、没有索取，只有大我、没有小我。他曾说："人民的世纪到了，所以应该像牛一样努力奋斗，团结一致，为人民服务而死。"⑪ "为人民服务而死"，这是他毕生的追求，也是对他一生最好评价。

周恩来是全国人民的总管家，各种行政性、事务性的工作十分繁重。在党和国家的领导人中，他是最忙的人，每天工作时间都在 12 至 16 小时之间。由于过度劳累和操心，周恩来终于积劳成疾。1967 年周恩来得了心脏病，1972 年得了癌症。从 1974 年 1 月 1 日到 6 月 1 日住院前，除去进医院检查和病重休息的十来天 "未详办公时间" 外，其余 139 天，周恩来连续工作 12～14 小时有 9 天，15～18 小时有 74 天，超过 18 小时有 38 天，工作 24 小时有 5 天，工作近 30 小时有一次。而从 1974 年 6 月 1 日至 1976 年 1 月 8 日逝世的一年半时间里，在作大小手术 14 次之多情况下，除仍旧处理工作问题外，还同中央负责同志谈话 161 次，同中央有关部门及负责同志谈话 55 次，接见外宾 63 次，同身边工作人员谈话 17 次，召开会议 20 次，离医院外出 20 次，外出看望人或找人谈话 7 次。这是一个正常人都难以承担的工作负荷。他为党和人民倾注了自己的全部心血。他实现了自己的诺言：做人民的孺子牛，鞠躬尽瘁，死而后已。

---

⑪ 《周恩来选集》上卷，第 327～328 页，人民出版社，1980 年。

　　然而，在当今的社会上，有一些人认为"人不为己、天诛地灭"是永不过时的真理，只有一己私利而不顾他人，不顾社会利益、人民的利益，更谈不上奉献。一部分青少年学生，把别人对自己的好当作是理所当然的，自然也就想不到要为别人做些什么，要为社会奉献什么，往往是只顾自己，只知抱怨，只知索取。周恩来是青少年学习无私奉献精神的典范，教育青少年学习周恩来的奉献精神，就要培养他们心中有国家、心中有集体、心中有他人的品德精神。

　　周恩来精神是中华民族最优秀的文化精神和共产主义精神的完美统一，是共产党人理想精神的集中体现，是中国时代精神的集中体现，具有永恒的价值。周恩来精神的意义，对于我们的青少年一代，不能仅仅用"感人"二字来概括，我们从中得到的更多的应该是启示。我们要在青少年思想道德品质的教育过程中，培养他们具有热爱人类的高尚情操，并以此为基础，帮助青少年学生树立集体主义、爱国主义情感，树立全心全意为人民服务的思想，进而培养尊重人、理解人、关心人、爱护人，善待他人的时代精神，才能有助于学生深刻认识周恩来精神的时代价值。

学习周恩来廉政思想　加强党风廉政建设

胡红明

　　"人民总理爱人民，人民总理人民爱"这两个歌谣式的句子，多少年来，传遍了中华九百六十万平方公里的大地。周恩来同志虽然离开我们已经 30 多年了，然而，他的音容笑貌、伟大人格和崇高精神，他对故乡的特殊情感，却时刻牵动着家乡人民对他的追思和怀念。今年是周恩来同志诞生 111 周年，作为伟大的无产阶级革命家、政治家、外交家、军事家和思想家，他在长期的革命斗争生涯中，在长期担任党和国家领导人的岁月里，发表过大量的讲话、论著，作出过多次指示，这些讲话、论著和指示，内容十分广泛，有政治的、经济的、文化的、军事的、外交的、法制的，闪耀着马列主义的光芒，留给了我们宝贵的遗产，就是在当前构建和谐社会、全面建设小康社会的新形势下，仍然具有指导意义，值得我们学习研究和借鉴。尤其今天加强周恩来廉政思想研究，对推进党风廉政建设具有十分重要意义。

　　一、周恩来廉政思想的具体表现

　　1. 追求真理、不懈奋斗，坚持共产主义信仰和必胜信念。

　　周恩来的一生是崇尚理想、生命不息、奋斗不止、不断进取的一生。周恩来从小就树立了追求真理的伟大志向，年仅 13 岁的他即庄重地表达了"为中华之崛起而读书"的坚定信念。他赴日本、欧洲等地学习，在彷徨中决意另辟"新思想"，"对一切主义开始推求比较"，终于找到了救世良方，即共产主义，从此，对共产主义"有坚决的信心"。从爱国到倾向革命、信仰共产主义并为之奋斗，体现了他追求真理、崇尚理想的执著精神。

2. 谦虚谨慎，严于律己，艰苦朴素，清正廉洁。

周恩来虽然职务很高、权力很大、对党和人民的贡献很多，但他"位尊不泯济民志，权重不移公仆心"，严于律己，毫不特殊。同时，周恩来也一再教导晚辈。千万不要因为自己是国家总理的亲属，而丧失立场、自恃特殊，"要丝毫不搞特殊化"，自觉抵制各种特权思想的侵蚀。建国以后，在中南海里经常召开国务院工作会议，出席者都是部长以上的干部，有时因为时间较长。需要准备工作餐。周恩来规定：工作餐即家常便饭，四菜一汤。主食一般是大米饭、馒头；副食都是普通蔬菜和豆腐、粉条之类。一次晚餐也是这样的饭菜，贺龙元帅望了一眼每张桌子上的饭菜，风趣地对周总理说："国家经济好转了，这饭桌上怎么没有体现出大好形势来呀。"周恩来笑着说："大好形势是靠大家奋斗得来的。将来国家富强了，也不能丢掉艰苦朴素的传统啊。"

3. 求真务实，顾全大局，光明磊落，坦荡无私。

周总理为了人民的利益，几十年如一日，忘我地不知疲倦地工作。他每天工作十几个小时，有时甚至几天几夜不睡觉。饿了，吃个面包、喝杯茶，就算是一餐，实在困了，躺在沙发上打个盹，起来又继续工作。每一分钟对他都是宝贵的，决不空过，常常一面吃饭，一面还在看文件。周总理在 1972 年 5 月 18 日就确诊患了癌症。然而，他完全把个人生死置之度外，有时候连续几天，每天工作 24 个小时。直到 1974 年 6 月 1 日才住院。在后来的 19 个月里，他一边治疗（包括输血 89 次，做大手术 6 次、小手术 8 次）一边工作（包括出席党的十届二中全会，在全国四届人大一次会议上作政府工作报告，会见外宾 58 次），有时躺在病床上输着液工作，甚至在输液过程中拔掉针头去工作。

4. 密切联系群众，关心人民疾苦，同人民群众心连心。

周总理对群众从不摆架子，他真诚地把自己看成人民的"总服务员"，谦虚、谨慎、心胸似海，对同志对人民极端热忱，在老百姓有困难的地方总能看到他的身影。邢台地震的时候，他亲临灾区，召开群众大会，没有桌椅，没有扩音器，周总理就站在一个木箱子上讲话，他自己迎着风，让群众背着风。讲话讲得口干了，他端起社员用的粗瓷大碗，吹开漂在上面的灰尘就喝几口，从早上 5 点到晚上 9 点，一口饭没吃，一分钟没停，连续工作 16 个小时，跑了两个县 4 个地方，嗓子都喊哑了，周总理和群众之间没有距离。

二、周恩来廉政思想对加强党风廉政建设意义深远

1. 以总理为榜样，大力弘扬周恩来精神，牢记"两个务必"，增强廉洁自律意识。提高拒腐防变能力。

1951 年周恩来做的一套睡衣和睡裤，颜色都褪光了，穿破了就补，再破再补，一直穿到他逝世。一条浴巾用了 20 多年，正反补了 14 块补丁，住院时，还把它当枕巾。一顶帽子都破了，他还舍不得扔掉。一双夏天穿的黄颜色的皮凉鞋，一双春、秋、冬穿的黑皮鞋，穿了 20 多年，修补过多次，由于没有多余的皮鞋可换，工作人员几次给他换鞋底，都是利用他睡觉的时间修理的。周恩来穿的袜子，都是织补了又织补。一个补袜板，还是解放战争时期用的，从西柏坡带到北京，一直留着织补袜子用。有一次在沈阳接待外宾，周恩来幽默地说："今天该穿那套'礼服'啦。"工作人员拿出来一看，上衣后腰上有一处是刮破后又用线织补上的。这位同志十分感动地说："总理，您这套'礼服'早该换换啦！"周恩来笑着说："这就蛮好的啦。织补的那块有点痕迹也不要紧，别人看着也没关系，丢掉艰苦奋斗的传统才难看呢！"又说："穿补丁衣服照样可以接待外宾。"

　　1949 年 3 月 5 日在河北省平山县西柏坡召开的党的七届二中全会上，毛泽东同志在报告中告诫全党，"资产阶级的糖衣炮弹将可能成为中国共产党人的主要危险，务必使同志们继续地保持谦虚、谨慎、不骄、不躁的作风，务必使同志们继续地保持艰苦奋斗的作风。"1949 年 3 月 23 日中共中央机关由西柏坡进驻北平时，毛泽东与周恩来等人互相交谈说：今天是进京"赶考"的日子。我们都希望考个好成绩，不要退回来，退回来就失败了。我们决不当李自成！邓小平同志在改革开放之初的 1980 年就要求全党同志："一定要宣传、恢复和发扬延安精神，解放初期的精神，以及六十年代初期克服困难的精神。"江泽民同志 1991 年在西柏坡也作了重要题词："牢记'两个务必'，建设有中国特色的社会主义。"党的三代领导核心关于"两个务必"的一系列论述，语重心长，寓意深刻，一以贯之地表达了一个鉴古警世的重大主题——中国共产党人的庄严使命是，实现中华民族的伟大复兴，实现共产主义的最终目标，决不能半途而废。"两个务必"凝结着古今中外兴衰存亡的深刻历史经验和教训，体现了共产党人的坚强党性和政治本色，特别是蕴含着具有长远指导意义的治党治国之道。这就是：第一，在胜利和成就面前，党内一些同志可能会骄傲自满，恃功而居，不求进步，贪图享乐，不愿再做艰苦的工作，不愿再过艰苦的生活。如果不能坚决防范和克服这种情绪，党的事业就不能继续前进和发展，甚至还会失败。第二，无论我们党取得多么伟大的胜利和成就，都必须戒骄戒躁，艰苦奋斗，始终坚持共产主义的远大目标，始终保持同人民群众的血肉联系，不断维护和实现最广大人民的根本利益。只有这样，我们党才能永葆生机和活力，永远立于不败之地。

　　胡锦涛同志在党的十六大闭幕之后不久，就与中央书记处的同志一起到西柏坡学习和考察。他指出，五十多年的实践证明，在党的三代中央领导集体的领导下，我们党在'赶考'中取得了优异的成绩。今天,是这场考试的继续。全党同志特别是各级领导干部必须结合新世纪新阶段的实际,始终坚持"两个务必",紧紧依靠全国各族人民,在这场考试中经受考验,努力交出优异的答卷。这对于我们全面推进党的建设新的伟大工程,全面开创中国特色社会主义事业的新局面,无疑具有很强的现实针对性和重大而深远的指导意义。

2. 以总理为榜样,大力弘扬周恩来精神,坚持以党章治党,永葆党的先进性。

今天,在新的历史时期,党员干部应经得起两个考验:一是经得起执政党地位的考验,不要以权谋私;二是经得起改革、开放,搞活环境的考验,不要腐化堕落。应当以周恩来为榜样,严于律己、廉洁自律,这样才能促进党风和整个社会风气的根本好转。

2006 年 1 月 6 日胡锦涛同志在中央纪律检查委员会第六次全体会议上发表重要讲话。他强调,要紧密联系建设中国特色社会主义的丰富实践,紧密联系党的建设特别是党风廉政建设和反腐败工作的现实需要,认真学习党章,自觉遵守党章,切实贯彻党章,坚决维护党章,努力促进党的执政能力建设和先进性建设,不断解决好提高党的领导水平和执政水平、提高拒腐防变和抵御风险能力两大历史性课题,更好地团结带领全国各族人民为全面建设小康社会、加快推进社会主义现代化而努力奋斗。可见我们党之所以始终高度重视党章,把学习贯彻党章作为加强自身建设的重要内容,这是由党章在党内生活中的地位和作用决定的。党章作为规范党内政治生活、调整党内关系的基本准则,全面规定了党组织的地位作用,规定了党员的权利和义务,规定了党的政治纪律和组织纪律。离开了党章的规范,从严治党就会失去最重要的依据,就不可能收到好的效果。

3. 以总理为榜样,大力弘扬周恩来精神,抓好反腐倡廉工作，推进党风廉政建设。

江泽民同志指出："反对腐败是关系党和国家生死存亡的严重政治斗争。"党的十五大以后，对腐败分子保持了更强的高压态势。一批高级领导干部因腐败受到严厉惩治。2000 年 2 月 15 日，江西省原副省长胡长清成为中华人民共和国成立以来第一个因腐败被判处死刑的省部级领导干部。同年 9 月 14 日，全国人大常委会原副委员长成克杰成为中华人民共和国历史上第一个因腐败被判处死刑的国家领导人。然而，反腐倡廉的实践反复证明，如果只注重惩治而忽视预防，腐败现象就会查不胜查。2003 年，胡锦涛同志在中央纪委第二次全会上明确指出，要"坚持标本兼治、综合治理的方针，在继续下大气力惩处腐败的同时，加强教育，发展民主，健全法制，强化监督，创新体制，把反腐倡廉寓于各项重要政策措施之中，从源头上预防和解决腐败问题"。这样才能保持党的先进性、纯洁性，保持干部队伍的清正廉洁，保证国家长治久安。

今天，周恩来同志虽然离开我们已经 30 多年了，但全国各族人民都在以不同的方式追思和怀念他。周恩来的一生是辉煌的一生，他为中国人民的解放事业和社会主义事业做出了卓越贡献，将自己的毕生精力献给了人民事业，铸就了一个光辉的公仆形象。在人民的心目中这一形象可以说是完美无缺的，在世界上也是有口皆碑的，以致他逝世的时候，全国人民陷入了悲痛的境地，自发地为他戴黑纱，十里长安街几十万群众为他送行，联合国为他降半旗一周纪念他，像他这样一位受人爱戴的政治家是少有的。今天我们反腐倡廉搞社会主义现代化建设，就是要继承周总理留下的宝贵遗产，学习他艰苦朴素、严于律己的生活作风；学习他求真务实、言行一致、周密细致的工作作风；学习他勤勤恳恳、任劳任怨全心全意为人民服务的高尚品质；学习他光明磊落、顾全大局、遵守党的纪律，严于解剖自己，善于团结广大干部群众的坚强的党性。通过学习，激励广大干部群众艰苦奋斗，扎实苦干，抢抓机遇，加快发展，进位争先，在全面建设小康社会的进程中不断迈出新步伐、创造新业绩！努力打造工业型、创新型、富裕型、和谐型楚州，以不辜负周总理生前对家乡的期望。以此缅怀敬爱的周总理，敬爱的周总理永远活在我们心中！

（原载《淮安社会科学》2009 年第 4 期）

试论周恩来执政为民思想的基本特征

金　研

开国总理周恩来在他 26 年的总理生涯中，"执政为民"，"勤政为民"的思想贯穿始终，且显示出鲜明的个性特征。本文尝试从四个方面对此作一阐析。

一、强烈的公仆意识

我们党从成立的那天起，就把全心全意为人民服务作为自己的根本宗旨。同时，它也是党对各级党员干部的基本要求。1945年，毛泽东同志指出，我们党的干部"都是人民的勤务员"。周恩来在执政建国的伟大的实践中，自觉实践党的这一根本宗旨，为了国家富强、人民幸福，呕心沥血，竭尽心智。他的一生都在做着忠实、廉洁、勤政的人民公仆。他同全国各族人民建立了亲密的鱼水关系，为我们党和国家事业健康、顺利发展，作出了卓越贡献。

（一）责任、服务、高效原则。从本质上讲，我们党和国家领导干部都是人民的"公仆"，这是由社会主义国家政权的性质所决定的，也是每个党和国家的领导干部应该具有的品格。周恩来同志作为一名伟大的马克思主义者，在世界观上，始终牢固树立人民群众是创造历史的主人的唯物史观。在执政过程中，本着责任、服务、高效的原则，把"整个身心放在共产主义事业上，以人民的疾苦为忧，以世界的前途为念，"时时处处做人民的公仆，时刻把人民的安危和冷暖装在心中。周恩来同志全身心的投入工作，他是党内做工作最多的人，也是最忙的人。"他一天的工作时间总超过 12 小时，有时在 16 小时以上，一生如此。被外国人称为"全天候总理"。他的一生是为党为民负责的一生，是勤政为民的一生。

（二）执政的核心：全心全意为人民服务。周恩来同志晚年始终佩戴着一枚"为人民服务"的徽章，这是他执政的最高原则，也是他一生为民的真实写照。他认为人民群众是我们国家和社会的主人，各级领导干部则是人民群众的公仆，理应代表人民群众的利益，全心全意为人民服务。他强调一切工作都须以"符合人民群众的利益"为原则，他始终把执政的出发点和立足点放在体现广大人民群众和愿望的基础上，他是体现中国最广大人民群众利益和愿望的典范。他对于关系群众切身利益的事，总是倍加关心，满腔热情、认真负责地去解决。他常说："人民的愿望成为党的纲领，是中国革命的一个特点，也是一切民族民主革命的特点。要使革命取得胜利，主要依靠广大人民群众，离开人民群众什么事情也做不成。领导人，特别是无产阶级领导人，一天都不能离开群众，这是一个真理。"

（三）反对官僚主义。执政为民，必须从根本上改进领导作风，密切与人民群众的，血肉联系。1963 年 5 月和 6 月，周恩来在中共中央和国务院作报告时强调："官僚主义是领导机关最容易犯的一种政治病症，必须看到，官僚主义在我们执政的党内，在我们的国家机关内，的确是十分有害，非常危险的。我们绝不能容许官僚主义再继续发展下去。"在 1963 年 12 月，在第二届全国人大四次会议上，周恩来又特别强调"官僚主义不是能够一下子彻底改掉的，今天改掉了，明天它又来了。你掌握政权，总有这个问题，权力过分集中就会有偏向。特别是我们是社会主义，为最大多数人民谋最大利益，集中最大权力做最大的好事，人民比较满意，在这样的情况下做错了一点事情，容易为人民谅解，这就使我们很容易忽视发扬民主而犯官僚主义和主观主义的错误。"能否代表和维护最大多数人的利益始终关系到党的政权的全局，关系国家、社会安定和发展全局。只有真正做到了立党为公，执政为民，才能从根本上保证党的成功执政。今天我们学习周恩来同志的这些论述，使我们更加深切地体会到，这是何等精辟！何等英明！

（四）严于律己，勤于奉献。周恩来同志多次指出："我们国家的干部是人民的公仆，应该和群众同甘苦，共命运。如果贪图享受，怕艰苦，甚至走后门，特殊化，那是会引起群众公愤的。"因此，他不仅反复告诫领导干部，而且对自己要求很严。无论在政治思想上，还是在具体实践中，周恩来同志总是把自己置身于普通公仆的地位，严格要求自己过好"五关"，即：思想关、政治关、社会关、亲属关、生活关，也就是在任何时候任何情况下，都经受住考验。他身居高位，一尘不染，赤诚奉献。心中时刻装的是人民群众的安危冷暖。他把自己的一切都无私地奉献给了中国人民的伟大事业，从不为自己谋一点私利，他是忠实、廉洁、高效的人民公仆。

二、崇高的民主风范

（一）民主是实现决策正确、保持先进性的重要保证。周恩来同志是一位具有高度民主精神的党和国家领导人。在实际工作中，他充分发扬民主，平等待人，善于倾听群众意见。他认为，面向群众，汲取群众经验和智慧，不仅是实现正确领导的途径，也是领导者的任务。他始终坚持深入群众做调查研究，充分听取群众意见，吸收群众的先进经验，在广泛民主的基础上再进行集中，以便取得制定正确的方针、政策的依据。

周恩来指出，所谓扩大民主，真正实行民主集中制，即是中国共产党人向来所说的走群众路线。这是中国革命和社会主义建设事业获得胜利的根本保证。"力量的源泉是人民，归根到底，一切胜利的取得是依靠人民的力量。""一个党如果不是联系群众的党，那这个党是没有生命力的，不能解决问题的。在群众中生了根的党，那才是有领导力的党，才能产生出具有智慧和思想能力的领袖。"因此，必须扩大党内民主和人民民主，建设社会主义民主政治，保证党的先进性，保证党和国家决策的正确。

（二）政策适时向群众公开，这是成功执政的有效途径。早在民主革命时期，周恩来在领导革命斗争的实践中，就十分重视民主公开制度的建立。在政策运用方法上，周恩来一直强调，政策必须适时向群众公开。建国后，我们党作为执政党，通过政府来行使管理国家和社会事务的职权。地位的变化，促使周恩来在强调党务公开的同时，更多地注重政务公开。在社会主义国家，人民享有管理国家和社会的权利，人民群众对国家和社会的重大事务，有知情权、参政和议政权。因此，周恩来强调要广泛听取不同意见，要针对某一问题展开讨论以至于争论。1949 年 4 月，在共青团第一次代表大会作报告时，他就说过："为了寻求真理，就要有争辩，就不能独断。这样有利于政权建设。"

（三）自觉接受群众监督。中国共产党成为执政党以后，地位变了，工作方式变了，更应该发扬民主作风，自觉接受群众监督。周恩来同志在《怎样做一个好的领导者》一文中指出："领导群众和结交朋友，领导者自己要起模范作用，""领导者切勿轻视自己的作用和影响，"要戒慎恐惧地工作，""发扬民主，开展批评与自我批评。"

他还主张中央与地方要建立双向监督机制。五十年代中期，党中央领导人开始借鉴苏联经验，探讨解决发扬民主，纠正集权偏向问题，周恩来 1956 年 7 月在中共上海一大的讲话中提出，中央与地方要互相影响，相互监督，唱"对台戏，"这样做能够推动我们的工作，减少官僚主义。

（四）与民主党派密切合作，肝胆相照。周恩来提出，不但在民主革命时期，而且在社会主义建设时期，都将存在共产党领导下广泛统一战线和多党派合作的理论方针。他说："从社会主义社会到共产主义社会，只要还有党派的时候，各民主党派同共产党长期共存，为一个共同目标奋斗，求大同小异，这并没有坏处……从种种方面看起来，我们这样的大国，多一点党派去联系各个方面的群众，对国家，对人民的事业，有好处。"

为密切党和群众的联系，周恩来还十分重视人民来信来访工作。建国初，他主持了制定了我国第一部信访工作的行政法规——《政务院关于处理人民来信和接见人民来访工作的决定》，使共和国信访工作走上规范化，制度化的道路。

三、鲜明的科学精神

（一）要把革命热情和科学精神很好地结合起来。从实际出发，实事求是，脚踏实地地进行社会主义现代化建设是周恩来的一贯思想。在政治思想上，周恩来将马克思主义基本原理与中国实际国情相结合作为指导原则，不断探索实践。在实际工作中，他以鲜明的科学精神和科学品格，尊重科学，尊重事物客观规律，反对空头政治。在决策管理上，注重民主化，科学化。

作为一个执政党的领导人，周恩来尤其强调："在科学问题上，共产党应该服从真理。共产党不服真理，那就不是共产党。"因此，在他一生的革命实践活动中，特别是建国后的执政生涯中，始终奉行实事求是的科学求实态度，不盲从，不迷信，既有工作热情，又有科学精神。正因为周恩来来具有鲜明的科学品格和科学精神，所以他一生追求真理，坚持真理，从善如流，对中国共产党不断探求真理，坚持真理，修正错误，起到了重要的表率作用。

（二）科学是关系国防、经济和文化发展的决定性因素。在察觉到世界科学技术的新发展对社会发展、经济生活产生的巨大影响以及我们在科学技术发展方面的落后现状后，周恩来在1956年1月14日的知识分子问题会议上作报告时，就提出了"科学是关系到我们的国防、经济和文化各方面的有决定性的因素"的思想。其后，他又多次强调加强科学研究工作，以适应社会主义经济和文化发展的需要。

（三）活到老，学到老。周恩来同志始终坚持以科学态度去认识世界，以科学的精神去探索世界。"哲学的思想，科学的能力"是他自青年时代起就推崇和追求的。因而他对自己的要求很标准非常高，他主张："活到老，学到老，改造到老，"以不断学习的进取精神，提高执政水平，增强执政能力。"要不断地学习，不断地认识，这样才能够进步。"他在《论知识分子问题》中说："人生有限，知识无限，到死也学不完，改造不完。"

当今时代，作为领导干部，不光要懂政治，还要懂些科学，要坚持政治与科学的结合。用今天的话说，就是要与时俱进。我们党的三代领导集体都是既注重政治又注重科学，强调提高领导者的执政水平和执政能力。认真学习周恩来同志这些论述，学习他的科学精神和科学品格，对于我们改善执政方式，培育执政能力，增进省略，应付国内外各种复杂的局面，无疑具有重要的启示作用和深刻的现实意义。

（原载《淮安社会科学》2007年第3期）

浅谈周恩来的决策思想

陈国冠

行政决策是实现当的路线、方针、政策的关键环节之一。为此，必须摒弃在行政决策过程中的各种非理性因素，做到决策的民主化、科学化、制度化。周恩来在中共党内担任过 46 年的政治局委员，是党内位于决策中枢层时间最久的核心人物；建国后，有担任了政府总理等重要职务大 27 年，直接主持了国务院一系列决策方案的制订。在长期的行政决策工作中，他积累了丰富的决策经验，针对现代行政工作的特点，博采众长，在决策指导思想、决策体制、决策程序等方面形成了一整套的观点和方法，为我国行政决策的现代化作出了积极贡献。他在行政决策方面的贡献我个人认为主要有以下几个方面：

一、树立了正确的决策指导思想

首先，他强调决策应该建立在实事求是的基础上。

周恩来同志认为，决策的思想方法首先是一个哲学问题，而不是一个单纯的政治问题和行政管理问题。从客观实在出发，可以使决策具有正确性、可行性的保证，而且使决策更具有理性，更能面对实际解决问题。他常说："是好是坏，要从实际出发，不能从主观想象出发。"① 他虽然身居高位，日理万机，从中央到

---

① 《周恩来选集》下卷，第 313 页，人民出版社，1984 年。

基层隔着若干层次，但他决策谋划时，无论是确定决策目标还是行动方案，总是面对实际从不脱离实际，单凭主观意愿作出决定。他反对不切实际的决策目标，他说"不能实现的空口号会使我们陷入被动，失去威信，并不能实现而使人失望"②。他认为行动方案的制订要建立在可行的基础上，步子宁可慢一点也要稳步前进，"方向和目标确定了，但道路是要我们一步一步去走的。"③

　　建国以后，经济和社会发展速度问题一直成为中央高层决策谋划的一个焦点。1955 年冬季，毛泽东同志我国当时生产能力和科技状况的实际，认为广大农民在农业合作化中表现出巨大的热情也能促进生产的超速发展，推翻了 15 年左右的时间实现过渡时期总任务的决策目标，他亲自主持并制订了《农业十七条》，规定到 1967 年，中国粮食产量必须达到 1 万亿斤。这是一条极高的决策指标，在当时的条件下是无法完成的（1984 年我国粮食产量是 8142 亿斤）。根据这一文件精神，中共中央不久即颁布了《1956 年到 1967 年全国农业发展纲要（草案）》，该纲要又进一步规定中国的粮食、棉花产量必须一每年 8% 到 10% 的速度向前发展。在《纲要》的促动下，中央各部门纷纷提出把这一远景规划中规定的 8 ~ 12 年后完成的任务，提前到了 3 ~ 5 年内完成，最终导致 1956 年各省市、各部门要求的基建投资大 200 多亿元，比1955 年原定预计完成数增加了 1 倍多，而全年财政收入只增长了9.29%。在这种形势下，周恩来和其他几位副总理经过反复调查研究和商讨，认为这是一次违背实事求是原则的"冒进"力图把经济发展决策拉回实事求是的基点上来。1956 年 1 月 20 日，《纲要》颁布不久，周恩来即提出了制订计划必须要"实事求是"，

---

② 《周恩来教育文选》，第 27 页，教育科学出版社，1984 年。
③ 《周恩来选集》下卷，第 23 页，人民出版社，1984 年。

不可"盲目冒进"的问题。他在中央召开的关于知识分子问题的会议上突提醒大家："要使我们的计划成为切实可行的、实事求是的，而不是盲目冒进的计划。"④ 但是，此时中央的最高决策层认为主要是要反对右倾保守。顶着压力，周恩来仍在多个场合给违背规律的"冒进"泼冷水，会同其他副总理决定"压一压"高指标，经过努力，终于使 1956 年的基建指标压到 147 亿。后来，周恩来和陈云等国务院领导人反"冒进"虽受到严厉的批评，但是经历了"大跃进"的严重挫折后，周恩来的决策方略终于得到了毛泽东的赞许和定评。

其次，在决策中要坚持民主集中制的原则。

坚持决策的民主化，在党内和政府内并不容易做到，我国传统的集权意识常与民主精神对立，进而取代决策民主的程序。周恩来提出，民主集中制，"不但是组织原则，也是工作原则"⑤，历来强调决策的民主化过程，他是党和政府里长期坚持民主集中制的楷模，他主持的重大决策活动总是洋溢着民主的精神，体现着集中的智慧。建国初期，周恩来亲自主持了国旗和国徽的设计工作，公开向各界群众征集方案，最后确定的方案是在充分比较并吸收众长之后形成的。

民主集中制需要制度上的保障。建国后，政务院确立了政务委员制，政务委员在每周一的政务会议上以合议的形式进行民主决策，由总理进行裁决和总负责；国务院成立以后，实行国务院会议制度。进行决策时，必须贯彻民主原则，有时甚至几上几下，反复讨论研究，最终在形成正确意见的基础上进行决策。这种决策程序在周恩来担任总理期间，除"文革"时以外，

---

④　吕星斗、白云涛主编：《周恩来和他的事业》，第 334 页，中共党史资料出版社，1990 年。

⑤　《周恩来选集》下卷，第 314 页，人民出版社，1984 年。

未间断过。

周恩来在决策中善于集思广益，做到民主基础上的集中。为了在当时的国情条件下使人民大会堂设计和建造工作达到国内最高水平，周恩来亲自主持了工程的设计和筹建工作。他邀请了全国不同风格的优秀设计师来共同设计方案，提出："在建筑形式和艺术风格上，要古今中外一切精华皆为我用。"首批设计方案体现了各种流派和风格，但主要缺点是各自单干，没有联合设计。周恩来详细研究了这些方案后，提出要互相学习、取长补短，发挥集体的智慧，精益求精，以提高设计水平。一个多月以后，第七次方案出台，周恩来经过仔细审查与纵横比较，把这一总体方案归纳为一幅"山"字形平面方案。这一最终决策，体现了周总理依靠民主，兼收并蓄，集思广益的决策思想和方略。

周恩来同志不仅在决策活动中坚持民主集中程序，走群众路线，而且善于在民主决策活动发生偏差时正确地引导民主决策活动的方向。人民大会堂顶层的设计，由于技术上没有可以借鉴的资料，如果顶棚设计高了，人在里面就会感到渺小；要是处理低了，人坐在席上就会感到压抑。设计人员搞了好多方案，都不理想，问题集中到周总理面前，等待他的决策。总理仔细听取各方面意见后并不直接提取方案，而是引导大家："天空很大，大海也很宽，可是人站在天空下，站在大海边，为什么并不感觉到自己的渺小？"把设计人员的思维引入了崭新的境界。接着，他进一步启发大家，随手用铅笔划了一个不规则的扁圆型顶棚图，提示道："因为天空是没有直角的，大海也看不到界线，万人大礼堂能不能也搞成水天一色，浑然一体？"专家们深受启发，形成了后来建成的终定方案。

周恩来在长期的决策活动中能够坚持民主决策方法，根源于他对群众的信任和依靠。根源于他对党的群众路线运用的自觉性，周恩来曾指出"更多的方法还要依靠群众创造，革命战争如此，建设也是如此，大家来想办法，一定有出路"⑥。周恩来决策活动中善于运用民主决策方法的思想和作风，为后人在决策活动中更好地进行民主决策做出了榜样。

再次，决策谋划要有全局观念和整体观念。

建国伊始。周恩来在通盘运筹全国政治、军事、经济、文化等各项工作的时候就提出了要有整体观念的思想。1949 年 12 月 22～23 日，周恩来在全国几个部门的专业人员会议讲话中指出："诸位这次来京开会，除了讨论本部门的业务以外，有权要求了解全面的政策，了解全国政治、军事、经济、文化等各方面总的方针。只有这样，你们才能知道本部门的业务同总的方针怎样配合，才有整体的观念。"对于整体观念的重要性，周恩来指出："不然，你们业务的进行就会是孤立的、迷失方向的，成为盲目的工作。盲目不是科学的态度，不能建设新国家。"周恩来把"整体观念"提到了一定的科学态度上，突出了掌握全局、具有整体观念的重大意义。

具有整体观念，胸怀全局，并不排斥"重点"，但重点与整体必须有所配合，这样才能照顾全局，决策正确。对于整体中的重点，周恩来举例："我们要重视工业，但决不能把它当作唯一的工业。重工业中，钢铁业是占第一位的，但它也不是重工业的全部。"周恩来的"整体观念"强调的是胸怀全局，通盘运筹，掌握整体，突出重点，值得后人借鉴。

此外，在决策中要深谋远虑，要有系统观念。

在三峡工程问题上，体现他决策中的深谋远虑和系统观点。从建国初期起，周恩来就关注三峡工程的前期勘查准备工作，曾数次到三峡沿途堪选坝址，并且提出在今天在山峡的工程所在

---

⑥ 《毛泽东、周恩来、刘少奇、朱德、邓小平、陈云思想工作方法文选》，第 409 页，中央文献出版社，1990 年。

地——三斗平选址建坝的设想，今天中南海西花厅仍然有从三斗平取回的岩心标本。但他深知，三峡这样的工程，将对整个三峡乃至更大地区的水文、地质、气候情况产生影响，关系到经济、政治、文化方面，不可盲目上马，他建议先建葛洲坝水利工程，取得充分的经验，在我国的综合国力与工程技术水平进一步提高后再考虑三峡工程的建设。今天，三峡工程的科学化建设，造福人类，这和周恩来同志当年在决策中用系统的眼光看问题是分不开的。如果当时看到三峡工程建成后的利益，而忽视了工程中存在的技术难题和其他不可预测的困难因素，极有可能三峡工程会成为第二个纳赛尔水库。

二、初步建立了较为完善的行为决策体制

现代决策理论认为，完善的行政决策体制包括行政信息系统、咨询系统和行政决策中枢系统，周恩来在行政决策中所依托的结构形式正与之契合。

周恩来非常重视行政信息的收集与整理。建国后在很多场合，周恩来都强调各地区、各部门上报的数字要具体、准确。向他汇报工作的同志总是很紧张，因为周恩来往往已对上报数字进行再计算和核实，并且能发现数字中错误或虚假成分。他这么做并不是出于对下属不信任，而他深知根据错误的信息进行的决策对国计民生将产生极大的危害性。"在我们这样一个地区广阔，情况复杂并且经济上正在剧烈变化的国家里，任何疏忽大意，都可能发生重大的错误，造成重大的损失。"

单纯依靠下级上报的信息进行决策还不够，有时还要直接深入基层进行调查研究获得第一手的信息资料。"大跃进"运动中刮起了公产风，其中除了推行绝对平均主义外，就是推行大食堂的供给制。1961年4月18日至5月6日周恩来亲自深入到河北省武安县伯延公社进行调查，获得许多第一手资料，得出解散

大食堂的正确结论。周恩来在工作中形成事必躬亲和"一竿子插到底"的工作作风，对于他取得完整、准确的决策信息自关重要。这种作风和什么都依赖汇报、依赖秘书的领导方式相比，虽然更累人，但是无疑能作出更接近事实、更正确的决策。

周恩来在工作中建立了自己的决策机构。建国后，国务院设置了参事室，作为决策中枢系统的"外脑"，周恩来还经常就重大事情召开座谈会，征求各方面的意见，这个传统今天仍保存下来。他对于抽调秘书工作很注意。建国初期，他的秘书中王伏林来自四川，吴群敢来自上海工商局，农业秘书则是曾在淮海、苏南、浙西、山东等地工作过的熟悉农村基层工作的地委书记杨纯。

周恩来重视提高决策者自身的素质，并且建立了一个精干的决策群体。现代经济发展日新月异，解决问题的条件和因素经常在变化，单凭直觉和过去的经验是不能适应现代化管理的决策要求的，也难保正决策的科学性和正确性。周提出"我们对待任何问题，都必须坚持'知之为知之，不知为不知'的老实态度，不懂的决不装懂，但必须有不懂变懂。"建国初期，周恩来号召军队干部放下枪杆子后要学会搞建设，过去在战争中学习战争，今天要在建设中用战争时代的拼命精神，学习经济知识，学习管理知识。只有把决策者的直觉经验同现代化的管理知识结合起来，才能提高决策的科学性。现代决策活动又是一个复杂的系统过程，涉及的因素十分广泛。因此，单靠某一个决策者个人解决某些复杂的决策问题是不可行的，在许多情况下，决策通常是依靠群众进行的，必须建立一个优秀的决策集体。建国初期，周恩来挑选几位各方面的干才担任副总理，对于他卓有成效地领导这样大国家的建设是帮助极大的。

"三位一体"决策结构的提出。60年代，周恩来洞察科技革命给决策活动带来的巨大影响，提出了在决策活动中必须实行领导、专家、群众"三位一体"参与决策的决策结构。他提出必须

"实现领导干部、专家、群众三结合；既要提倡敢说敢做的革命精神，又要提倡实事求是的科学太度。"周恩来在这里提出的"三结合"的决策参与结构中，群众是民主的基础，决策主角是领导者，提供科学性方案的则是智囊专家。专家可以是个人，也可以是作为咨询角色的专家整体。

现代决策活动中，能否发挥专家的作用，是整个决策机制中提高决策的科学水平和是否采用科学方法的一个关键。

在葛洲坝工程中，周恩来采用科学而民主的决策体制与决策人员结构来负责葛洲坝工程的设计与施工。当他发现葛洲坝水利枢纽工程的前期工程军事指挥体制造成盲目指挥的严重后果后，果断撤销以军为决策主体的体制，新成立葛洲坝工程委员会，以精通长江水利工作的长江流域规划办公室主任林一山为委员会主任，以下设立各个技术专门委员会负责专门技术。委员会在决策活动中实行如联合国安理会表决体制的"大国一致"的原则，每一项重要决策都必须由所有专门委员会认同后方能施工；如有一个专门委员会认为有问题，都必须用科学的解释和论证的观点说服每个人的疑虑，然后再讨论出统一的意见，写出决定，全部委员签名负责，方能上报国务院审批执行。这一决策结构的特点是以专家为骨干，民主为基础，领导者依据科学论证作出最后的决断，在我国行政决策史上是一个创举。

三、提出了决策的一般程序

1943 年，周恩来在《怎样做一个好领导者》一文中论述了政治决策制定中的几个步骤问题，他指出："必须正确的决定问题。首先，要估计环境及其变动，并找出此时此地的特点。次之，要依此与党的总任务联系起来，确定一时期的任务和方针。再次，要依此方针，规定当前适当的口号和策略。又次，然后据此定出合乎实际的计划与指示。这一切，必须经过最实际的调查研究，并使这些实际材料与党的原理原则联系起来。"这里谈的虽然是政治决策的一般程序，但也同样适用于行政决策之中。第一步就是研究环境的变化，找出此时此地的特点。这其实是决策的准备阶段，对环境具体的特点有正确的认识后，才能确定正确的目标和方案。第二步，是把当的总任务和环境特点联系起来，确定一个时期的决策目标。行政性决策是一定意义上的政治决策的分解与转换，在当前行政的政治化倾向日益加强的情况下，是中国行政决策的一个重要特征。第三步，是依据政治方针规定相应的行动策略，策略的制定是制定决策时不可缺少的一项内容，也是一个基本步骤。最后，周恩来认为前三个步骤完成后，才可以制定出具体的决策、行动方案。周恩来这一理论的提出虽然已过去半个多世纪，但这一理论对于深入分析我国政治决策与行政决策的关系，更好地把握党的总任务与行政政治性决策的联系，做好政治决策向行政决策的转换，进而抓住这些基本步骤制定出有利于政治性决策执行的行政决策，具有重要的指导作用。

随着科技的进步和经济的迅速发展，在有中国特色的社会主义事业建设过程中要有更先进的决策思想来指导决策，决策体制还需要进一步完善，还要按照更科学的程序进行决策。周恩来同志为我国的行政决策的现代化作出了杰出的贡献，我们在实践中应当进一步完善前人的决策思想，丰富决策的方法，为我国行政决策的民主化、科学化和制度化继续努力。

（原载《西部科教论坛》2009 年第 4 期）

岚山周恩来诗碑——中日友谊的见证

张秋兵

2007 年 4 月 13 日，国务院总理温家宝在日本京都参观岚山周恩来诗碑，向诗碑献花，并与当年立碑倡议者吉村孙三郎之女吉村启子在诗碑前合影留念。温家宝握住已 89 岁高龄的吉村启子的手，动情地说："您和我的母亲同龄。您父亲提议建造的这块诗碑是中日人民共同的诗碑。"和父亲一样致力于中日友好的吉村启子感动得热泪盈眶。日本国际贸易促进会理事长中田庆雄用中文向温家宝介绍了建碑的缘起和经过，并自豪地告诉温家宝，"每年来参观诗碑的人达千万人次"。

睹物思人，别有一番思绪。温家宝说："周恩来总理是中日友好事业的开拓者和奠基人。我们怀念周总理，就是要把中日友好事业推向前进。我相信，中日关系的未来一定会更加光明，中日友好之花一定会更加娇妍。"

周恩来青年时期在日本留学时，曾经 4 次游览岚山。1919 年 4 月 5 日，正是农历清明节，日本樱花盛开，周恩来游览岚山后，触景生情，在这天一连写了三首诗。日本岚山周恩来诗碑所刻的是其中一首《雨中岚山》：

雨中二次游岚山，两岸苍松，夹着几株樱。到尽处突见一山高，流出泉水绿如许，绕石照人。

潇潇雨，雾朦胧；一线阳光穿云出，愈见姣妍。人间的万象真理，愈求愈模糊；——模糊中偶然见着一点光明，真愈觉姣妍。

这首诗表达了青年时代周恩来东渡日本探求救国之道从最初的迷惘道找到真理的喜悦心情，诗中的"几株樱"是指日本的国花樱花。1919年4月5日这天，除了这首《雨中岚山》外，周恩来还写了《雨后岚山》，《游日本京都圆山公园》。4月9日，周恩来又写了《四次游圆山公园》一诗。这四首诗均刊登在觉悟社机关刊《觉悟》创刊号上。

《雨后岚山》

山中雨过云愈暗，渐近黄昏；万绿中拥出一丛樱，淡红娇嫩，惹得人心醉。自然美，不假人工；不受人拘束。想起那宗教，礼法，旧文艺……粉饰的东西，还在那讲什么信仰、情感、美观……的制人学说。

登高远望，青山渺渺，被遮掩的白云如带；十数电光，射出那渺茫黑暗的城市。此刻岛民心中，仿佛从情景中呼出；元老，军阀，党阀，资本家……从此后"将何所恃"？

《游日本京都圆山公园》

满园樱花灿烂，灯光四照，人声嘈杂。小池边杨柳依依，孤单单站着一个女子。樱花杨柳，那个可爱？冷清清不言不语，可没有人来问他。

1978年10月，为庆祝中日缔结和平友好条约，缅怀周恩来总理为中日友好事业建立的丰功伟绩，在日本国际贸易促进会京都总局局长吉村孙三郎的提议下，日中友协等10个友好团体自发集资，在岚山圆山公园建造了周总理诗碑，并请中日友协会长廖承志书写了周恩来诗词。1979年4月16日，邓颖超赴日本为诗碑揭幕。这座诗碑是世界上第一座周恩来诗碑，矗立在天然石块镶砌成的碑座上。诗碑是一块深褐色的京都名石"鞍马石"，高1.3米，宽2.2米。碑身、碑座与周围的树木融为一体，仿若天成。

　　日本岚山周恩来诗碑是中日友谊的见证，在总理家乡江苏淮安周恩来纪念馆也有一座日本人捐建的岚山周恩来诗碑。1995 年 4 月，日本关西日中朋友会在周恩来纪念馆内的文渠南侧仿建了岚山诗碑，以志纪念。周恩来纪念馆岚山诗碑南边是一个人工湖，在湖的东侧有条樱花路，因路的两旁栽植了千株日本樱花而得名，这些樱花是日本友人在 1992 年纪念馆开馆时栽植的。每年 4 月正是樱花开放的季节，樱花路旁火红的樱花流光溢彩，环湖边碧绿的垂柳婆娑多姿，构成了一幅周恩来 1914 年曾经在诗中描绘的秀美花卷——"樱花红陌上，柳叶绿池边"。

　　日本国民对中日友谊的缔造者周恩来总理的家乡江苏淮安充满感情。每年来淮安瞻仰周恩来故居、纪念馆的日本游客有上万人。2007 年 4 月 29，前任日本驻华大使阿南惟茂偕夫人阿南史代及日中邦交正常化 35 周年纪念——追寻遣唐使的足迹徒步体验团 20 人专程来到总理家乡，瞻仰周恩来纪念馆，向周总理汉白玉像敬献花篮，并在樱花路栽种了两株樱花。阿南惟茂题词：友谊永存。

　　（原载《湘潮》2007 年第 8 期）

周恩来祖辈迁淮后的兴衰

赵　凌

　　经最新研究考证，并经周尔辉等同志的证实，周恩来的曾祖于清道光十九年（1839 年）迁居淮安，并在淮城驸马巷买房定居。对周家迁居淮安后的兴衰，笔者进行了初步的探讨。

　　淮安乃古之山阳，"地居淮东，海滨为近"（《〈山阳县志〉序》），是清朝设置的淮安府、漕运总督部院及山阳县三级政府之所在，明代姚广孝曾留有"襟吴带楚客多游，壮丽东南第一州"的咏淮绝句。境内平衍沃饶，无山而多水，后倚淮流。因为地处水乡泽国，土地肥沃，宜耕宜农，大运河贯通南北，便于漕粮北运，盐业兴旺、商业繁荣，所以，明清时期，淮安经济发展空前繁盛。

　　然而，短暂的繁华之后的是经济的寥落。清朝道光帝以后，淮安经济由昔日的辉煌逐渐走向没落。"国朝乾隆间，犹称蕃盛，后渐寥落"（《山阳县志》）。究其缘由，除殖民主义经济侵略促使封建经济解体这一根本原因外，还包括以下几个因素。第一，漕运业渐趋萧条，这是导致淮安经济衰落的主要原因；第二，盐业政府垄断，使得淮安经济发展陷于困难；第三，兵燹战乱，致使淮安经济发展趋于衰落；第四，频繁的自然灾害是影响淮安经济发展的一个不容忽视的原因。

　　周家就是在这种背景下迁居淮安的。道光十九年，周恩来的曾祖父周光勋与其弟周光焘合资买下了淮城驸马巷里的一所住宅后，周光勋 33 岁早逝，留下五子，仅靠做幕僚的二叔祖周光焘的微薄薪金支撑整个家庭，因此生活逐渐转为贫困。到了周恩来祖父这一辈时，兄弟五人中有四人均做了知县，尤其是周恩来的祖父周攀龙曾担任过海州（今连云港市）知州、桃源（今泗阳县）知县、江苏候补同知等职，周家出现了短暂的中兴。但由于周攀龙"为官清廉不善敛财"，因此在他这一辈，除固守父辈留下的房产和城外的半亩坟地外，并未增添任何田地房产。到了晚年，周攀龙"倦鸟思归"，花了多年的积蓄捐了个山阳知县，可未及上任就去世了，周家自此逐渐显露出衰落的端倪。周恩来的父辈有兄弟四人，除大伯父周贻庚赴东北谋生有较稳定的收入外，其余三人均未能守家立业。周恩来父亲周贻能曾赴绍兴拜鲁小和为师，学习师爷，但终因为人诚实，不善逢迎而未果，为求生计，只得颠沛流离。其余两个叔父，周贻奎因残疾行动不便而不能出外谋生，周贻淦患肺结核而早逝。因此，到了周恩来的父辈时，由于缺乏财源，只是坐吃祖辈留下的积业，周家家道急剧衰落。周恩来出生后，周家更是捉襟见肘，入不敷出。

周氏家族是伴随着淮安经济的衰落而逐步家道中落的，周家的衰微只是封建社会走向没落的一个缩影，是历史发展的必然。因此到了清末民初，无论是周家还是淮安，人们见到的"繁荣"只不过是一点点"落日余晖"罢了。

（原载《江苏地方志》2006 年第 6 期）

周恩来与红烧"狮子头"

薛　园

正宗淮扬菜中的"狮子头"是利用乡下农民新宰杀的生猪精肉、配料做成。由于狮子头的制作工艺分为红烧、清炖两种，于是又有了"红烧狮子头"、"清炖狮子头"之分。其中"红烧狮子头"口味又更好一些。世界上几乎所有华人居住地都有人会做狮子头，且越来越多。不过论起传统工艺和口味来，还是无法与淮安的红烧狮子头相媲美。而出生淮安的周恩来与家乡这道菜却有着不解之缘，至今仍被人们所传诵。

一、对淮安"红烧狮子头"，更是情有独钟

周恩来生活俭朴，但他却是世人皆知的美食家。因为他生于淮扬菜的发祥地淮安楚州城，因此对淮菜更是情有独钟。红烧狮子头便是周恩来特别爱吃的一道菜。周恩来生前厨师安振常曾对笔者说，建国初，总理特别忙，我们这些在总理身边做服务工作的人员都希望他老人家能吃得好些，睡得多些，以适应他那没日没夜高强度的工作。我一到西花厅上班，便问在总理身边做菜多年的老厨师王诗书、桂焕云他们，总理最喜欢吃的有哪几道菜？王师傅、桂师傅告诉我，总理最喜欢吃烩干丝、红烧百叶结、红烧狮子头等；其中，红烧狮子头又是他最爱吃的一道菜。这样我心中就有了数。

安师傅深情地回忆说，烩干丝、红烧百叶结等做起来比较简单，而红烧狮子头在选料、配料和制作上都有较高的要求。总理虽然喜欢吃，每星期也只准许做一次，最多两次。为了保证他的营养，我们便趁西花厅来客人时尽量找机会多做几次红烧狮子头。据当年西花厅的工作人员韩福裕、霍英华等人回忆，陈毅、贺龙等国家元老以及越南胡志明主席、柬埔寨西哈努克亲王等国际友人均在西花厅品尝过红烧狮子头。

1958 年"大跃进"之后，我们国家遇上了前所未有的困难，全国人民饥寒交加。周恩来等开国元勋们均表示一定要甘苦如民，与全国人民共渡难关。周总理坚持不吃肉、蛋、鱼类食品，红烧狮子头便再也上不了他的餐桌。直到 1965 年国民经济完全好转了，他才又允许为他做红烧狮子头。

二、山城宴客，亲自下厨

周恩来不仅喜欢吃红烧狮子头，而且还会自己动手做。那是因为他 10 岁时，两个母亲相继去世，他便跳起了"当家"的担子，而且能"佐理家务"，便包含着烧饭做菜。后来周恩来东渡日本，西旅欧洲，都是一个人独立生活。日本菜、法国餐，他都品尝学做。有人说："周总理不仅是美食家，而且还是一位做菜高手。"不过后来他因为工作太忙，要处理的国家大事太多，就很难有机会到伙房展示自己的厨艺了。现在，有史实记载的，他亲手做红烧狮子头的有两次：

第一次，1941 年 11 月下旬的某一天。由于年初蒋介石发动了震惊世界的皖南事变，掀起第二次反共高潮，在重庆的所有进步人士的心头都有着沉甸甸的压抑感。周恩来选中了当时陪都重庆的话剧作为突破口，让话剧演员先后排演了《天国春秋》和《棠棣之花》等剧目，使山城气氛终于活跃起来。周恩来十分高兴，便提出请当时在重庆的文艺界朋友们到周公馆玩玩，吃顿饭"犒劳"大家，并明确表示："只要不是坏人，一律欢迎去周公馆。"

　　周恩来请客的消息一传出，人们便奔走相告，不管是请到的，还是没请到的，当年在重庆得到消息的文艺界的同志们、朋友们，几乎不约而同地赶到了周公馆，整个楼底四间房子和一个小天井站得满满的。到场的有阳翰笙、陈白尘、郑君里、舒绣文、白杨、张瑞芳、秦怡等100多人。开饭时，周公馆的桌凳、碗筷都不够用，但所到的客人都不以为然，反而谈笑风生，相聚甚欢。

　　主人周恩来跟大家说了几句客气话之后，便系上围裙，亲自下厨，为客人们做他的拿手家乡菜——红烧狮子头。文艺界的朋友们一见这道色、味、形俱佳的菜肴，又是周恩来亲手做的，所有筷子一齐指向"狮子头"，很快便一扫而光。当时任中共中央南方局文化组组长、后来曾任统战部部长的徐冰，几十年后还回忆说："周恩来同志在重庆做的那道红烧狮子头的美味确实令朋友们回味了很久很久，有的人终生都不会忘掉。"

　　第二次，1952年7月9日。这天是周恩来六伯父、中央文史馆馆员周嵩尧先生的80寿诞。周恩来请来在京的周家亲属，为老人举行祝寿家宴。当时他的弟弟周恩寿和王士琴夫妇以及他们的侄儿、侄女辈们共10多人齐聚西花厅。周恩来、邓颖超带头举杯向六伯父敬酒。席间，周恩来也亲自下厨为六老爷子制作了红烧狮子头。由于他烧制的口味好，孩子们争先恐后地吃，而对于饱经沧桑80年的周嵩尧老人来说，他吃着时任国务院总理的侄儿亲手做的这道家乡菜，就更别有一番滋味在心头了。现任《数理天地》杂志社社长兼总编辑的周国镇是当年参加他太爷周嵩尧80大寿家宴的晚辈，半个世纪后他还清楚地回忆说："七爷爷（指周恩来）做的那道红烧狮子头真是好吃。几十年过去了，我再也未吃过那道那么鲜美的菜了。"

三、"那瓣'狮子头',要比金子还珍贵"

1961 年 4 月,第 26 界世界乒乓球锦标赛在北京举行,我国乒乓球代表队一举夺得男子团体和男女单打三项冠军。周恩来十分赞赏这些为国争光的青年英雄们。他和邓颖超决定在 4 月 21 日,请中国乒乓球队主要成员到西花厅家中作客。

那天,运动员们整整坐了两桌,邓颖超特意把两位男女单打世界冠军庄则栋和邱钟惠安排在周恩来的两边。同周恩来一起陪客的还有国务院副总理罗瑞卿和国家体委主任荣高棠等人。

席上,也就是四菜一汤。周恩来入席后,就说:"我今天不能向你们敬酒,就敬菜。这几个菜是我特意让厨师做的,是我们家乡的淮扬菜。尤其是这盘红烧狮子头最有代表性,也是我最爱吃的菜。"说着,他就把其中的一瓣夹到邱钟惠的碗里。多少年来,邱钟惠都没有忘掉周恩来夹给她吃的那瓣红烧狮子头。直到 1998 年 2 月 28 日,为纪念周恩来百年诞辰,随中央电视台"心连心"艺术团到淮安的邱钟惠还在周恩来纪念馆广场前,面对千万观众深情地回忆:"我觉得,那次总理夹给我的那瓣狮子头,要比金子还珍贵!"

(原载《觉悟》2007 年第 1 期)

第二部分　红色旅游

坚持用科学发展观指导爱国主义教育
基地又好又快发展

张　谨

　　科学发展观,是十七大引领中国新的发展的根本战略思想和指导方针,也是淮安周恩来纪念景区这个全国爱国主义教育示范基地实现又好又快发展的思想法宝和行动指南。我们落实十七大精神的最现实、最关键的行动就是要全面深入贯彻科学发展观,做强、做优、做精、做活爱国主义教育基地,实现红色旅游又好又快发展,努力把周恩来纪念地建设成为在全国周恩来纪念景区中领衔、在全省红色旅游景区中领先、在全市旅游行业中领跑的单位。

　　一、坚持发展主题,抢抓机遇,做强爱国主义教育基地

　　发展是科学发展观的第一要义,无疑也是周恩来纪念景区的核心主题。坚持这一主题,要求周恩来纪念景区增强忧患意识、机遇意识、创新意识,牢牢扭住发展这个核心,坚持聚精会神搞建设、一心一意谋发展,不仅要善于把握红色旅游发展的客观规律,用以指导红色旅游发展的实践,还要善于把握时代脉搏、紧跟时代步伐、寻找发展契机、抢抓发展机遇,做大做强爱国主义教育基地。

　　(一)红色旅游大发展的机遇。中共中央、国务院《关于进一步加强和改进未成年人思想道德建设的若干意见》,中办、国

办《2004—2010 年全国红色旅游发展规划纲要》的颁布，为做强
爱国主义教育基地提供了政策机遇。2005 年，纪念馆、故居都被
列入全国百家红色旅游经典景区。2006 年，纪念馆还被评为中国
红色旅游十大景区。在全国首届红色旅游讲解员比赛中，纪念馆
讲解员获得"全国十佳讲解员称号"。这些为加快红色旅游发展
奠定了坚实基础。

　　（二）周恩来诞辰 110 周年的机遇。2008 年 3 月 5 日是周恩
来诞辰 110 周年，为做强纪念景区提供了历史契机。纪念景区正
在实施六大纪念工程：周恩来生平业绩陈列馆工程、纪念馆东南
门主入口服务中心及停车场工程、西花苑碑园工程、纪念馆内部
环境整治及西门改造工程、周恩来故居外部环境整治工程、故居
本体维修及陈列改版工程。工程的有效实施将对景区的内涵丰
富、环境优化、品牌提升产生极大的推动作用。

　　（三）社会主义文化大发展大繁荣的机遇。十七报告首次把
文化建设作为增强国家软实力的重要任务提出，首次向全党和
全国人民发出了推动文化大发展大繁荣，兴起社会主义文化建
设新高潮的号召，为做强纪念景区提供了时代机遇。周恩来纪
念地在"建设社会主义核心价值体系、增强社会主义意识形态的
吸引力和凝聚力"方面，在"建设和谐文化、培育文明风尚"方
面大有可为、大有作为。目前，景区在文化建设方面做到了四
有：1. 有国家级的平台。淮安周恩来纪念景区 2004 年成为全国
百家红色旅游经典景区，其中周恩来纪念馆是国家唯一批准建设
的纪念周恩来总理的综合性场所、是全国爱国主义教育示范基
地、国家 AAAA 级旅游景区；周恩来故居是周恩来的诞生地，是
全国重点文物保护单位。2. 有形式多样的阵地。创办了《丰碑》
刊和《丰碑》报，编写了各类书籍，包括《周恩来践荣立德故事
选》、《周恩来纪念景区精品书画集》，还在中国红色旅游网开辟
了淮安周恩来纪念景区网站。3. 有规范严格的制度。景区建立了

"每月一讲、人手一份、一年一考"的学习制度。管理局成立了宣讲团，各个景点都制定了讲解员宣讲制度。4. 有丰富多彩的活动。每年的 1 月 8 日和 3 月 5 日，以及"七一"、"十一"等特殊的时间，纪念地总是通过一些富有文化特色的活动，展现景区魅力，并成为媒体关注的焦点。目前，纪念地管理局还向全国征集《淮安周恩来纪念景区之歌》，并将开展《从驸马巷到桃花垠》摄影比赛，用一流的乐章、一流的图片，挖掘景区文化，彰显经典魅力。

二、坚持以人为本，提升服务，做优纪念景区

以人为本是科学发展观的核心。周恩来纪念景区对内要以全体职工为本，对外以广大游客为本；把人才当作根本，把游客当作上帝；优化工作环境、优化服务质量，做优周恩来纪念景区。具体是在未来五年内周恩来纪念馆创建成国家 5A 级旅游景点，故居创建成国家 4A 级旅游景点，童年读书旧址创建成国家 3A 级旅游景点。

（一）创新服务理念。树立全新的服务理念，在景区上下确立和强化责任意识、奉献意识和精品意识。要引导干部职工充分认识所处特殊景区的特殊地位和影响，置身特殊岗位的特殊要求和标准，像维护自己生命一样维护景区的形象和声誉。要引导广大干部职工深刻理解和主动实践周恩来精神，立足本职、无私奉献，以事业为重、以游客为上，用真诚和踏实做好每一项工作，用爱心和热情对待每一次服务。要引导干部职工高起点定位、高标准要求，把争创一流的精神和精益求精的态度贯穿于纪念景区的市场开发、项目建设、日常管理、宣传推介和质量评估的全过程，贯穿于景区的各个单位、各个岗位的每个角落。

（二）提高服务水平。就是要在服务质量上狠下工夫，努力实现三个提升：景区环境由整洁化向优美化提升、景区安全由无

事故向无隐患提升、景区服务由零投诉向零距离提升。就是要为游客提供个性化、特色化和亲情化的服务。1. 特色化的服务内容。周恩来故居、童年读书旧址在宣传周恩来少年勤奋好学自立自强方面形成自己的鲜明特色；周恩来纪念馆在宣传周恩来勤政廉政方面发挥自身的优势。景区要成为进行成人宣誓、新党员宣誓、新兵入伍、党员教育活动及其他爱国主义教育活动的重要场所。2. 个性化的服务模式。要用针对性讲解、多样性宣传和互动性交流等方式开展服务，景区针对不同的观众，专门编写个性化讲解词，增强解说的针对性和感染力。要新建演出队，用文艺形式展现伟人风采，讴歌楷模精神；要成立宣讲团，主动走出景区，深入到学校、工厂、军营、农村宣讲，传播周恩来精神。要增设咨询台，扩充资料库，健全查询检索系统，制作音像光盘和电子版报刊，满足游客的需要。3. 亲情化的服务细节。充实公告栏内容，增设中英文对照标识，健全语音网络系统，增强游客中心服务功能，增配导游、医疗服务人员，整修盲道和残疾人无障碍通道，培养哑语、英语等语种讲解人员，为各类游客提供便捷周到、温馨的服务。

（三）改善服务条件。在六大纪念工程竣工后，纪念景区在环境、展览等方面还有待于提高，景区重点将抓好三项工程。一是展览改陈工程。主要是用全新的陈列技术布展周恩来生平业绩陈列馆，争取使其进入全国精品展行列；在西花苑内建设精品书法碑廊；改造周恩来故居和童年读书处基本陈列。二是整体保护工程。着重对国保单位——周恩来故居、省保单位——周恩来童年读书旧址进行保护，对房屋和文物进行维护和修复。三是环境优化工程。按照国家顶级旅游景区的标准和爱国主义教育基地的功能，聘请园林专家对纪念馆、故居和童年读书旧址的环境进行调整，突出内涵提升，侧重园林生态，兼顾休闲怡情，打造周恩来纪念地特色。

三、坚持全面协调，整体推进，做精纪念景区

全面协调可持续发展是科学发展观的基本要求。坚持全面协调可持续发展，要求我们按照红色旅游产业特点、规律，促进景区三个景点、两个环境、多元经营、双重效益之间协调发展，做精周恩来纪念景区。

（一）景点齐头并进。三个景点在各展所长、各显特色的同时，要缩短差距，扩大联动，同步发展提高。1. 要在知名度上缩短差距。今后，要对景点整体包装、整体推介。宣传推介上，三点合一；线路安排上，三点串联；优惠政策上，三点协调一致。2. 要在规模体量上缩小差距。纪念馆、故居作为已具有一定规模和知名度的景点，要把工作的着力点放在丰富内涵、提升品位上，两景点的年接待量争取突破 100 万。童年读书旧址要结合周边环境改造，搞好整体规划，包装好项目，加大投入，扩充体量，做足为中华之崛起而读书这篇文章，使景点的对外影响力和吸引力有明显增强。3. 要在人才资源上缩小差距。一方面积极争取政策支持、改变现状、转换机制、优化结构、引进高素质的管理、服务、研究人才，解决人才老化、人才不足的问题。另一方面实行人才互动、资源共享、做好景区内部的人才调剂和弱项帮扶工作。

（二）环境友好和谐。景区本体环境与景区周边环境构成了景区的整体形象，周恩来纪念景区的整体形象展现了淮安全国历史文化名城的整体风貌。2005 年，国务院《关于加强文化遗产保护的通知》指出不少历史文化名城"整体风貌遭到破坏"。2007年 7 月，国务院法制办公布《历史文化名城名镇名村保护条例（草案）（征求意见稿)》进一步提出了"历史文化名城、名镇、名村应当坚持整体保护的原则，保持传统的街道肌理和空间尺度"。"整体保护原则"的提出标志着我国文化遗产的保护工作将

进入整体性、全面性保护利用的新阶段——由个体扩大到对其周边地区、周边环境的整体保护与利用上。"整体保护的原则"的落脚点，不是景点本体环境，而是景点的外部环境尤其是周边环境。周恩来纪念景区周边环境的保护与景区本体环境的保护同等重要：对于周恩来故居这个全国重点文物保护单位，驸马巷是故居生命之树的土壤，正是拥有了驸马巷及周边的青砖灰瓦，周恩来故居这棵文保大树才没有湮没在水泥混凝土的森林中。对于周恩来纪念馆这个国家4A级景区，桃花垠是纪念馆生命之花的绿叶，正是拥有了桃花垠及周边的湖光水色、绿柳红花，周恩来纪念馆这朵红色旅游之花才没有凋谢在城市化进程的灰尘与喧嚣中。

（三）经营整体拉动。景区不仅要做好游客接待，更要做强旅游产业；不仅要做透理论研究，更要做好市场开发；不仅要管理，更要经营。1. 经营项目以主带副，实现门票单一型向产业复合型转变。与全国其他重要景点一样，周恩来纪念景区的最重要的收入来源是门票。景区在立足门票收入基础的同时，抓住主业不动摇，还要健全产业要素、拉长产业链条、丰富产业结构，不断壮大旅游产业，将资源优势转化为产业优势、品牌优势、市场优势。周恩来纪念景区要充分发挥旅游产业的引擎功能，发展或带动相关的交通、餐饮、住宿、娱乐、购物、房地产产业，实现旅游产业各要素整体发展、全面推进，促进周恩来家乡经济的发展。2. 经营主体创新多元，实现一元化经营向多元化经营转变。目前，纪念景区的经营主体是各景点自身，经营主体单一。在景区的经营者，不仅仅是景区管理机构，还可以是个体经营者、合伙人、企业或者公司；不仅仅是景区的所有者，还可以是工程投资者、旅游中介组织、纪念品生产制造商、协作共建单位、餐饮娱乐运输等服务企业。3. 经营方式灵活多样，实现机关经营向市场经营转变。事业机关经营景区有利于加强政府对景区的管理与控制，但也必然存在经营方式落后、经营成本高、经营效益低的通病。市场经营就是要让经营者自主经营、自我发展、自负盈亏。可以按照所有权和经营权分离的原则，实行承包制或者租赁制；还可以实行股份制，就是利用股份公司的形式筹集社会资金包括景区内部职工的资金来经营景区。要通过政府主管部门，依法改制现有的景区旅游服务公司，解决历史遗留问题；通过股份制，吸收职工资金参股，让职工的利益与景区的效益紧密结合；通过包装项目，招商引资，本着谁投资、谁收益的原则，吸引社会资本进入景区。

（四）效益共生双赢。周恩来纪念地努力实现社会效益与经济效益的双赢：以传承恩来精神为宗旨，以社会效益为中心；以打造经典品牌为目标，以经济效益为基础。红色旅游首先是红色，然后才是旅游。红色是周恩来纪念景区的特色和特点，也是周恩来纪念景区的历史优势和资源优势。发展红色旅游，以红色为根、以旅游为本，以红色为精神、以旅游为产业，实现红色与旅游的有机结合，让红色更红、让旅游更旺。作为全国爱国主义教育示范基地、全国百家红色旅游经典景区，尤其要将社会效益放在首位，特别在未成年人思想道德建设方面，充分发挥历史资源优势和教育规模优势，做到围绕一个中心，立足双引，实行三免。围绕"一个中心"，这个中心，就是社会效益。立足"双引"，将课堂引进教育基地，将教育基地引进课堂。实行"三免"，免费开放、免费讲解、免费查阅资料。将景区建设成为全国青少年陶冶情操的社会课堂和全国人民放飞心灵的精神家园。

四、坚持统筹兼顾，内外联动，做活纪念景区

毛泽东同志在1956年发表的《论十大关系》中说："我们的方针就是统筹兼顾，各得其所。"统筹兼顾也是科学发展观的根本方法。周恩来纪念景区坚持统筹兼顾，就是统筹和兼顾景区与

各类协作单位关系和利益，活化各种要素、活跃各种资源，搞活各方关系、激活各方热情，做活周恩来纪念景区。

（一）建立区域联动机制。淮安是全国历史文化名城，历史名人游是淮安的特色和优势，但是历史名人游有一个共同的不足之处，就是景点体量小，游客参与性弱，旅游线路短，游客逗留时间更短。长期以来，淮安景点之间缺乏合作，各个景点如同缺少串线的珍珠，不能成型，难以形成气候，扩大影响，树立品牌。景点之间只有横向联合，才能实现纵向发展。作为淮安旅游业的龙头，周恩来纪念地有责任、有能力建立区域联动机制，引领淮安的各个景点实现市场共建、利益共赢，既方便游客，扩大自身影响，又带动淮安其他景点的发展，做响做靓淮安中国优秀旅游城市的形象。在 2006 年十·一期间，管理局成功推出 2 + 1 红色旅游。"2"是指周恩来纪念地管理局下辖的周恩来纪念馆、周恩来故居；"1"是指吴承恩故居。淮安这三家主要景点实现了"一票通"、"一车通"。周恩来纪念景区还要积极探索与钵池山公园、铁山寺等地方景点合作之路。

（二）加入红色旅游版块。淮安周恩来纪念地作为全国最大周恩来纪念场所，还应与全国各地红色旅游景区学习交流，推动全国红色旅游的发展。2005 年 10 月，周恩来纪念地管理局和楚州区人民政府、《中华儿女》杂志社联合举办了"共和国领袖诞生地红色旅游合作与发展论坛"，来自毛泽东故乡韶山、刘少奇故乡宁乡、朱德故乡仪陇、邓小平故乡广安四处红色旅游经典景区的代表们和周恩来故乡红色旅游经典景区的代表在淮安共同探讨红色旅游的发展之路。2007 年 6 月，中国红色旅游网和周恩来纪念地管理局联合制作了淮安周恩来纪念景区网站，网址为"http：//zel.crt.com.cn"。纪念地管理局每月一期的《丰碑》报拿出专版宣传介绍全国各地的兄弟单位，管理局近期还将出版《永恒的足迹》一书，汇编全国 41 家的周恩来纪念景区

（点）。在周恩来诞辰 110 周年之际，周恩来纪念地管理局还积极准备举办首届全国周恩来纪念景区交流协作会议。

（三）形成行业协作链条。一流的资源还要一流的服务和一流的推介，一流的推介需要景区与旅行社、与媒体的大力协作。1. 景区与旅行社是兄弟关系。景区与旅行社有着共同的上帝，就是游客。景区和旅行社联手共同为游客打造红色之旅、诚信之旅和优质服务之旅。周恩来纪念景区是淮安旅游的核心产品，但酒香也怕巷子深，要积极主动与旅行社合作，兼顾旅行社的利益，激励旅行社全力推介纪念景区，帮助景区同市场接轨、与游客牵手，在景区和全国游客之间架起最宽广的桥梁、结起最方便的纽带。今年 3 月，周恩来纪念地管理局邀请淮安地区的近 30 家旅行社来到纪念馆，并将 10 万元人民币奖给了 8 家旅行社。景区重奖旅行社，在淮安还是第一次。管理局还向旅行社推出了"2＋1"景点参观优惠套餐。管理局还公布了地接旅行社组团优惠办法和景区导游员讲解规定。2. 景区与新闻媒体是鱼水关系。新闻媒体决不能忽视周恩来纪念景区这个典型的地方，周恩来纪念景区也决不能忽视新闻媒体的放大传播效应。景区作为淮安的窗口单位，是新闻媒体关注的重点，尤其是在特殊的节庆日，更是新闻媒体关注的焦点。景区要扩大知名度和美誉度，离不开地方乃至全国新闻媒体的宣传。随着 2008 年 3 月 5 日周恩来诞辰 110 周年的日益临近，周恩来纪念景区也逐渐成为新闻媒体关注的热点。在平时，景区要为主动为新闻媒体提供报道素材、主动与新闻媒体策划重大活动的宣传报道、为新闻媒体提供必要的方便和支持。在周恩来诞辰 110 周年前夕，周恩来纪念景区将组织一次全国媒体看景区的活动。在周恩来诞辰 110 周年期间，周恩来纪念景区将在《中国旅游报》、《中国文物报》、《中国文化报》、《新华日报》等媒体开辟专版进行形象宣传或主题宣传。在景区各项工程竣工后，周恩来纪念景区将与电视媒体将联合拍摄《从驸马巷到桃花垠》电视风光片，并制作光盘发行。

（四）拓展共建互动网络。目前，在景区挂牌的共建单位一共有 24 家，包括省级机关 6 家、高校 12 家、企业 3 家。景区全力支持共建单位的精神文明建设，免费提供活动场地，免费讲解，免费散发必要的宣传材料，还选派周恩来研究专家或优秀讲解员到共建单位开展讲座、报告会，或设立有关图片展。今年 3 月，江苏井神盐业有限公司与周恩来纪念地管理局建立协作互助关系。企业与景区共建、经济与精神共舞，为企业的德育教育提供了无与伦比的平台，为教育基地的功能的发挥提供了更深入的渠道。周恩来纪念景区争取每年召开一次景区共建单位座谈会，每年吸收一家大型企业或重点高校在景区设立教育基地，每年与每家共建单位开展一次活动。

（原载《中国红色旅游发展报告 2007》，中国旅游出版社，2008 年）

对红色旅游景区转变发展方式的思考

张　谨

随着国家《2004—2010 年全国红色旅游发展规划纲要》的制定实施，以及扶持红色旅游发展的各项政策措施的出台落实，红色旅游发展出现了前所未有的可喜局面。各地充分挖掘和利用红色资源，在红色景点的规划、建设、改造、包装等方面舍得大投入，形成了一批有看点、有亮点、有水准的经典景区，产生了良好的社会效益和经济效益。然而，不可否认的是，一些红色旅游景区的快速发展过程中，也存在一些"粗放经营"之处。现在，全国上下都在强调转变经济发展方式，笔者认为红色景区也只有真正转变发展方式，才能走上科学发展之路。

一、规划制订要重理性，由长官意志向专家主导转变

规划是发展的蓝图，是实现科学发展的基础和根本。在红色景区规划的制订过程中，切不可使专家仅仅成为行政领导的传声筒。目前在制订规划上有这样一种倾向，谁给钱谁说了算，不按东家意思就过不了关，这似乎成了行业潜规则。另外有的地方制订规划看起来起点很高，其实原本就没打算实施，只是为了对上邀功，向上要钱。要让规划设计具有科学性、可行性，对红色景区今后的发展具有指导作用，必须坚持专家主导的原则。要尊重城市园林专家的意见，运用现代设计理念整合区域各种旅游资源，使景区景观得到合理平衡，主体得到强化凸现，环境得到提

升优化。要吸纳文史专家的意见，提炼历史性与现实性相融合的文化精髓。在红色景点大都免费开放的情况下，红色旅游仍应遵循市场规律，合理配置旅游要素，解决红色景点普遍存在的开放性不够、生动性不足和服务功能不配套的问题。

二、环境建设要重品位，由盲目扩张向协调优化转变

红色景点的环境建设应力求保护历史风貌，维护自然生态，使环境与主体协调、历史价值与现实功能匹配，不可搞大拆大建，因为这一方面伤害周边群众利益，另一方面外围环境的过度膨胀，淡化了红色景点的主体，造成了资源的严重浪费。红色景区环境建设必须坚持适度、协调、和谐的原则，合体包装，注重品位。范围以保证主体安全、满足配套设施建设为度。对周边建筑和生态进行规范性改造，使之与整体风格相适应，避免过度动迁、大量占用良田林地，真正让民心工程顺民心、合民意。

三、景观升级要重内涵，由追求高档向自然配套转变

红色景点都与红色事件、革命历史和杰出人物有关，由遗址、遗迹、遗存和纪念性场馆构成。因此它要求这类景点应具有历史的真实感、沧桑感和厚重感，置身其中人们应有回归历史、感悟文明、升华精神的体验效果。然而，一些红色景点对历史遗迹进行了颠覆性改造，大量的仿品、赝品应运而生，甚至重复投资、随意造景。红色景点的升级改造应遵循文物保护的法则。遗址、遗迹的升级改造要坚持修旧如旧的原则，体量、造型、色彩都要依据历史当时的规制和时代特征，拒绝生造古董、戏说历史。其次要突出做好体验性项目，预留空间，使游览既有感染力又有趣味性。纪念场馆建设要注重标志性和功能性，红色符号视觉冲击力要强、寓意要深刻，场馆内部空间要符合陈展、接待的相应功能要求，紧凑而实用。要健全停车场、游客中心、纪念品

销售部等旅游配套设施，完善服务功能。

四、陈列展览要重特色，由大制作向精制作转变

陈列展览是红色景点的重头戏，是传播经典文化和红色精神的基本手段，也是衡量景点水准的重要方面。首先不能片面追求大制作，不论景点规模大小不切实际地定位全国一流。实践证明，运行费用高、维护难度大，已使有些展示项目经常处于"休眠"状态。由大制作向精制作转变，要重高雅不求高档。坚持平实大气的基本风格，在确保坚固安全的前提下，多使用国产设备和材料，以丰富而独有的史料烘托核心主题，以新颖独特的创意展现精彩片段。其次要运用成熟的科技成果，必须考虑长期运行、正常开放的稳定性，不要让高科技设备陷入科技含量高、瘫痪时间长、使用寿命低的尴尬局面。最后要体现节能环保的理念。在陈列展览过程中，既要坚持低成本投入的原则，又要走绿色环保之路，走可持续发展之路，尽可能多地采用新型环保材料和节能设备，最大限度地节约运行维护成本。

五、宣传推介要重实效，由热衷"爆炒"向高频广角转变

目前，全国许多红色景点的宣传推介工作做得卓有成效，形成了为数不少的知名品牌，产生了一定的社会影响和市场效益，促进了精神文明建设和红色旅游的持续升温。一些红色景点为了宣传造势，不惜用巨资邀众多走红明星、显赫官员齐聚捧场，利用大媒体、大版面搞大炒作，以不计成本的折腾换取眼花缭乱的一时热闹。笔者认为，红色景点的宣传推介要体现传统优良精神，不图高分贝但求高效益，不唯大是举，立足景区、面向大众、向深度辐射。宣传推介工作要经常化、常态化，根据时事需要和对象特点选定内容，确立主题，同时将宣传教育与市场推介

有机结合、相互渗透，以宣传教育的社会影响拉动红色旅游市场，以市场推介的客源效果扩大宣传教育的覆盖面。宣传推介方式要以景区为载体，以电视、报刊、网络等多种媒体为依托，运用巡回演讲、流动展览、专家论坛、新闻发布以及文化节庆等多种形式凸现亮点。宣传推介范围的重点要集中在周边半天车程的旅游圈内，集中在对红色景点有参观游览欲望的群体中，当然，也要重视与其他景点加强联谊及与旅行社协作，形成合力，促进当地旅游业的整体快速发展。

（原载《中国旅游报》2010 年 8 月 2 日）

营造绿色人文环境　创建红色经典景区

陈　明

据统计，近年来，每年的国际旅游大约要接待 6 亿旅游者，去年国内旅游者超 1 亿，其中红色景区旅游者占 30％。据推算今后每年将以 20％ 递增，红色旅游在急剧升温。

周恩来纪念馆地处苏北腹地，以突出的政治地位、丰富的人文内涵和独特风格的纪念性建筑成为苏北旅游的热点。开馆 13 年已接待游客 1000 万人次，今年被国家旅游局等部门列入全国百个红色经典景区重点支持发展。政策的推动和红色旅游热的升温给纪念馆带来了前所未有的发展机遇。如何抓住这个机遇，策应这一挑战，促进革命纪念馆事业的发展是摆在纪念馆管理者面前现实和重要的问题。

我们曾对纪念馆游客兴趣作过调查，结果显示有五成多的游客认为革命纪念馆建筑环境最具吸引力，其次有二成半的游客认为是陈列展览，近二成的游客认为纪念馆服务质量和自身宣传也很重要。由此可见，处在旅游热中的革命纪念馆，或者作为景点的纪念馆要吸引游客就必须在馆区环境建设、陈列展览、服务质量和宣传上下工夫。因此我们把景区建设的总目标确定为营造绿色环境，提供优质服务，创建全国红色经典景区。

一、环境园林化

邓颖超同志生前提出，要把周恩来纪念馆建成一处可以让人们休闲、游玩的公园。如今经过十多年的建设，纪念馆园林化水平不断提高。周恩来纪念馆占地 35 万平方米，70% 为水面，人工纪念岛三面环水，在南北长 800 米的中轴线上依次建有瞻台、伟亭、纪念馆主馆、附馆、周恩来铜像广场和仿中南海西花厅等建筑，建筑面积 1.5 万平方米。总体设计风格古今珠联、中西璧合，气势雄伟、视野开阔，很好地体现了一代伟人周恩来的人格魅力。

把纪念馆建设成一个环境优美的园林是吸引游客的首要工作。首先是搞好纪念馆馆区和环境建设的规划。规划包括总体规划、控制详细规划和修建性详细规划，还包括馆内纪念性建筑的建设和保护以及外围环境建设和保护，通过绿地种植、广阔水景和纪念性建筑以及园林小品建筑，营造纪念园林特色。同时，要确定周边控制和保护范围，用法律手段依法保护纪念馆的环境，有效地协调和控制周边新建建筑规模和风格，形成景区和谐的整体效果。其次，环境建设和管理要并重，不能重建设轻管理，要形成长效管理机制。绿化要统一规划、长期规划，地面、水体、建筑物实行立体化。植物造景还需注重季相变化，创造条件自建花房，自己培植多种花草，在不同季节装点馆区。三是要不断增添新景点。纪念馆近年新建的"岚山诗碑"、"海棠林"、"西厅观鱼"等新景点增加了游览内容，吸引了游客。

目前纪念馆已邀请中国国际工程咨询公司进行了景区建设可行性研究，东南大学编制了总体规划。总之，努力构建多层次、多元化、多功能的环境景观，形成集纪念、瞻仰、游览于一体的革命纪念馆红色与绿色和谐的景观特色。

二、陈列艺术化

周恩来纪念馆目前基本陈列有两部分。一部分为周恩来生平展，在主馆一层，用 198 幅图片和 48 件实物及 5 台电视录像展现周恩来的一生，展线长71米，面积350平方米。另一部分为周恩来遗物展，在仿中南海西花厅，为上下两层，上层用实物按原样陈列展现了周恩来在西花厅工作和生活了26年的场景。专题展览共展出遗物700余件，展览面积4000平方米。可以说展览内容是丰富的。但陈列形式陈旧，尤其是主馆生平展版面平面呆板、粗糙简陋。

目前，由东南大学齐康教授设计的展馆扩建方案已经完成。新陈列设计将采用多种陈列艺术语言表现和反映"人民的好总理"的主题。并体现高科技和艺术性的结合，采用声光电、多媒体等现代艺术表现手法设计。生平展每个部分都有集中体现时代特征的语言符号，用灯光与色彩、动与静的结合将图片和实物展品的展览环境艺术化，辅以石雕、木雕、绘画、发绣、模型、场景等艺术手法，再现周恩来的人生片段。新陈列展览将充分表现陈列主题，具有强烈的艺术感染力，让游客参观纪念馆时经历一次艺术的享受和美的体验。

三、服务标准化

作为旅游景点的纪念馆，为游客提供服务是本职也是创造社会效益和经济效益的手段。做好服务标准化工作，一是要培养全体员工的服务意识，教育员工以主人翁的姿态对待每项服务工作。纪念馆每位员工都代表纪念馆的形象，因而其言行都必须与革命纪念馆的政治地位相适应，要以优良的服务使每位游客在纪念馆参观愉快安全顺畅。

二是要制定综合服务标准、服务质量管理规范和岗位作业规范。建立健全各个岗位的工作标准和服务标准，包括服务岗位责任制、服务承诺制、服务质量监督制和服务考核奖惩制。纪念馆2005年8月通过了ISO9001和ISO14001质量和环境管理体系认证，现已贯彻运行。

　　三是要为搞好标准化服务提供良好的用人机制，实行全员聘任制。干部竞争上岗，拉开分配差距，真正实行多劳多得，奖勤罚懒，以此调动员工的工作积极性，增加危机感和紧迫感。

　　四是要开办多种高标准高质量的服务项目。服务项目从旅游角度讲，就是"吃、住、行、购、游、娱"六要素。吃：淮安是全国四大菜系之一的淮扬菜系的发源地，周总理非常喜欢家乡菜，自己还会做几道家乡菜，其中的文化内涵可以挖掘。住：纪念馆现有桃源饭店，能接待 160 多位旅客，但由于档次偏低，不能适应现在市场的需。我们设想建成一座规模有 100 床位标准客房的饭店，利用靠近纪念馆景区、又靠近交通便捷的京沪高速公路入口的优势，抢占市场。行：目前随着开私家车远游的游客的增多，馆区停车场的容量明显不足，要适度扩大现有停车场的容量。购：纪念馆可以为旅游者提供当地的土特产和上千种纪念馆开发的旅游纪念品。旅游纪念品的开发要注重艺术价值、纪念价值和实用价值的结合，要有纪念馆的特点。游、娱：除美丽的园林、艺术的展览是旅游者参观游览内容外，纪念馆还可以开辟些与纪念馆氛围相协调的娱乐项目，如湖中划船、垂钓等。

四、宣传多样化

　　周恩来的人格魅力、周恩来在国内、国际知名度就是周恩来纪念馆的优势，纪念馆应成为苏北红色旅游景点的名牌。要实现这一目标，需要多样化的宣传。一是通过媒体宣传，如报刊、电台、电视等媒体。近年来，纪念馆每年在报刊发表文章 300 多篇，开办报刊、电视专栏十多个，与中央电视台联合摄制风光片在中央电视台和周边几十家电视台播放，起到明显的宣传效果。

　　二是举办游客参与的活动进行宣传。如举办文学笔会、风光写生、采风活动，举办摄影、征文、演讲比赛活动等。三是出版宣传品宣传。撰写出版有关纪念馆的专著，制作一系列宣传品。

纪念馆宣传品实现了四个"一"。即一张宣传画、一张 VCD 光盘、一份的简介、一套明信片。另外，旅游纪念品也要兼顾宣传功能，纪念品上印制纪念馆的商标以增加宣传效果。四是网络宣传。2001 年，纪念馆独自管理服务器的网站建成开通。网站收入图片 200 多幅和大量的影视资料，10 多万字共 100 多个网页。提供了学习研究周恩来的信息平台，也为游客提供了大量的导览信息，现在每年有数万的访问量。五是利用旅游企业宣传。旅行社、酒店等旅游企业以及旅游品生产企业与纪念馆有着共同的利益，纪念馆要与他们建立积极的互利互惠的业务关系，利用旅游企业的优势开展宣传。纪念馆已纳入全国十多条红色旅游线，与 500 多家旅行社建立了合作联系。

　　总之，作为一个红色旅游景区的革命纪念馆，在面临旅游急剧升温的形势，应该因地制宜地在环境园林化、陈列艺术化、服务标准化、宣传多样化方面做出策应，以吸引游客，留住游客，游客增加了，经济效益提高了才有能力支持爱国主义教育事业的发展，革命纪念馆的社会效益才能得到进一步的发挥。

　　（在红色旅游合作与发展论坛上交流，2005 年 10 月）

浅议开发楚州"驸马巷—上坂街历史街区"

孙洪斌

市委、市政府提出把淮安建成"苏北重要中心城市",并相应进行"五大建设",其中之一是"开发大旅游"。"大旅游"的部分内涵是"年旅游总收入"、"旅游增加值"、"游客人次"等一系列的指标或数字要达到一定的规模和体量。那么我市的旅游要达到一定的规模和体量,必须有一定数量和质量的景点、景区来支撑。从目前情况来看,尚有一定的差距,因此,如何做大、做强景点景区,是摆在我们面前的任务。下面我就如何做大、做强楚州"驸马巷—上坂街历史街区"谈谈个人之浅见。

一、"驸马巷—上坂街历史街区"的现状和价值

旅游景点(景区)建设和工业上项目一样,其"产品"必须被大众所接受,才能有良好的市场。"驸马巷—上坂街历史街区"这个"旅游产品"能否着力和深度开发,待我们了解其现状和价值后再作判断。

(一)现状。"驸马巷—上坂街历史街区"地处楚州城市中心地带,东至漕运广场、西至西长街、南至镇淮楼西路、北至西门大街,占地面积约 15 万平方米。街区内基本上都是老房子,建筑质量尚好,明清风貌犹存。街区内有巷道 6 条,南北巷、东西巷各 3 条,其中上坂街和驸马巷南段为商业街,其余巷道两侧也有不少店铺。街区内除周恩来故居和几个文化、文物景点及两所

小学外，大多为市民住房。明朝嘉靖年间修建的"文渠"，南北走向从街区中间穿过。

（二）价值。淮安是全国历史文化名城，楚州区是历史文化名城的核心区。从我市范围来看，像模像样的"历史街区"也仅此一处了，并且该街区面积较大、保存较好、文化底蕴较深，可看的文物景点较多。特别是周恩来故居，既是全国重点文物保护单位，又是全国爱国主义教育示范基地。"物以稀为贵"，从长远来看，"驸马巷—上坂街历史街区"其教育、文化、文物、建筑等价值是非常巨大的。

二、做大做强"驸马巷—上坂街历史街区"的有利条件

"驸马巷—上坂街历史街区"虽然地处楚州城市中心，但基本上保存较好，加上经过多年的保护和努力，形成了诸多进一步发展的有利条件，同时也积累了不少经验教训，为街区发展打下了良好的基础。

（一）形成了一套完整科学的高水平发展规划。近年来，市、区政府和有关单位及有关专家学者都认识到"驸马巷—上坂街历史街区"的价值所在。在很多大的规划上，比如《淮安市城市总体规划》、《淮安市历史文化名城保护规划》、《淮安市旅游业发展总体规划》、《淮安市楚州区控制性详细规划》、《周恩来故居总体保护规划》、《周恩来故居景区旅游总体规划》等，都有专章专节对街区的保护和功能定位有详细地阐述。同时，还有几个专门对该街区的规划，主要有《淮安市驸马巷—上坂街历史街区保护与整治详细规划》、《淮安市驸马巷历史街区整治设计方案》等。上述"规划"和"方案"特别是后面两个专门的规划，对"街区"的保护、功能定位、旅游资源开发及相关的建设项目做出了科学的规划，明确了"街区"的发展方向、发展思路、建设要求及远景目标，为"街区"成为内涵丰富、环境优美、服务设施完善、

品牌形象鲜明提供了权威性的指导文本。

（二）构建了初步的景区框架。多年来特别是近年来，随着市区领导的重视和投入的增加，"街区"的保护力度进一步加大，建设的步伐明显加快。特别是地处"街区"内的全国重点文物保护单位、全国爱国主义教育示范基地周恩来故居，在 2008 年建成了国家 4A 级旅游景区。2008 年，为迎接周恩来同志诞辰 110 周年，在各级领导和有关部门的大力支持下，投入近 7000 万元，新建了 7100 平方米的生态地面及地下停车场，解决了长期以来游客瞻仰故居停车难的问题。此外，对驸马巷南段、局巷南侧的民居进行了翻修，成立了游客咨询服务中心，恢复了故居正门前的照壁和周恩来少年经常划船外出的文渠小码头，全面改造故居保护范围内的主要通道、步行道和公厕，其中驸马巷南段和局巷恢复成石板路面。新增游客休憩点 4 处、IC 卡电话 2 部，修建了纪念亭。更新了景区全景图、导览图和景物、展品说明牌以及旅游标识。故居内部重新设计陈列原有的展览。完善了消防、供电和供排水设施。

这些设施的建设，使"街区"的西南片成为基础设施相对完善，旅游服务功能相对配套的小景区。此外，一个景区的建设，还要考虑"区位"和"人气"等问题。"街区"地处城市中心，商业发达，人气较旺，加上每年来故居瞻仰的观众至去年底已近 40 万人次，因此，这也是"街区"能做大做强的两个优良的因素。

（三）"街区"内具有丰富的文化、旅游资源。一是周恩来故居的本体。整个建筑青砖灰瓦、古朴典雅，有三进院落，是典型的苏北民居的建筑风格。门匾由邓小平同志题写。二是邓颖超纪念园。2004 年在故居北侧建成并开放"邓颖超纪念园"，匾牌由原全国政协主席李瑞环同志题写。三是文渠。明嘉靖年间修挖的文渠西引运河之水，分东南北三支流经全城，其中一支蜿蜒流过周恩来故居门前，周总理小时候经常在文渠划船并到河下古镇等地游玩。

四是文化底蕴深厚的古巷、景点。除驸马巷外，其他古巷主要是龙窝巷、多子巷、小人堂巷、上坂街等明清风貌的古街古巷，其中龙窝巷、多子巷有着美丽的民间传说。"街区"内有几个市级文保单位，即文渠、上坂街、楚元王庙、王遂良宅等，其中王遂良宅建筑体量较大，品位较高。此外，"街区"周边拥有众多的文物古迹，主要有国家级文保单位淮安府署、省级文保单位镇淮楼、漕运总督公署遗址、刘鹗故居、关天培祠、文通塔等，市级文保单位有汉朝大将韩信受胯下之辱的"胯下桥"以及韩侯祠等。可以说"街区"内及周边的文化积淀和历史遗存是楚州千年历史文化的缩影，是运河文化的重要章节，是"文楚州"的精华所在。

三、分步实施，将历史街区打造成能游览半天的旅游
　　景区

目前楚州的景点，除周恩来纪念馆外，由于规模小、内容少，看点不多，游客常常走马观花，留不住人。旅游收入的提升主要是让客人要留下来，从而在旅游"六要素"（吃、住、行、游、购、娱）上消费，因此楚州旅游当务之急是景点变景区，半日游变一日游或一日以上游。历史街区如何变成半日游，需要科学谋划，悉心打造。

（一）"街区"发展战略。总体来说，景区要按照《淮安驸马巷—上坂街历史街区保护与整治详细规划》、《周恩来故居总体保护规划》、淮安、楚州《旅游业发展总体规划》、《驸马巷历史街区整治设计方案》等规划文本的要求，一是通过对景区道路交通及环境进行整治，完善旅游配套设施；二是周恩来故居在陈列和展览上再做一些文章，充分发挥并放大故居的教育效应，更加有效地展现周恩来精神；三是加强"街区"内旅游资源整合，建

设具有地方特色的旅游产品，增强旅游吸引力，进一步体现淮安及楚州的人文历史；四是丰富服务内容，提高服务质量，延伸旅游经济链，努力增加游客逗留时间，提高人均消费水平，同时为游客提供周到、优质的旅游服务。

（二）"街区"发展布局。要使游客在"街区"内游览半天，必须有看点、有看头。就目前"街区"的游览内容来看，周恩来故居加上故居东侧的漕运总督遗址、中国漕运博物馆以及上坂街古街和购物，上述景点全程大约1个半小时左右，那么还有1个半小时看什么，这必须规划和兴建新的参观景点。根据现有"街区"旅游资源来看，我个人认为，需要完善和打造以下几个小景区。

1. 故居核心区。首先对故居本体内部陈列和展览需要进一步的充实和完善，增加周恩来的家世部分和小时候在此生活的内容和场景，以增加对游客的吸引力。二是拟在故居南侧开辟"三个故事"展览，即"少年周恩来学习的故事"、"清正廉洁的故事"、"与故乡的故事"展览，免费向全社会开放。三是建设影视厅和阅览室，让游客观看有关周恩来的影视片和书籍、资料。四是在故居东侧的文渠小码头，设立小游船，条件成熟后，让游客像周总理小时候那样，划船到萧湖、河下古镇游玩。

2. 故里文化区。主要在故居的东面。除已建成的景点漕运总督遗址公园、中国漕运博物馆、上坂街之外，拟开发楚元王庙和王遂良宅院等。楚元王庙现为市级文保单位，位于上坂街西南侧，是西汉楚元王刘交（汉高祖少弟）纪念建筑，始建于南宋建炎年间，是淮安历史上108座寺庙之一。王遂良宅院，位于龙窝巷北面，建于清代中期，占地面积约3000平方米，其主要建筑有带回马廊的楼房一幢，青砖小瓦厅房、穿堂、堂屋等，围墙较高，其建筑集皖南徽派建筑风格与苏北民居建筑风格于一体。王宅后又是徽商商会会址。目前其古建筑院落保存较好，品位较高，可以展示楚州历史上商贾云集、商会林立的内容和场景，也可以兼做楚州的"民俗博物馆"。三是恢复"驸马祠"。总理故居所在地原叫"望仙巷"，后来之所以叫驸马巷，是因为明太祖朱元璋的侄女婿黄琛当年被封为驸马都尉，任淮安卫指挥使。他在淮安3年，一直住在望仙巷北首，死后明惠帝在望仙巷亲赐一块地，为他建了一座驸马祠，巷子也改名叫"驸马巷"。驸马祠于民国初期毁于战火。街区内现有和拟建的几处文化景点，可以和附近的"淮安府署"、漕运总督遗址公园、"中国漕运博物馆"、"镇淮楼"、"关天培祠"、"韩侯祠""刘鹗故居"等组合成楚州历史文化游。当然，上述的几个如"关天培祠"、"韩侯祠"、"胯下桥"等历史文化景点，也有待于进一步的包装和开发。

3. 商业服务区。目前，除上坂街和驸马巷南半段已进行了整治和修缮，其他街巷两侧的房屋比较陈旧，而且建筑的档次不高。应该运用砖木、雕花榫铆把它们修复如旧，恢复明清时期建筑风貌。这些沿街门面，其主要功能是商业，为游客提供购物、餐饮、娱乐、休闲的场所，条件较好的老宅子或庭院，还可以开"客栈"即旅馆。目前，重点要打造驸马巷北段、上坂街、龙窝巷这三条商业街。驸马巷北段的改造，可以参照南段改造的模式，即政府统一规划，适当给予补贴的办法。北段可以做成"淮安、楚州土特产一条街"。上坂街现是小商品市场，人气很旺，已成气候，但也要逐步提升档次，体现特色。龙窝巷可以定位于"古玩一条街"。目前，楚州城内有大小古玩商店30多家，由于比较分散，不成气候，如果将它们集中经营，一是能形成气候，二是能充分体现古城的文化积淀。此外，街区内一些老宅子，面积很大，有几进院落，庭院深深，这些庭院宜做成"茶社"或土特产加工地，可以做前店后场，现做现卖，也可以作为旅游土特产加工演示项目和游客参与项目。

根据中远期规划，在文渠两岸，要形成沿渠商业街，两岸各向内拆 5 ~ 8 米，沿街经营特色淮扬菜、茶馆、土特产和旅游纪念品等。还有一个旅游项目创意，即文渠可以和楚州城内的"三湖"（勺湖、月湖、萧湖）联通，打造水上半日游。"三湖"文化底蕴深厚、文物景点众多，目前，只有勺湖已开发成公园，月湖和萧湖均未开发。以后"三湖"都开发了，还可以将文渠和"三湖"亮化，打造"夜游楚州"的旅游项目，那将是淮安及楚州旅游的一大亮点。如果上述规划建设基本到位，那么游客在历史街区内游览半天是绰绰有余的，同时在淮安城区及楚州可以安排两天的旅游行程。

（三）"街区"发展建设。使蓝图美景变成现实，不是一朝一夕的事，须精心规划，投入巨资，有的可以分段分期实施。首先，街区道路方面，目前缺乏有效的交通组织和道路系统，必须打通街区内的旅游通道，形成街区内旅游循环线路。一是打通两个节点，即打通局巷至上坂街及漕运总督遗址的通道，二是打通多子巷至驸马巷的通道。道路铺设青砖或石板，使之风貌古朴，凸现明清风味。打通上述两条道路，须在文渠上建两座石拱桥。通道两侧开设店铺，经营旅游产品，特别是局巷至上坂街通道的打通，可以连接上坂街南端的景点"楚元王庙"，也使游客到上坂街、漕运总督遗址公园和中国漕运博物馆不需要走拥挤的镇淮楼西路大街，使游线设置更加科学和人性化。多子巷与驸马巷的打通，使历史街区内的旅游通道形成了一个"回"字形状，使之实现了循环，也使旅游的线路更加通畅和科学。

其次，在景点建设方面，全面铺开不现实，近期可以重点建设或开发 4 个景点。一是整修"楚元王庙"，并实现对外开放。二是重建"驸马祠"，驸马祠堂原址在现勺湖幼儿园，要拆迁幼儿园和几户居民房屋。三是修缮"王遂良宅院"，可以做成"楚州民俗博物馆"和以楚州历史上众多的外地商会为内容的展览。四是陈列"三个故事"展览。"三个故事"即"少年周恩来学习的故事"、"周恩来清正廉洁的故事"、"周恩来与故乡的故事",地点在故居南侧的新建展室。上述4个景点建成后,加上周恩来故居,参观的时间在2小时左右,如果加上步行时间,游客再到上坂街等处购物或参观漕运总督遗址和中国漕运博物馆,如果再加上参观附近的淮安府署、镇淮楼等,游客的游览时间应在半天或半天以上。在上述4个新景点的建设上,第1~3个由市区政府及有关部门实施,"三个故事"专题展览由周恩来故居管理处实施。另外,在景点开发上,由于投资较大,政府可以出台一些优惠政策,鼓励民资投入,也可以学习扬州等外地的经验,组建景区建设实体公司来运作。总之,只要坚定信心,勇于创新,"咬定青山不放松",经过多年的不懈努力,一定能把"驸马巷—上坂街历史街区"打造成著名的景区。

(原载《淮安历史文化研究》2010年第2期)

世纪伟人　五洲景仰

——外国友人在周恩来纪念馆、故居

王旭旭

淮安是一座已有 2200 多年历史的文明古城，名人辈出，胜迹密布，堪称"壮丽东南第一州"，是旅游览胜之佳处。淮安又是一代伟人周恩来的故乡，闻名遐迩，举世仰慕。这里既吸引着国内沓至纷来的瞻仰者，也吸引着世界五大洲的国际友人，这里传承着许多中外友谊佳话，见证着许多国际友人对周恩来总理深深的情怀。我在周恩来故居、纪念馆工作了近 30 年，参与了许多重要的外事接待。亲见、所闻，记忆犹新，谨追忆二、三事以纪念周恩来逝世 33 周年。

一、日本首任驻华大使眼中的周恩来童年时代

1979 年 5 月，周恩来故居迎来了第一批国际友人，他是日本首任驻华大使小川平四郎和夫人小川嘉子。小川平四郎先生毕业于辅仁大学，是中国问题研究专家，出任大使前为日本外务省中国课课长，他对周恩来总理有着很深的感情。这次他从北京偕夫人专门来到淮安寻访周恩来的童年足迹，在周恩来诞生地和童年读书房小川平四郎先生向讲解员详细询问了周恩来出生、童年生活的情况，回国后在香港《大公报》上连续四期发表了"访问周总理的老家——关于他童年时代的新发现"的系列回忆文章，首

次将他了解的周恩来童年、家世情况以日本首任驻华大使身份向读者作了介绍。小川平四郎先生卸任大使回国后，继续为中日友好奔走并出任日中友好协会副会长，1990 年 10 月，小川平四郎和夫人嘉子随日本代表团访问上海，看到新建的南浦大桥雄伟的气势时，兴奋地和负责陪同的上海同志说："要是周总理还健在看到这座大桥的兴建，他该有多高兴啊！"

二、美好的记忆带给非洲人民

1982 年 5 月，阿扎尼亚泛非主义者大会主席约翰 . 尼亚提 . 波凯拉第一次也是为数不多来淮访问的非洲国家领导人之一。波凯拉主席从青年时代起就投身于南非民族解放运动，为南非人民反对南非当局种族隔离政策、争取种族平等进行了不懈斗争，是中国人民熟悉的老朋友。波凯拉在周恩来故居看了周恩来生平展览后对负责军事的国务书记多纳尔德 . 盖奎萨先生说："中国革命的胜利，给阿扎尼亚人民也是一个很好的经验。"瞻仰周恩来故居后波凯拉发表了热情洋溢的讲话，对淮安人民的热情好客给予了很高的评价。他说："今天我们访问了周恩来总理的诞生地，参观了周恩来生平展览，周恩来的光辉历史和贡献使我们深受鼓舞，应中国对外友协的邀请，我们来到这里参观，是我们最大荣幸。淮安的人民这样热情友好，因为这里是伟人诞生的地方。我们一定要把这些美好的记忆带给正在发展的阿扎尼亚人民，带给非洲人民。"

三、84 岁菊池善隆先生的"走路"心愿

1990 年 4 月以日本东方科学技术协会副会长菊池善隆为团长的"第五次日本悼念南京大屠杀受害者植树访华团"一行从南京专程来淮安瞻仰周恩来故居。菊池善隆先生 20 世纪 50 年代曾作为日本经济代表团成员受到周总理的亲切接见，周总理逝世后，

菊池善隆先生一直想来周总理的出生地瞻仰凭吊，但一直没有机会实现这个愿望。这次他以 84 岁的高龄带病组团来周恩来故乡，在周恩来故居后院栽下了从日本带来的三株樱花树，以此表达对周恩来总理的纪念。在瞻仰了周恩来诞生地和童年时代用过的水井后，菊池先生向我们回忆起 1953 年 12 月 2 日在北京饭店受到周总理接见时的情景。他说："那次，我作为日本经济代表团成员受到周总理的接见。当时，周总理接见我时，房间里只有周总理和我。总理说，屋里只有我们两人还不够，要同多数人交往，路本来是没有的，人走多了就有路了，中日友好之路也要多数人来走，要向汽车道一样越走越深，越走越宽广。我还问起周总理出生地情况。他说：'我出生在淮安。'从那时起，我就一直有想来周恩来出生的地方看看的念头，但一直未能如愿以偿，这次我组团来中国举行悼念植树活动，一定要来淮安。现能在他诞生的地方瞻仰，了却了我终身的愿望，就是死了也瞑目了，我可以高高兴兴地回日本了。"虽然事隔近四十多年，但菊池先生回忆起来仍记忆犹新，激动不已。

四、来自美国总统尼克松故乡的市徽

美国亚柏林达市是美国前总统尼克松的故乡，也是淮安市缔结的友好城市之一。1998 年 3 月 5 日周恩来百年诞辰之际，周恩来纪念馆迎来了一个特殊的游客，他是美国前总统尼克松图书馆馆长约翰．泰勒先生。这次他来到周总理的故乡淮安，不仅一睹古城风貌，品尝了淮扬美食，寻访了周恩来的出生地，还给周恩来纪念馆带来了一份特殊的礼物，将一枚铸有尼克松出生地亚柏林达市市徽的铜牌敬献给周恩来纪念馆。泰勒馆长说："中美两国建立友好关系，周恩来总理为此倾注了大量心血，中美两国人民永远不会忘记。这次我来淮安参加友好活动前，亚市友协主席席普曼先生请我转交这枚代表亚市象征的市徽给贵馆，以表达亚市人民的友谊，表达尼克松故乡和周恩来故乡人民的友好，表达美国人民对周总理为中美建交作出巨大贡献的一份感激之情。"如今，这枚铜质市徽己作为反映中美人民友好见证的重要礼品被周恩来纪念馆珍藏。

（原载《觉悟》2009 年第 2 期）

在周家 30 年

季庆农

1970 年我 12 岁时，由南京市随家下放到淮安县三堡乡，1975 年分配到淮安织布厂。1976 年 1 月 8 日周恩来逝世时，我与织布厂的同事一起来到驸马巷的周恩来故居参加悼念活动。没想到，两年之后竟然能来到这儿工作，更没想到一呆就是 30 年。

一、桃李年华进故居

1978 年我刚 20 岁，省文化厅组建周恩来故居管理处，从淮安国营企业选拔职工。与当时所有的青年人一样，我非常向往能在周恩来故居当一名讲解员，但我是外来户，在淮安才呆了 8 年，抱着试试看的心理去参加了选拔，没想到竟然成功了。记得面试时，县委领导让每一位选手从房间一端走到另一端，仔细观察走路的姿势。一位县委常委还问我：你认为你自己能成为故居讲解员吗？当时我紧张得不知如何回答，只记得随口说："周恩来故居是周恩来的家，能在'周家'工作，将是我一生的荣誉与骄傲。"

1978 年 11 月 8 日报到的第一天，我就感到压力巨大。县委领导对我们说，你们讲解员就代表了周恩来故居的形象，代表了总理家乡的形象，决不能丢了故居和淮安的脸，伤害全国人民对周恩来的感情。故居定于 1979 年 3 月 5 日正式对外开放，我们 8 个姐妹都是 20 出头，从来没有干过讲解工作。淮安县委特地安排我们到韶山毛泽东故居、南京博物院、徐州淮海战役纪念馆参观培训，省文化厅还请来南京博物院、南京太平天国纪念馆的资深讲解员来淮安，为我们讲授讲解普通话、技巧、形体语言等。我们 8 个姐妹个个起早贪黑，也个个不负众望。

二、女同志当男同志用

故居才开放的时候，加上两位主任，总共才 11 人，其中 8 人是女同志。当时故居是免费开放。来自全国各地的人每天在故居门前排起长队，等待进去参观。有时队伍要排一百多米，从故居门前一直排到驸马巷南端的大路。我们为一批又一批的瞻仰者讲解，当时既没有小喇叭，更没有耳麦，只有这一张嘴和一颗感动的心。除了当讲解员，我们还是卫生员。每天上班第一件事就是打扫卫生，一年四季，风雨无阻。清晨一到故居，就拎起吊筒来到水井边，吊上一桶水。井水夏天清冽，冬天温暖。春天，冰雪在里面融化，秋天院内两棵榆树将雪花一样的榆钱飘进井里，整个井水都散发着榆钱的清香。想到周恩来小时候也从这口井中取水，我们更加感到这水是有生命的。

当时故居的两位领导——狄仁康、王寿荣与普通职工的唯一不同之处，就是每天上班比职工先到，下班比职工迟走。领导带头，我们更不敢懈怠。故居的展览室当时铺的是橡胶地板，又厚又重。每天早上都要三、四个人吃力地拖出来清洗。王寿荣常鼓励我们说："好的不要多，一个顶十个，女同志要当男同志用。"

除了卫生员，我们女同志还是夜间值班员，往往就是两个女同志一起值班。故居是清代的老房子，庭院深深。有的女同志呆在值班室里，害怕出去巡视。我在织布厂里就练出了胆量，故居夜晚，万籁俱寂，月光如水，一个人在院内转悠，不仅不感到害怕，反而在幽静的氛围中更能欣赏到到故居的本来面貌，更能体会到周恩来曾经生活了 12 年院落的真实历史。除了值班员，我们还是保卫员、消防员。

三、为两位中共中央总书记讲解

1984 年，我被淮阴地委抽调去北京，担任江苏省农业展览会的淮阴地区农产品展示的讲解员。在长达两个月的讲解任务将要结束的时候，突然接到单位的来信，要我立刻赶回去，参加故居开馆以来的第一次重要接待工作。回到淮安第二天，也就是讲解的这一天上午，才知道要来的是中共中央总书记胡耀邦。总书记的到来让我既紧张又激动。10 月 29 日上午，当胡耀邦从车上下来，走向故居大门时，我迎了上去。胡耀邦亲切地和我打招呼，我紧张的心情一下子放松了许多。胡耀邦总书记给我的第一印象就是很随和、很平易近人。胡耀邦总书记认真地听、仔细地看。在故居接待室，胡耀邦在留言簿上题写了"全党楷模"。写上自己的名字后，胡耀邦又要求随行人员签名，在场的头十名随行人员挨个签了名。胡耀邦还要求大家向总理学习。

半年之后，我又荣幸地接待了另一位重要人物。就是后来担任中共中央总书记的江泽民同志。1985 年 4 月 14 日，江泽民同志瞻仰周恩来故居，并题词："我们参观总理故居，受到了一次深刻的革命教育，我们电子工业战线的广大职工深切怀念周总理，向全党楷模，敬爱的周总理学习。"当时，江泽民同志已经卸任电子工业部部长，正在赴任上海市长的途中。

（原载《丰碑》第 5 期，2006 年 12 月）

利用基地优势　构建青少年健康
成长的第二课堂

李子权

周恩来故居作为全国爱国主义教育示范基地和全国中小学爱国主义教育基地，多年来积极发挥基地优势，深入挖掘周恩来童年时期生活、学习的感人事迹，着力引导广大青少年从小树立为"中华之崛起"而刻苦读书的宏伟抱负。

周恩来故居对外开放以来，先后接待瞻仰观众 1200 多万人次，青少年观众约占 35% 左右。多年来尤其是近几年来，周恩来故居不断探索青少年教育工作的新方法、新模式，在完善服务功能、陈列布展、队伍建设、开展基地活动等方面进行了有益的尝试。

一、利用资源优势，体现特色，精心布展，为青少年
　　观众开辟校外第二课堂

周恩来故居是周恩来的诞生地和其童年生活、学习 12 个春秋的地方，是教育当今广大青少年的生动教材，其陈列特点应着重反映周恩来的童年岁月和家世。一是恢复原状陈列。1976 年 1 月 8 日周恩来逝世后，根据全国人民的强烈愿望，经中共中央批准，周恩来故居正式对外开放。为把故居恢复到 1910 年周恩来离家去东北时的原貌，成立了资料征集组、陈列布展组、房屋修复组，全力修复、征集、抢救文物。周恩来故居由东西相连的两个宅院组成，东院是周恩来童年生活的地方，作为原状陈列，力

求不破坏原有的历史真实，追求庄重、朴素。

二是搞好图片展览。开放之初，为实施西宅院陈列布展，工作人员走访了周恩来亲属 30 多人，在周恩来、邓颖超身边工作过的人员 40 多人，远赴 10 多个省市、走访了有关专家和有关人员 135 人，征集、图片 186 件（幅），资料卡片 346 条，保证了周恩来故居于 1979 年 3 月 5 日如期对外开放。1992 年周恩来纪念馆建成后，纪念馆和故居在陈列展出上有所分工，故居原西宅院展陈的"周恩来生平图片展览"和"周恩来外交风云展览"都相继撤展，两个展览的内容由纪念馆展陈，那么故居的辅助陈列怎么办？经过研究探讨，决定利用故居本身的优势和特点，新辟了"周恩来童年、家世和故乡"以及"书画苑"等五个部分的陈列。之后，又陆续兴建和陈列了周恩来青年时期的铜像、周恩来墨迹碑廊、邓颖超纪念园等。为纪念周恩来告别故乡 100 周年，今年三月份又专门陈列了"少年周恩来学习的故事"专题展览，生动展现了周恩来 1910 年告别故乡前生活、学习的画面和告别故乡后"为中华之崛起而读书"立志救国的风范，免费展出半年就有近 15 万人次的青少年参观了展览，使周恩来故居青少年的教育功能逐步凸显，吸引力、感染力、影响力日益增强。

二、利用场馆优势，优质服务，唱好"四季歌"，为
青少年观众营造良好的育人环境

周恩来故居于 1996 年初在江苏省教育基地中率先对中小学生免费开放，面对络绎不绝的青少年学生，讲解人员热情服务，真情讲解，同时，改变传统的填鸭式、说教式讲解，针对中小学生这个特定团体，专门编写了一套"学生版"的讲解词，取得了良好的效果，得到了广大师生的好评。

其次，在每年的重要纪念日，以及青少年成长的各个重要时期，均不失时机地与学校联系，以故居为阵地，广泛开展集体性

教育活动50多场次。新安小学组织毕业班学生开展"周爷爷十二我十二"活动，勺湖小学在周恩来逝世日和诞辰日举行"童怀松下的思念"演讲活动和主题队会，楚州实验小学开展了"踏着伟人足迹前行"主题教育活动等；在今年纪念周恩来告别故乡100周年之际，我们还联合市教育局、淮安日报社举办"学习少年周恩来，报效祖国立大志"主题征文活动，在收到的2000余篇稿件中，评出一等奖10名、二等奖30名、三等奖50名。此外，我们联合辽宁铁岭市周恩来少年读书旧址银冈书院纪念馆、沈阳东北育才东关模范学校和故乡淮安翔宇教育集团淮安外国语学校，向全国青少年发出"向少年周恩来学习、为中华之崛起而读书"的倡议，整个活动产生了较大成效和较好的社会反响。

三、利用队伍优势，创新方式，办好"流动纪念馆"，拓展青少年的教育空间

巡回举办展览和组织专题报告会是一种有效的教育形式。故居现有的"周恩来精神宣讲团"成员、辅导员、研究人员，均为本科以上文化，是一支具有较高素质的队伍。近年来，我们改变了过去坐等观众上门的方式，积极与当地的中小学校联系，送展上门，送教上门。这种办法既解决了故居自身场地的限制问题，又解决了学校在组织、交通和时间安排上容易出现矛盾的问题。

我们先后在城区各中小学校举办了"纪念周恩来书画展"、"纪念周恩来叶雕展"、"周恩来与故乡和童年周恩来大型图片展"等。由于专题展览形式多样，深受广大师生的欢迎。同时，定期组织宣讲团走出馆门，把教育活动深入到校园，先后主动为100多所中小学校举办专题讲座、报告会，受教学生30多万人次。此外，辅导员、研究人员到学校举行专题讲座，讲述有关周恩来的故事和一些历史人物的生平轶闻趣事，对青少年学生具有很大的吸引力。仅今年1～8月份，我们就为楚州四中、南闸中心小

学等举办"周恩来少年生活学习的故事"专题报告和辅导员进校园举办的专题讲座等 11 场次，取得了很好的教育效果。

四、利用基地优势，共建互动，推进教育形式社会化，让青少年学生在参与社会活动中得到锻炼

爱国主义教育基地肩负着社会教育的职能。我们始终把增强教育效果、提高青少年素质作为故居工作的出发点落脚点，在免费开放参观人数成倍增长的同时，努力提高教育和服务质量，积极参与学校"周恩来班"创建活动，经常派人参加学校的班会、报告会。此外，研究编印了《少年周恩来学习的故事》连环画册、周家祖传的《周氏家训》和《周恩来同志故居》等图书资料，免费赠送给"周恩来班"学生。

与此同时，勺湖小学、淮安外国语等还在故居设立了"少先队文明岗"、"青年志愿者服务队"。在共建活动中，有的学校有计划地组织学生志愿者利用节假日到故居参加净化、美化、绿化等方面的义务劳动，帮助维护参观秩序，参与义务讲解，当业务导游，为老弱病残观众提供帮助等。有的学校组织学生帮助故居开展观众问卷调查，为故居建设收集社会各界的意见和建议，学生通过基地这个窗口接触社会，了解社会，在共建的过程中提升自己的素质。目前有 50 多所大中小学校与周恩来故居建立共建关系。

周恩来故居在青少年教育方面，虽然做了一些有益的工作，但是，要最大化地发挥其独特的资源优势，形成自己的特色和品牌，还需要有更加强烈的使命感和责任感，以科学发展的理念，务实的态度，创新的精神，进一步强化对青少年的教育功能，努力使周恩来故居成为广大青少年健康成长的"加油站"。

（原载《淮安新闻》2010 年第 10 期）

淮安红色旅游大有文章可做

刘红霞

红色旅游，主要是指以中国共产党领导人在革命和战争时期建树丰功伟绩所形成的纪念地、标志物为载体，以其所承载的革命历史、革命事迹和革命精神为内涵，组织接待旅游者开展缅怀学习，参观游览的主题性旅游活动。淮安作为全国红色旅游纪念地相对集中的地区，做足做强红色旅游的文章，使之深入影响到社会的政治、文化、经济等各个层面，做到瞻仰一次圣地，净化一次灵魂；挖掘一种内涵铸就一种精神；开发一方"红"土，致富一方人民。这对于加快淮安经济社会的发展，推进全面建设小康社会，促进社会主义精神文明建设，具有非常重大的意义。本文拟就如何做大做强淮安红色旅游业，略陈管见。

一、发掘核心价值　突出红色主题

作为革命老区，有着丰富的红色旅游资源的淮安，不仅有周恩来纪念馆、周恩来故居、新安旅行团纪念馆、黄花塘新四军军部旧址纪念馆等4个国家级红色旅游景点，而且还有周恩来童年读书处、中共中央华中局旧址、苏皖边区政府纪念馆、淮阴八十二烈士陵园管理处、车桥战役纪念馆等一系列全国、省级爱国主义教育基地。所有这些红色的旅游景点，就是动员和鼓舞人民群众团结奋斗、建设中国特色社会主义的一面旗帜，是建设全面小康社会的精神武器。

随着人们精神生活消费需求的不断提升，红色旅游作为一种崭新的宣传呢形式，登上了爱国主义教育的舞台，担负起弘扬和培育民族精神的使命。发展红色旅游的核心价值，就在于对广大人民群众、特别是对青少年进行革命传统教育。它是进行爱国主义教育的最好措施，是引导青少年热爱党、热爱祖国、热爱社会主义的最好办法。红色旅游建设好，发挥其教育、启迪、引导、示范作用，就能够有效地抵御西方文明带来的严重冲击，培养和造就革命事业的接班人。

发展红色旅游，必须把发扬和光大革命传统和优良作风放在首位，主题必须鲜明。游客前往周恩来纪念地，其目的不仅仅是游览纪念地的风光，更主要的是为了领略伟大的马克思主义者，党和国家主要领导人之一，中国人民解放军主要创建人之一，伟大的无产阶级革命家、政治家、军事家和外交家的风范；缅怀他为中国人民解放事业和社会主义事业建树的卓著功勋；敬仰他崇高的精神和人格；崇拜他"为了中华之崛起"而发愤读书，从少年时代起就立志救国的远大理想；学习他"共产主义远大理想同脚踏实地的工作作风的结合，对上负责同对下负责的结合，高度的原则性同高度的灵活性的结合"的精神，从而把周恩来崇高的精神努力贯彻到自己的思想和行动中去，把各项工作做得更好。

红色旅游的特殊性，决定了红色旅游带有严肃性的政治特点。红色旅游产品的建设可以寓教于乐，但它不能歪曲革命历史，不能过分娱乐化，更不允许低价低俗化。如果为了追求经济效益，忽视了政治效益和社会效益，那就违背了革命历史教育的初衷。

二、彰显文化特色，铸就革命精神

每一个红色旅游基地都记录了意义重大的历史人物和历史事件，拥有丰富的精神内涵。我们建设红色旅游基地，就是要把它的这些内涵挖掘出来，铸成一种更先进的文化。红色旅游的过程，既是观光上景的过程，也是学习历史、增长知识、陶冶情操、提高修养的过程。通过发展红色旅游，了解革命历史知识，挖掘革命精神内涵，赋予新的时代特色，培育新的时代精神，推动广大公民思想道德的升华，是建设社会主义先进文化的有效途径。

红色旅游区别于其他旅游的特点，主要在于蕴含丰富的革命历史文化内涵。革命历史文化内涵越丰富、越有特点，对游客的吸引力就越大，其核心竞争力就越强，知名度就会越高。抓住了这一点，就抓住了打造红色旅游品牌的关键。对淮安来说，以"周恩来风范"、"抗战风云"和"新旅精神"为主题的红色旅游是全国独一无二的，具有超强的震撼力，完全具备成为红色旅游品牌的内在因素。我们必须深度挖掘其革命历史文化内涵，不断拓宽研究的范围，力争拿出真正有水平、有价值的成果，挖掘出最能吸引游客、最具代表性的闪光点。在此基础上，组织力量撰写高质量的导游词和介绍红色旅游景区景点的通俗读物，使游客感受到丰富的革命历史文化内涵，从而达到用生动鲜活的革命历史吸引人，用感人肺腑的革命事迹感动人，用不朽的革命精神震撼人的效果。

目前，我市对红色景区对旅游资源的开发主要还是以革命遗址为主，旅游以参观游览为主，参与性项目开发较少，旅游开发缺乏深度，革命遗址、旧址、纪念馆大多以展示形式为主，展示内容单调、僵硬、缺少对游客的吸引力，不能发挥红色旅游资源的教育功能，更不能推动旅游经济的发展，因此深入挖掘红色文化核心价值，凸显红色文化主题已成为打造红色文化产品工程的首要问题。

要逐步改善和提高革命圣地和纪念展馆档次，改变简单的图片展示和橱窗式的文物陈列，使表现手段更加科学化、现代化，如可采用声光电结合的半景图、全景图等；要注意历史与现实的结合，除了组织对实物、遗址的参观外，也可以安排定时的有关历史的影视、晚会专场；要考虑适当增加参与性内容，策划当年革命者工作、战斗、生活、劳动的场景，吸引旅游者参与和体验；要提高导游的讲解能力，丰富解说内容，寓教于乐，使旅游者有多方面的收获。

三、实行适度开发，致富一方人民

根据《淮安市旅游业发展总体规划（纲要）》中期发展目标，从 2006 年到 2010 年，我市将通过完善产品体系，打造旅游品牌，将淮安旅游业由国民经济新增长点培育成三产中的龙头产业，使淮安成为华东地区知名旅游城市之一，旅游增加值达到 35 亿元以上。在日趋激烈的市场竞争中，我市要占有一席之地，就必须采取有效措施，全力打造"红色旅游"品牌。

目前，我市在红色旅游产品开发上还存在着三个方面的不足。一是主题产品不突出，产品开发方式走简单化、程式化的道路，没能融入当地特定的历史文脉及地域文化中，特色不明显，许多旅游区的景点都是博物馆陈列，没有根据市场的需求和旅游资源的特点进行开发和配置，旅游产品组织呈现混乱的不良局面，对游客很难产生强有力的吸引力。二是各地红色旅游的产品单一，缺少对资源的整合，没有形成系列的配套产品，导致游客的停留时间短。三是红色旅游区管理体制的不完善，各自为政，导致在对外宣传促销上不能统一协调行动，大大削弱了宣传促销的力度，不利于扩大和提高红色旅游区的吸引力和知名度。四是实物商品无鲜明的地方文化特色。旅游及相关部门在重视红色景点"硬实力"建设的同时，必须及早研究红色旅游"软实力"建设的问题，以增强我市红色旅游文化的感染力、渗透力、穿透力。

为了充分利用好本市的红色旅游资源，加强与周边市的合作，市旅游主管部门依据《淮安市旅游业发展总体规划（纲要）》精神，曾经召开徐（州）淮（安）连（云港）三市旅游工作联席会议，凭借"两汉文化、名人故里、神奇花果山"独特的旅游资源，提出了打造"江苏旅游新三角"新理念，这为整合旅游资源探索了一条好路子。随着交通条件的改善，我市与南京、扬州、南通、苏州、无锡等地区也可以建立互利合作的关系，将红色旅游线路向省内延伸。实行跨省市合作，与省外红色旅游纪念地建立协作关系。我市红色旅游纪念地影响较大，名声响亮，完全可以与外省、市、自治区加强沟通，建立联系。在省市旅游部门的关心和支持下，去年，楚州与毛主席、刘少奇、朱德、邓小平等老一辈无产阶级革命家诞生地所在的城市签订了红色旅游协作协议，这对于推动全市红色旅游跨合作开了先例。

从现在旅游发展的趋势和人们的出游趋势来看，单一的观光型旅游产品已不能满足人们多样化的需求，在体验经济时代来临之际，人们既需要接受文化的熏陶，又需要消费舒解身心、趣味性强、参与性强的其他旅游产品。这也决定了红色旅游景区除了要开发主题性旅游产品外，还需要配套开发他旅游产品。

（原载《淮安社会科学》2006 年第 5 期）

发展淮安旅游必须"红""绿"结合

宋丽华

旅游作为一种新兴产业，越来越被人们所重视。淮安作为历史文化名城、伟人故里，旅游资源十分丰富。特别是近年来，红色旅游的兴起，淮安的旅游业得到了进一步的繁荣。但是，我市的旅游业要想可持续发展，必须走"红""绿"结合的路子。

所谓"红"即"红色旅游"。是指以革命纪念地、纪念物及其所承载的革命精神为吸引物，组织接待旅游者进行参观游览，实现学习革命历史知识、接受革命传统教育和振奋精神、放松身心、增加阅历的旅游活动。重温革命历史，重走胜利之路，缅怀先辈的丰功伟绩，成为近一时期旅游业的亮点。

我市作为革命老区，有着丰富的红色旅游资源。不仅有周恩来纪念馆、周恩来故居、新安旅行团纪念馆、黄花塘新四军军部旧址纪念馆等4个国家级红色旅游经典，而且还有周恩来童年读书处、中共中央华中局旧址、苏皖边区政府纪念馆、淮阴八十二烈士陵园管理处、车桥战役纪念馆等一系列省级爱国主义教育基地，这些都是我市"红色旅游"的品牌。

所谓"绿"即风光旅游、生态旅游和民俗旅游。从一些经典红色旅游线路来看，红色旅游区不仅拥有珍贵的人文景观，还拥有美丽的自然风光。我市有丰富的绿色旅游资源，如洪泽湖、白马湖、绿草荡、古运河的自然风光，以及入海水道水上立交水利工程等，都是很好的生态和风光旅游资源。

　　为什么要说发展淮安旅游资源和"红""绿"结合？是因为淮安的旅游"红"与"绿"都有可加强之处。就"红"来说，目前存在着线路短难留人、基础设施和配套设施参差不齐、旅游功能单一等特点。就"绿"来说，没有得到很好地开发和利用，也存在功能不全等现状，同时，对外宣传推介不够，在全国范围内的知名度还不是很高，直接影响到了旅游市场的扩大和旅游业的发展。

　　只有用"红色"感召市场，用"绿色"、"古色"等拓展市场，才能使红色旅游和其他旅游产品互为补充、互相促进，满足游客的多层次需求，这是发展我市旅游业的总体趋势。

　　当然，也不只是简单的结合。红色旅游必须具有一定的趣味性，必须找准与游客心理、游客需求和游客审美观的最佳结合点，才能最大限度地调动游客的积极性。要打破红色旅游单一的表现方式，比如改革单一的图片展览和人工讲解方式，综合运用声、光、电等手段，使参观者如身临其境。绿色生态旅游必须加强基础设施建设，进一步加大投入和开发的力度。我市随着白马湖和洪泽湖的开发，已经掀开了红色旅游和生态旅游的新篇章。

　　（原载《中国旅游报》2009 年 9 月 14 日）

尊重与交流是做好讲解工作的两个关键

朱　勇

随着国民经济的增长，人民群众物质生活水平的不断提高，人们的精神生活开始变的丰富多彩，对知识的渴望也愈来愈高，作为高雅文化休闲场所的纪念馆、博物馆等文博单位日益受到人们的关注。周恩来纪念馆作为宣传周恩来事迹，弘扬爱国主义精神的国家级示范基地，每天迎来送往来自祖国四面八方的观众。讲解接待工作是纪念馆面向观众的第一窗口，代表着纪念馆的形象，它对发挥纪念馆的教育职能、提高社会效益起着重要的作用。所以，作为一名讲解工作者，接待服务好观众，给观众留下美好的印象既是必须履行的责任，也是应尽的义务。怎样做到让观众满意呢？我认为，做好日常讲解接待工作要了解和把握观众的心理，整个讲解工作要把握好尊重观众和与观众热情交流这两个关键。在这里我想从以下两方面谈谈自己的体会。

一、尊重

周恩来纪念馆是观众追求知识、陶冶情操、休闲娱乐的游览圣地，参观的游客来自各行各业，他们走出家门，来到这里希望能汲取更多的营养，并能得到最好的服务。最好的服务即是对观众最好的尊重，这是观众所享有的最基本的权利，也是讲解工作者应尽的义务。

在接待讲解中，讲解员的举手投足、一言一行，都在观众的视线下，所以，我们应时刻警醒自己是代表着整个纪念馆。当观众走近服务台时，讲解员须起立，上身略向前倾，面带微笑说："您好！"然后，根据观众提出的问题，一一作出解答。如需讲解，即登记安排，这些都是工作中经常用到的身体语言和招呼语。讲解中，运用真诚的微笑为观众介绍是吸引观众的方法之一，文学大师雨果曾说过，"微笑就是阳光，它能消除人们脸上的冬色。"它在讲解的开始就起着重要的作用。记得有一次接待一批大学生，我迈出服务台面带微笑的朝他们走去，还没落脚就已说出了开场白："欢迎同学们来到周恩来纪念馆参观！"话虽短，可从他们高兴的表情和聆听的神态中看得出，他们接受了我，而我感到非常高兴和自信，整个讲解过程显得很轻松。这次很平常的讲解让我明白真诚微笑的重要，它不仅可以帮助讲解员稳定情绪，而且可以激发热情，让观众倍感亲切和温馨。

日常讲解中，除了微笑，还有站姿、手势、普通话、讲解技巧等都是讲解工作者所要掌握的业务技能。每一位观众心中都有一把尺，你的服务好，观众自然印象深，评价高，否则，就会被观众很快的忘掉，影响也不好。俗话说，"投之以桃，报之以李。"你对观众的尊重，必将换来他们心情舒畅和对你的理解和尊重。

二、交流

讲解员与观众互相交流也是我们的一项重要工作。观众在听讲解时或者在讲解后会产生与讲解员交流的想法，有的人会拉拉家常；有的人会问一些问题，提出一些建设性的意见；有的人会与讲解员谈论历史，回忆往事。我认为，观众的这种欲望是尊重引起的后发效应。如果讲解员没有和观众建立起良好的关系，观众的这种交流欲望是不会产生的。

虽然纪念馆的讲解员是以一种传播文化知识的施教者形象出现。但是，我们应该清楚地认识到观众也是老师。因为，一个讲解员的知识是有限的，只有在和观众的交流中才能不断得到充实和丰富，完善自己的讲解工作。讲解员通过交流可以了解讲解词中没有的内容；通过交流可以互相认识，增进友谊；通过交流可以知道观众需要什么，对讲解员有什么样的要求。从观众的角度讲，交流不仅可以消化讲解内容，而且可了解到当地的风土人情。这样可以取得双赢，对讲解工作的开展是十分有益的。

在交流中，我认为讲解员应该把握好'看、听、叙'三个字，把握好了可以增长知识，互通有无。"看"即与观众交谈时，讲解员的眼神不能东张西望，目光游移。否则，会让对方认为你没有注意他，心不在焉，使谈话的内容、时间大打折扣。这些现象基本上是由紧张或是没有足够的重视而引起的。但是，"看"要有一定的度，要显得自然。不能目瞪口呆、表情麻木。"听"，每个讲解员不仅是文化知识的传播者，而且是观众吐露感情的接受者，我们要让观众感到讲解员是最忠实的听众。在观众诉说时，可以间断性微微点头，表示接收到了对方的信息。如果能带着笔记本，记下有用的内容，不仅丰富了自己，而且也增加了观众交谈的欲望。"叙"即谈，讲解员在与观众交谈时，采用什么样的谈话口吻也很重要。交谈本身就有一种闲聊的意思，完全的口语话，不像讲解那样的循规蹈矩。而且，相互之间肯定存在知道和不知道的东西，这就需要讲解员采取一种谦虚谨慎的态度与观众交流，始终把自己看成一个求知者。

尊重和交流是做好讲解接待工作两个关键的方式，当然讲解工作者还需要在语言、气质、风格、技巧等方面苦下工夫，这样宣传教育工作才能产生较好的影响。我们讲解员要充分发挥工作积极性和主动性，把搞好讲解服务作为自己的应尽职责，用一颗真诚的心，去打动每一位观众。

（原载《烈士与纪念馆研究》，上海人民出版社，2009 年）

打造有特色的旅游产品

王 健

据报载，在张家界旅游景区，无论是土特产品还是旅游纪念品的生产销售，不但实行"农户＋基地＋公司"的经营模式，而且还走上了集团化、规模化的轨道。这些土特产品或旅游纪念品，既有浓郁的地方特色，更有深厚的文化特色，让广大游客喜不释手，争相购买，既促进了景区旅游业的发展，更给当地群众带来了丰厚的收入。这给我们一个有益的启迪：只有旅游产品体现特色，才能促进旅游业发展。

由于工作关系，笔者经常去一些旅游景区参观学习，也常常听到这样的抱怨声："国内其他景区的旅游商品怎么这里也有？一点特色也没有。这些商品粗制滥造，有的就是'三无'产品，这让游客怎么挑、怎么选？"在某些景区门票持续涨价，而旅游商品发展却相对滞后，这是目前国内旅游市场的一个不容忽视的问题。

从表面来看，随着旅游市场的不断发展，旅游产品也日渐丰富，可供游客选择的范围也越来越大。但仔细分析一下，我们不难发现，有的地方在做精、做美、做大旅游景区的同时，却忽视了旅游产品应有的特色，旅游产品在生产、制造等方面存在着不少问题，粗制滥造、千人一面、鱼目混珠等比比皆是，缺乏应有的地方特色和文化特色。因此，有人戏称旅游景区是假冒伪劣产品的集散地。同时，在每年的黄金周期间，针对旅游产品的投诉为数不少，其中很重要的一个原因是交易中存在着严重的欺诈行为，以次充好，漫天要价，短斤少两，这样的做法严重损害了消费者的利益，也降低了游客购买欲望。

旅游产品是旅游产业的重要组成部分。相关部门在重视旅游景区的开发、建设中，也应重视旅游产品的开发，使之与旅游景区同步发展，相得益彰。笔者认为，旅游产品的开发要能够体现地域特色、文化特色、民族特色。现在随着物流行业的发展，消费者可以在本地区买到形形色色的商品，如果在甲地景区买到老虎鞋等，到乙地景区同样能买到老虎鞋，消费者又何必舍近求远或花钱去买没有特色、你有他有大家都有的旅游产品呢？旅游产品如果没有鲜明特色，将会失去市场和消费者。

旅游产业是公认的朝阳产业，旅游产品开发方兴未艾。各地相关部门应高度重视旅游产品的开发，在研究发展旅游业的同时，也应关注一下旅游产品的开发、制造、销售等问题，使旅游产品成为旅游业中一个不可或缺的重要部分，成为旅游业发展的动力，而不应成为整个旅游业中一块显眼的"补丁"。

（原载《淮安日报》2008 年 11 月 3 日）

着力红色旅游　推动地方经济

黄　强

　　党中央、国务院对红色旅游十分重视。中共中央办公厅、国务院办公厅印发《2004 - 2010 年全国红色旅游发展规划纲要》，强调发展红色旅游，是深入贯彻落实党的十六届四中全会精神、不断提高建设社会主义先进文化能力的重要措施，既是文化工程、政治工程，更是一项经济工程，是一项利国利民的重大举措。

　　笔者多年生活在伟人纪念馆，亲身感受到它作为具有教育作用的旅游产业，把爱国主义教育基地所承载的中华民族的历史传统与民俗文化、共产党人的光辉业绩与伟人精神，生动地融入了国人的思想意识形态。这一特殊功能，使"红色旅游"深入影响到社会的政治、文化、经济等各个层面，成为一项中国特色社会主义的新创造。

　　一般来说，与红色旅游相关的"重点旅游区"、"精品线路"及"经典景区"，多数不在大城市或者在经济相对欠发达地区。大力发展红色旅游产业，将使一批经济欠发达地区迎来难得的发展良机。而做好红色旅游这篇文章，笔者以为要注意三点：一、"红色"是"旅游"的基调，必须坚持主题定位的准确性、严肃性，否则难以实现"成为爱国主义教育重要阵地"的目标。二、"旅游"是"红色"的载体，应以正确的指导思想实现"旅游精品线路"的基础建设。三、"红色旅游点"的含义与范围要有明确的界定，要精心推敲、力避随意，不能盲目照搬一般山水人文景区的建设，不切实际地贪大求全。

　　笔者的家乡也就是我们敬爱的周恩来总理家乡，地处江苏经济欠发达的苏北淮安。但当地政府抓住机遇，以周恩来纪念馆为着力点，很打红色旅游这张牌，把红色旅游做大做强。

　　首先从纪念馆内部着手，抓硬件，促软件，上品牌，先后投资300余万，改造馆区环境实施，建立健全各类台账，组织员工外出参观学习。由于上级领导的重视，加上纪念馆自身的努力，该馆于2006年初被评国家4A级旅游景区，是该市第一家国家4A级景区，同年底又被评为"全国十大红色旅游景点"。其次，强化周恩来纪念馆周边环境的治理，树立总理纪念馆形象，树立淮安形象。2005年，该市投入4000余万，拆除纪念馆西侧民房，改建为公共绿地、园林景点。为了迎接周恩来总理诞辰110周年，该市又投入6000余万，改造纪念馆主入口，不仅提升了纪念馆门脸的档次，更是特出了景区的内涵，同时还使停车容量翻了一倍。此外，投资近2000万，在馆内建了一座集声、光、电一体的现代化展厅，一进一步丰富纪念馆的内容和外涵。投资近1000万，增建了仿西花厅的另一院落，开辟为呈展总理诗词的碑林，不仅使仿西花厅更为完整，也增设了景区内涵，扩大了景区范围。

　　有投入就有收入，仅2004～2005年，该市共接待中外游客1044.16万人次，其中仅周恩来纪念馆就接待游客近150万人次，旅游收入64.67亿元。2009年1～10月份，全市接待国内外旅游者890.5万人次，实现旅游总收入85亿元，旅游人数和实现旅游总收入分别比上年增长12%和20%以上。下一年，该市又提出"双超"目标，即全市旅游接待人次超千万，旅游总收入超百亿，旅游产业增加值约占地区生产总值4%，力争成为苏北旅游大市。

　　　　　　（原载《中国旅游报》2010年2月9日）

论发展红色旅游

段蔚筠

前一时期，借助新中国成立 60 周年等契机，红色旅游确实"红火"了起来，但在发展红色旅游业过程中，还存在着许多不和谐的现象，比如资源开发不合理，红色文化遗产不正当利用，旅游欺诈时有发生，生态环境破坏严重等，要彻底消除和防范这些不和谐因素的出现，必须运用科学发展观，对红色旅游业的发展进行全方位战略规划，让红色旅游高起点、高质量、高品位地发展，使其发挥出旺盛的生命力，真正成为构建和谐社会中的一个可持续发展的优势朝阳产业。

一、整合资源，突出主题性

红色旅游资源包括狭义上的景观资源、环境资源、人文资源、历史资源，也包括广义上的地域资源、市场资源、社会资源和经济资源。要想把红色景点打造成具有影响力、吸引力和震撼力的经典景区，必须先确立本景点的鲜明主题，只有主题定位了，才好围绕主题，收集、挖掘和充实资源，予以开发和利用。

周恩来纪念景区现有周恩来纪念馆、周恩来故居和周恩来童年读书处三个景点。三个景点展示方式相似，图片基本相同，人们看了感觉大同小异。这说明一方面资源重复浪费，另一方面资源匮乏不足没有特色。周恩来纪念景区要想成为全国知名景点，确立"人民总理诞生地"这个主题非常必要，这是全国其他周恩来纪念地所不具备的主题。围绕这个主题对各种资源进行统筹协调、整合利用。着力打造一区三点，一区为周恩来纪念景区，三点为周恩来纪念馆、周恩来故居和周恩来童年读书处景点。按照个性化、差异化和特色化的要求，使一点一品，各具特色。周恩来纪念馆重点是综合纪念，将其建设成纪念性主题公园。周恩来故居重点是周恩来诞生地介绍，主要开展周恩来童年生活和家世研究，周恩来童年读书处重点是周恩来童年读书陈列，侧重周恩来家庭文化背景研究和淮安历史文化研究。无论是展览、文物、环境和纪念品等都要按照各景点确定的主题去整合，既有独立性又相互补充，有特色而又精彩，有看头而又不雷同。

二、树立品牌，打造经典性

全国红色旅游景点很多，被国家六部委确定为全国红色旅游经典景区就有 100 家。在如此强的激烈竞争中，谁能够树立自己独特的备受游客欢迎的品牌，谁就能在红色旅游发展中占据先导位置，成为发展红色旅游利益的收获者。

树立品牌，关键是打造景区的经典性，因为经典性是景区品牌的核心价值，是品牌价值的直接体现，是增强景区旅游市场影响力的必要途径。打造经典景区重点是建设独具特色的经典建筑、新颖别致的精品陈列、优雅靓丽的生态环境和诚实可信的优质服务体系，通过这些经典组合，使整个景区成为红色旅游业中的典范或当地社会的名片、象征。

周恩来纪念景区要在近 5 年内跃升为全国知名旅游经典景区，必须树立自己品牌的知名度，积累自己品牌的美誉度和培育自己品牌的忠诚度，想方设法让"周恩来纪念景区"这个品牌做响做大做强。在规划和建设周恩来纪念景区时，力求突出景区鲜明的个性和与众不同的差异性，处处展示出周恩来崇高人格风范和丰功伟绩，成为精品。在注重品牌的创建时，还要注重品牌策划、管理和营销，做好品牌形象的包装和宣传，充实品牌的文化底蕴，加强品牌的管理，建立一套科学的、规范的、有序的品牌管理体系，使品牌在创新中不断发展、成长和壮大。

三、注重保护，保持原生性

在国家大力提倡和强有力的政策支持下，各地都在强化措施支持红色旅游的发展，抢占发展先机，无论是在景点建设上，还是在软件上都有了新的提高。但我们也要看到有的地方不顾历史的真实，违背历史和自然规律，新建了许多景点，甚至破坏了原有建筑风貌。这些承载着历史时代意义的遗存物是不可复制的文化，许多的遗址还是国家、省、市重点保护文物，所以，必须正确处理好旅游发展与文物保护的关系。

加强革命遗址遗迹的保护多游客在参观周恩来故居时，看到周恩来总理童年使用过的井水还清澈见底，非常激动，争相用井水洗手净面。望见100多年前的榆树还绿叶成青，情不自禁地去摸一摸，纷纷瑕想周恩来童年在此玩耍乘凉时的情景。这说明原生态的东西游客爱看，最能激发起游客的好奇心。

四、讲究互动，融入趣味性

我们的红色旅游景点都十分美丽，但游客只愿意去一次，很少故地重游，原因就是只能眼看耳听，属于被动式的参观。现在的游客不光是观光学习，更愿意动手体验，感受革命先烈们的艰辛和奋斗精神，享受文化体验休闲的乐趣。所以红色旅游要讲究互动，通过各种方式激活文物，提高陈列展览和解说的趣味性，激发游客的兴趣，调动游客参与的积极性，把政治的革命的严肃的事件和术语，用艺术的形象的生动的形式展示给游客。可以把一些旅游项目与文化、民俗、体育、健身、科教等结合起来，增加项目的可观性、参与性和趣味性，使游客抛弃平时生活、工作、学习的烦恼，开心地游玩。

周恩来纪念景区可以开辟一些寓教于乐、形式活泼的项目让游客参与，比如复制纺车，恢复周恩来在延安大生产纺线时场景，供游客动手操作。烹烩周恩来最喜欢吃的菜让游客品尝，开放总理乒乓球活动室，教游客学唱总理喜欢听的歌曲，晚上请在景区住宿的游客观看有关表演周恩来的经典小剧目，用不同的艺术方式再现周恩来音容笑貌。这样可以让静态的参观，变成动态的参与，在游览中不知不觉的接受爱国主义教育，修炼身心。

五、加强开发，体现创造性

我国红色旅游资源丰富，但也必须清醒看到，除了少数规模较大、体系较为完整外，大部分红色旅游景点都是以零散的、单体的纪念物出现，反映的历史和文化也是片段的、单一的、不完整的，带有很大的局限性。有的红色遗址因重视不够，保护措施未到位，受到了自然侵蚀和人为毁坏，虽然具有较高的史料价值，但可参观展示的内容不多。而且大多数景点表现方式陈旧，手段简单，内容单薄，对红色遗址的魅力、历史价值和文化内涵挖掘不够，开发不足，缺乏震撼力、感染力和吸引力。

要想让红色旅游真正成为旅游业的后起之秀，就需要对红色旅游进行深度开发。在保护好红色遗迹的前提下，对景区的景观建设、文化内涵、商品经营、休闲娱乐等进行整体综合开发。主要是在资源整合上创新，力求持续发展；在景区建设上创新，提升景区品位；在宣传促销上创新，大力推介景区；在科学管理上创新，提高管理水平；在规范服务上创新，提供优质服务；在旅游活动上创新，增强游客参与率和娱乐性。依靠开发创新，把景区打造成红色旅游知名品牌，打造成红色旅游胜地。

（原载《江海纵横》2010 年第 2 期）

浅谈文献档案在"周恩来生平业绩展"中的运用

朱立翔

2008 年 6 月 30 日，中国共产党建党 87 周年前夕，坐落于周恩来故乡淮安的周恩来生平业绩陈列馆正式对外开放。馆内的"周恩来生平业绩展"，展览面积 2650 平方米，共展出文物文献 130 余件、图片 420 多幅、大小场景 8 个、艺术创作 10 余件、视频 9 个、影视短片及幻影成像各 1 个，生动再现了周恩来一生的光辉历程与风范情操。展览使用的近百件文献资料，数量上仅次于照片，对展现周恩来的业绩、思想、情怀起到画龙点睛的作用，给观众留下了深刻印象。我们在文献资料的选择、布展手法的多样化、布展效果的优化等方面进行以下的探索。

一、整体把握，适当选择资料

（一）抓住重点，凸显周恩来的光辉一生

为确保搞好这个展览，中宣部、江苏省委宣传部召集国内知名党史专家多次会审，中央文献研究室专家亲赴现场把关。我们围绕着突出重点、紧紧抓住弘扬周恩来全心全意为人民服务的公仆精神这一主旋律来做文章，将新馆陈展定位于"人民的好总理"这一中心主题，充分挖掘体现"人民的总理人民爱，人民的总理爱人民"这一内涵要义，有重点地选取文献资料。在建国前选取他求学、参加学生运动、第一次国内革命战争、抗日战争、

主持和平谈判、领导解放战争等时期的典型文献，建国后选取反映他在外交、经济建设、科技、教育、卫生、国防等领域的贡献，他关心人民生活、在"文革"中鞠躬尽瘁等方面的重点材料，力求全面反映他波澜壮阔、全心全意为人民服务的光辉一生。

（二）补充"盲点"，全面展示丰功伟绩

随着新的研究成果的涌现，人们对周恩来了解不断加深，一些"盲点"被陆续发现。我们选取了《周恩来起草的中央军委关于"东北民主联军改称东北人民解放军"问题的批示文电手稿》、《周给贺龙、习仲勋等的批示电手稿》、《毛泽东起草的任命周恩来为中央军委代理总参谋长的电报》等文献，《1951 年 2 月 4 日给彭德怀的指示》、《朝鲜停战谈判会议次数统计数据》等周恩来起草的文稿，展示周恩来在解放战争和朝鲜战争中的重要作用，这些人所罕见的"盲点"更加完整地反映出周恩来的功绩和才能，在人们面前再现出更加完整的周恩来。

（三）突出"热点"，还原历史真实

观众关注的热点问题，是我们布展中要考虑的重要方面。我们将周恩来在"文革"中亲拟的关于保护干部的名单、保护民主人士的三份文电和周恩来病床上的小桌、周恩来办公室的台历、周恩来用过的清凉油及硝酸甘油并列展示，以周恩来顾全大局、"鞠躬尽瘁、死而后已"的复杂心态，回答部分不明真相的人对周恩来在"文革"中作为的非议。以周恩来在北京二外就餐的交费收据、对工作人员的"四要六不准"要求，周恩来对亲属的十条要求、周恩来给淮安的三封信、周恩来写的《我的修养要则》的组合展示，表现周恩来廉洁奉公、严格要求自己和亲属部下的思想和行为，使观众对周恩来的高尚人格有更直观的认识。对"热点"问题的解答，澄清了部分观众的疑惑，还原出一个真实可信的周恩来。

二、精心设计，布展手法多样

1. 与音像实物的配合

我们将周恩来邀请宋庆龄北上的亲笔信、宋庆龄送给邓颖超的旗袍衣料同柜展示，表现周恩来与民主人士的渊源和情谊；将周恩来在和平解决"西安事变"期间给中共中央的部分电报，毛泽东、周恩来写给张学良的信和一些反映"西安事变"的历史照片综合展示，表现当时形势的复杂及周恩来的权变智慧；将中苏友好同盟条约中文本、日内瓦会议代表的任命书并列展示，表现建国初期周恩来的外交贡献。文献和音像实物的联合展示的布展手法，起到多角展示、立体展示、互为补充的效果。

2. 不同文献的组合

我们将《警厅拘留记》手稿、《觉悟》、《天津南开同学录》、周恩来写给律师刘崇佑的信并列展示，表现周恩来参加五四运动的经历和心态；用周恩来从德国写给赵光宸的明信片、《新民意报》副刊《觉邮》第二期、《益世报》"西欧通信"、《新申报》"旅欧通信"组合展示，表现周恩来旅欧时期的行踪和对时事的认识。这些不同的文献从不同的侧面组合展示，表现周恩来在某一历史时期、某一方面的思想和风范，交互说明、互为印证，给观众留下全面而深刻的印象。

3. 文献展示的科技化

周恩来在南开学校读书时的作文，如果单纯以文本形式陈列，观众只能看到一两页，而且因为字小，看得吃力，很难产生兴趣。我们尝试将它以大型电子书的形式表现出来，观众可以通过亲身参与，通过有趣的触摸、翻阅，进而对展示的作文内容产生兴趣，对周恩来少年时期的远大志向和抱负及飞扬文采留下深刻的印象，从而起到寓教于乐的作用，特别是对青少年而言，有较大的吸引力。来馆参观的党和国家领导人的留言和对周恩来的评价，不宜将文献实物直接用在展览中，我们将数十位领导人在馆留下的墨迹，用触摸屏电脑进行多媒体展示，解决了布展难题。文献在用科技手段展示后，展示效果大大增强，取得了平面陈列无法达到的效果。

三、人性布展，优化布展效果

1. 灯光的精准设计

726 米长的展线，看完全程至少需要 30 多分钟，如果以单一的灯光亮度来布置，无论强弱，都很容易使人疲劳。我们和设计人员一道，根据展出内容，调节出亮度、照度的节奏感，有的展室和地段亮一点，有的暗一点。根据文献的开本和展示重点，将顶光和侧光综合运用，有的照度高一点，有的低一点。适宜的光线，使人眼不易疲劳，能够较为轻松的看完展览。

2. 展柜的综合运用

观看展览时，不同的观众身高不同、视线高低不一，如果所有文献处于同一高度，观众有的要么低头、要么仰头，即使一直平视，也会单调累人。为解决这一问题，文献展示采用独立柜、悬挑柜、壁柜、直接上版面等形式灵活布展，照顾到绝大多数人的身高，观众的视线在 70 厘米到 160 厘米间变动，并且做到需要细看的文献能够贴近看，只需粗略看过的距离远一点，使视线在行进中舒缓地变动，尽量减少疲惫感。

3. 密度的合理安排

大量文献同时出现，极易使人产生心理疲劳。我们掌握一个原则：同时展览的文献最多不超过 5 件，一般在两件左右；每组文献之间距离尽量不低于 6 米，之间以实物、照片等隔开，即使因为内容需要而距离较近的，也通过版面变化在空间上进行视线间隔，减少同一展示形式重复出现带来的劳累感。

（原载《浙江档案》2009 年增刊）

浅析讲解员的讲解技巧

钟　艳

　　讲解员的语言介绍是让陈列说话的主体媒介，是沟通观众心灵的桥梁，也是使讲解员与观众产生情感交流、传递知识的重要载体。讲解专业的本质是创造性的输出和给予。景点讲解是讲解员的重头戏，也是游客较为看好的旅游产品之一。所以讲解语言要摒弃讲解词的书面表达方式，要口语化，要研究观众对象，讲解方式和方法上要更灵活。掌握讲解技巧是讲解员讲解水平提高发展的重要环节，它在新讲解员——普通讲解员——优秀讲解员的转化过程中起着重要的推动作用。其中所感所悟，与大家一起分享。

一、讲解词的掌握技巧

　　讲解词是讲解与展品的结合，是对陈列语言的注释、补充和延伸，是再创造的过程即综合处理的过程。

　　讲解词的掌握要确立总体基调及各部分的表达方式。为了表达内容而确立的基本调子是悲壮、高昂、还是轻松明快。讲解纪念馆外部建筑时就应做到深沉平稳。表达方法也应有轻重缓急，断连疏密，刚柔扬抑。

　　在景点讲解中，讲解员头脑里要不断地设置各类观众，要有明确的对象感，根据不同的对象和文化层次，因人而异地选择好讲解内容。在运用讲解技巧上也是如此，比如对一般的游客，讲解员可多一些问答法、借用故事法等等。而对层次较高的游客可运用画龙点睛法、巧妙穿插法等等。

二、讲解的表达技巧

言之有饰，讲解时要装饰要艺术处理声音，做到悦耳亲切。讲解时的表达技巧主要是要求讲解员有正确的语调、重音、节奏、吐字归音。

讲解语调不同于基调，语调是通过有声语言表达的实践。主要有：1. 平直调。用于叙述性的讲解。包括纪念馆的外部建筑、建筑风格等等。2. 高升调。前低后高，用于惊叹、命令、疑问、感动、号召、反问、设问。3. 降抑调。前高后低，用于感叹、乞求、请求、肯定、镇重而严肃。

讲解重音是讲解时需点明的词。讲解过程可以通过以下几种方法实现。1. 增强音量。2. 加强声音力度。3. 要夸大字音的调值。4. 重音落在不同的词上，语意也随之改变。

讲解节奏主要由讲解内容来决定，要有意识的处理，要看观众对象、年龄、兴趣、逗留时间、对内容的要求，可伸可缩，可繁可减。吐字归音就是要求讲解员在讲解过程中做到出字讲型，归韵讲位，收音讲势。

三、讲解的现场技巧

1. 讲解时的位置

讲解员在讲解前，首先要有意识地"占领"最佳位置，面向游客面带笑容，既不要靠游客太近，也不要离游客太远，大约离游客 1 米左右即可。讲解员的语音大小高低要根据当时的环境而定，手势的幅度不要过大，讲解的景点空间距离也不要过大。

2. 讲解时的态势

态势包括讲解员的精神、气质、风度、姿态、举止和穿着服饰等。要精神饱满、大方庄重、亲切自然。另外要适当的利用表情和态势语。如我们向游客投以热情、诚恳的目光，游客就会乐于倾听，会使他们感受到讲解员温暖如春的友好气氛。我们还可以细心地捕捉游客的眼睛，"窥探"他们所做出的反应，在目光碰撞的瞬间，寻求一种情感的共鸣与交融。

3. 实际讲解的对策

面对不愿听讲解的游客时，讲解员首先要控制好自己的情绪并分析原因，然后根据具体情况解决问题。比如有时是游客太累了，那讲解员就应该给游客一定的休息时间，自己也不要多讲解介绍。有时游客正在忙于个人的事务以及考虑自己的问题时，讲解员也不要去打扰他们。有时是讲解水平太一般，游客提不起兴趣，那讲解员就应该及时的调整讲解内容，既突出重点，又不啰啰嗦嗦，努力把导游词讲出新意和特色，以此来诱发游客的联想和兴趣。

面对打扰讲解的游客时，讲解员最好冷静，不妨先让那位游客暂时作为一名"讲解员"。游客讲解的不好也没关系，在他讲解完后，要尽量肯定和赞赏游客讲得好，讲得合理和有特色部分。如果游客讲解得确实精彩，那么，讲解员就要放下架子好好的向人家学习。必须注意的是：讲解员切忌不能让游客反客为主，让游客临时讲解一下景点内容，目的是在于缓和一下尴尬的场面，而绝不是被个别游客牵着鼻子走，更不能让他来控制整个团队。

总之，讲解工作是一项需要专业技术的工作，同时也是一项复杂的艺术工程。讲解员只有不断的提高自身修养，在充分熟悉理解讲解词的基础上，有效地运用讲解技巧，使讲解工作真正做到驾轻就熟、厚积薄发，逐步形成自己的讲解风格。

（原载《中国旅游报》2010 年 5 月 10 日）

第三部分　文博理论

关于免费开放的冷思考

张　谨

毋庸置疑，门票免费意义重大，免费开放成效显著。免费开放对博物馆纪念馆最直接的变化就是门票由收费变为免费，本文就从门票收入的角度来分析免费开放对博物馆纪念馆带来的挑战与影响。

一、按照门票收入对博物馆的分类

按照收藏展示的不同内容，博物馆纪念馆（以下简称博物馆）可分为综合、历史、艺术、自然科技、其他等五类。如果按照门票收入在总收入中的不同比重，博物馆可大致分为经营性、公益性、半经营半公益性等三类。经营性博物馆主要吃旅游门票"杂粮"，主要依赖旅游市场，衣食父母为游客。公益性博物馆主要吃政府财政"皇粮"，主要依赖财政拨款，衣食父母为财政。半经营半公益性博物馆"杂粮"、"皇粮"兼吃，既依赖旅游市场、又依赖财政拨款，游客为父、财政为母（参见表一）。

表一　　　　　　　　　博物馆的分类

博物馆类型	门票收入在总收入中的比重	财政拨款在总收入中的比重
经营性	60%以上	40%以下
半经营半公益性	20%～60%	40%～80%
公益性	20%以下	80%以上

淮安市博物馆、苏皖边区政府旧址纪念馆、周恩来童年读书

旧址、周恩来纪念馆、周恩来故居这 5 家博物馆虽然都是公益性文化事业单位，但对门票的依赖性明显不同。表二显示，博物馆对门票依赖性越强，则对财政依赖性越弱；反之对门票依赖性越弱，则对财政依赖性越强。在免费开放的前一年，苏皖边区政府旧址门票收入、财政拨款占总收入比重分别为 0、100%，是典型的公益性博物馆；周恩来故居门票收入、财政拨款占总收入比重分别为 73%、0，是典型的经营性博物馆。2008 年 5 月 1 日，这 2 家博物馆同时对社会免费开放，但门票免费给它们所带来的变化和影响是截然不同的。

表二　2007 年淮安五家博物馆门票收入比较分析　（单位：千元）①

博物馆	总收入	门票收入	财政拨款	门票收入在总收入中的比重	财政拨款在总收入中的比重	博物馆类型
淮安市博物馆	4868	0	4238	0	87%	公益性
苏皖边区政府旧址纪念馆	1005	0	1005	0	100%	公益性
周恩来童年读书旧址	429	28	370	10%	86%	公益性
周恩来纪念馆	7490	4200	3180	56%	42%	半经营性
周恩来故居	2989	2181	0	73%	0	经营性

经费来源上的差别必然是经费性质上的差别，经营性、半经营性博物馆经费性质基本是自主收入资金，公益性博物馆经费性质基本是财政拨款资金。财政拨款资金是"打酱油的钱不能用来买醋"，而自主收入资金的支配自主性强、自由度大。

经营性、半经营性（以下统称经营性）博物馆与公益性博物馆还存在其他明显差别：1. 在旅游特征上，经营性博物馆旅游品质较高，往往是成熟的旅游景点，有的甚至是一个地区的龙头景

---

① 江苏省文化厅：《江苏省文化统计年鉴 2007 年度》，第 366 页，2008 年。

区、热点旅游线路的品牌产品、全国知名的旅游目的地。游客一般将这些经营性博物馆看作是旅游景点，而不是博物馆。在淮安首批免费开放的 13 家博物馆中，就有 4 家为国家 4A 级旅游景区，占 31%。2. 在工作中心上，较之于公益性博物馆全心全意追求社会效益，经营性博物馆是"以社会效益为宗旨，以经济效益为核心，实现两个效益双丰收"。游客的年接待量不仅直接关系到经营性博物馆的地位，更直接影响到职工的收入。为了追求经济效益，经营性博物馆不断拓展旅游市场，积极招揽各地游客。在各级旅游促销会、各类旅游推介会上，摆摊设点、大声吆喝的始终是经营性博物馆，而罕见公益性博物馆。3. 在单位隶属关系上，公益性博物馆一般隶属于文化系统，经营性博物馆往往隶属于非文化系统。国家一级博物馆——侵华日军南京大屠杀遇难同胞纪念馆，全国重点文物保护单位——周恩来故居，两者都是全国红色旅游经典景区，分别是南京、淮安的品牌景点，前者隶属于南京市委宣传部，后者隶属于直属淮安市政府的周恩来纪念地管理局。由于不隶属于文化系统，这两家重要的博物馆一般不在文化系统的年度统计之列，在文化部门统计的《江苏省文化、文物机构名址简录》中，就无这两家博物馆②。

二、从收入来源的变化分析挑战与影响

门票免费后，公益性博物馆的收入来源基本不变，依旧是政府财政；经营性博物馆的收入来源发生根本性转变，由旅游市场转变成政府财政。收入来源的"不变与变"导致免费开放带来的挑战与影响的"小与大"。经营性博物馆由吃"杂粮"或"杂粮""皇粮"兼吃转变为主吃"皇粮"，由市场经济的自主经营

---

② 《江苏文化年鉴》编纂委员会：《2009 江苏文化年鉴》，第 397～408 页，广陵书社，2010 年。

时代似乎一夜间又回到计划经济的"吃大锅饭"时代。由于经营性博物馆大多隶属于非文化系统,其受到的冲击往往没有得到应有的重视。

这些挑战与影响突出表现为"服务动力缺失症",体现在"疏"、"冷"、"缺"、"淡"、"虚"等五个方面:

(一)"疏"市场。免费前,旅游市场是经营性博物馆的财神爷,游客天经地义地成为经营性博物馆的上帝。免费后,经营性博物馆的一个转变是必然的:就是绝对不会像免费前那样五湖四海地参加或组织旅游推介会,也绝对不会投入资金通过各种媒体、各种方式千方百计吸引游客眼球。免费后,博物馆纷纷声称接待量提高了几倍,市场占有率提升了几成。其实,一张门票的免费并不必然等于博物馆游客数量的增加,主要原因有:1. 博物馆招揽游客的宣传工作为零,拓展市场的推介热情为零。"皇帝的女儿"原本就是"不愁嫁",现在更是"不想嫁"。2. 旅行社失去了推介博物馆的经济动力。博物馆门票免了,旅行社的门票回扣与奖金也蒸发了。而旅行社是旅游活动的必不可少的中介,是游客与博物馆之间的桥梁。旅行社的退出必然影响到博物馆的游客接待量,尤其是外地游客。3. 免费是永久免费,并不是特定时间免费。一些博物馆在免费首日出现所谓"井喷",往往是暂时现象。实际上,也有很多博物馆在免费首日就冷冷清清。2008年3月28日,北京市29家博物馆正式免费开放,开放首日普遍遇冷。其中,首都博物馆全天客流量不足1500人,不及日最高接待量的一半,还有8家博物馆接待观众不到百人③。4. 对游客来说,真正具有吸引力的,不是门票的免费力,而是博物馆的自身魅力。实际上,一些博物馆免费后依旧"门庭冷落鞍马稀",而一些博物馆虽然没有免费,但依旧"车水马龙"。

---

③ 李琦:《博物馆免费开放首日遇冷》,《京华时报》2008年3月29日。

（二）"冷"游客。免费前，博物馆看到游客，就看到钱；游客越多，赚得越多。免费后，博物馆看到游客，看不到钱；游客越多，赔得越多。博物馆每天场馆展厅开放面积大不如小、开放时间长不如短、参观人次多不如少，因为开放面积大、开放时间长、参观人次多，导致宣传成本，管理费用包括电费、保洁费、保安费都相应增加，而门票收入依旧为零。博物馆的服务质量相应打折，"不请自来"的客人很难像"应邀而来"的客人那样受到热情接待。

（三）"缺"活力。免费前，经营性博物馆有售票、剪票、监票、宣传推介、财务统计等几套人马围绕门票运转，免费后，这些工作都蒸发了，这些岗位也失去意义，但这些人马还留在博物馆，导致博物馆活力更加缺乏、效率更加低下。一些博物馆理论研究是没能力搞，宣传活动是没钱搞，社会教育是没劲搞，卫生保洁是临时工搞，安全保卫是保安公司搞，讲解服务是导游抢着搞，而吃皇粮的编制内人员则无所事事，什么事也不搞，什么事也搞不了。

（四）"淡"共建。免费开放的经营性博物馆大多是各级爱国主义教育基地，基地共建是社会教育活动的一项重要工作。免费前，社教活动对博物馆还有广告宣传的价值，博物馆有些社教活动搞得红红火火、轰轰烈烈；免费后，博物馆经费拮据、自主性弱，更没有必要花钱做广告了。而共建单位也失去了与博物馆共建的利益动力，以往共建单位与博物馆合作可以获得门票免费或打折的利益，如今，这项利益成为本身就该享有的权利。

（五）"虚"业绩。免费前，门票收入客观地反映了游客数量及经营性博物馆的业绩。免费后，游客数量失去了门票收入的客观比照。经营性博物馆无心统计也难以准确统计游客接待量，往往根据宣传需要报个数字。而相应部门公布的接待量原版来自博物馆的上报，不去核查也很难核实，同时也乐见接待量不断升高，甚至主动加水。

三、如何提升博物馆服务质量

服务动力缺失症，对于经营性博物馆是新问题，对于公益性博物馆是老问题。服务动力缺失症直接影响到博物馆服务质量，也严重影响到免费开放工作的可持续发展。其病因有内因，也有外因。内因是根本原因：原有的内在经济动力丧失，游客的多寡与博物馆的经济利益脱钩。外因是直接原因：新的外界监督机制、考评机制、激励机制还没形成。

如何防治服务动力缺失症，促进免费开放的可持续发展，必须以服务质量为检验免费开放成效的第一标准，形成提升服务质量的经济动力、政治压力和内在活力，做好财政保障，监督考评，机制创新等三方面工作。

（一）以服务质量为检验博物馆免费开放成效的第一标准。牢固确立"游客第一、服务至上"的理念是做好免费开放工作的前提。服务是所有博物馆本质。服务是博物馆的宗旨，游客是博物馆的上帝。博物馆不论其规模的大小、行政级别的高低，也不论其形式是博物馆、纪念馆，还是美术馆、科技馆、陈列馆，本质上都是"向公众开放的非营利性社会服务机构"。免费开放一方面容易导致博物馆服务质量下降，另一方面也容易导致游客的维权意识丧失。免费前，游客花钱才能参观，多少还有消费者权益意识。免费后，一般游客往往心满意足于"不花钱就能参观"的惊喜，认为自己已经讨了大便宜，根本就没有把自己当作公共文化产品的消费者，更不可能对博物馆的服务质量提出要求。

针对博物馆界普遍存在的"重建设、轻管理、缺服务"的状况，2008年2月启动的博物馆评估定级工作将"社会服务"摆到了突出位置，其定级评分细则共1000分，仅仅"社会服务"一项就占250分，而"综合管理"与"基础设施"两项的总分才占

200分，彰显了博物馆的服务本质，有利于引导博物馆不仅重"硬件"，还要重"软件"。免费开放后，不管原来以"物"为本的公益性博物馆，还是原来就以"人"为本的经营性博物馆，都要以"人"为本。公益性博物馆要实现由收藏向服务转变，经营性博物馆更要强化服务意识、提升服务水平。

（二）建立与绩效挂钩的财政保障制度，形成博物馆提升服务质量的经济动力。财政保障是做好免费开放工作的基础。如果财政经费保障不足，博物馆免费开放的许多工作都会扭曲变形。财政保障不仅要与博物馆是否免费开放挂钩，更要与其免费开放的绩效紧密挂钩，有效地促进博物馆积极主动地做好服务工作。目前，财政保障存在的问题是：1. 开门有余，运转不足。保障了博物馆现有人员工资福利及正常开馆费用，但举办展览、开展社教活动经费不足。2. 有地区差别，无优劣之分。中央财政是按照东部20%、中部60%和西部80%的比例进行补助运转经费增量部分。地方财政的补助因苏南、苏北而不一样，也因省属单位与市属单位不一样，绝没有出现过因免费开放工作的成效不同而不一样。

（三）建立科学严格的监督考评制度，形成博物馆提升服务质量的政治压力。监督考评是做好免费开放工作的关键。对于免费开放的实际状况，上级部门所掌握的信息不能仅仅来源于博物馆的书面汇报，而要到实地认真细致地摸底。事实上，好多博物馆都存在着"一免了之"的状况。一些省市公布的免费开放博物馆数量惊人，但其中许多博物馆属于滥竽充数，免费前就门可罗雀，免费后由于经济动力的丧失，更加无人问津。

监督考评的重点是宣传展示和开放服务，而不是馆藏文物和场馆建设，尤其要考评：1. 开放时间是否充足。免费后，一些博物馆实行每周闭馆一天，还确立"学习日"、"培训日"等，巧立名目，减少开放时间。最大限度地满足游客要求，尽可能多地增加和延长开放时间，是公共文化服务体系"公益性、基本性、均等性、便利性"的应有之意，也是提高服务质量的前提。针对免费后游客总体上升的趋势，在平时，博物馆要严格控制"闭馆日"；在节假日，博物馆应确保正常开放；在特殊时期，如重大节庆，有条件的博物馆可以尝试晚间开放。2. 参观人次是否确实。游客多寡及年增长率是衡量免费开放成效的一个重要的数据，但博物馆自己上报的游客数量往往只有宣传意义，没有统计价值。可以设计安装电子计数仪促进日常统计，实行集体参观签名制促进团体统计，安排调查员（或志愿者）实地调查促进特定时节统计。

　　针对博物馆"多头管理、条块分割"的状况，考评的主体应是宣传部牵头，财政、文化、文物、旅游、档案、民政部门参加的联合调查组。考评的主要方式是随时随意以游客身份实地体验、摸实情、见实数。考评的主要目的是发现问题、解决问题，奖优罚劣，促进健康发展。

　　（四）加快内部机制改革创新，形成博物馆提升服务质量的内在活力。体制机制改革创新是做好免费开放工作的重点。胡锦涛总书记提出的当前和今后一个时期文化建设的四项重点工作的第一项便是"加快文化体制机制改革创新"。免费开放后的博物馆包括原来的经营性博物馆作为"公益性文化事业单位"而不是"国有经营性文化单位"，必须走"内部机制改革创新"而不是"转企改制"之路。1. 去行政化。我国的博物馆按照行政级别有厅、处、科、股级。行政级别在实际工作中成为衡量博物馆地位的重要标准。博物馆也成为安排行政官员的重要场所。与我国高校一样，博物馆也急需"去行政化"、"去官本位"，让博物馆回归社会服务机构的本质。2. 专家治馆。专家治馆是去行政化的应有之意。博物馆工作具有很强的专业性，专业素质当然不是唯一条件，但应是首要的条件。马自树先生就积极提倡"实行专家治馆，结束那种随意安排干部担任博物馆馆长的历史"④。对于博物馆馆长，实行全省乃至全国范围内的遴选制度，挑选专家担当馆长。3. 从业资格考试和全员聘用。由于没有从业资格的准入门槛，长期以来，许多博物馆超编缺岗，需要的人进不来，不需要的人挡不住，很多人没事干，很多事没人干。在实行从业资格考试、严把进人关的同时，要对现有人员实行聘用制，以"低基础、高浮动"为原则，健全激励制度，改革分配制度，实施效益工资。

④　马自树：《馆长论》，《中国博物馆》2008 年第 1 期。

打响淮安第一品牌　建设全国一流景区

张　谨

从 1979 年周恩来故居正式对外开放到 1988 年周恩来童年读书旧址修复落成，从 1992 年周恩来纪念馆建成开放到 2008 年周恩来诞辰 110 周年各项纪念工程全面结束，再到 2009 年的今天"同铸丰碑　共创辉煌"论坛在淮安的举办，淮安周恩来纪念地走过了 30 年历程。

一、由单一的文物景点壮大为完整的旅游景区

1979 年 3 月 5 日，周恩来故居正式对外开放。当时故居仅有 11 名工作人员，周边被杂乱的居民区包围，接待条件十分简陋。1988 年，被公布为全国重点文物保护单位。周恩来童年读书旧址位于市区的清江浦，周恩来曾在这里生活、学习了四个年头，经过广泛调查，从 1978 年起，确认了当年居住的位置，并掌握了原有建筑形制，几经周折，在古运河边的原址上复建了周恩来童年读书处，并于 1988 年 3 月 5 日正式对外开放，1995 年被公布为江苏省文物保护单位。

1992 年，国家批准建设的纪念周恩来的综合性纪念场馆——周恩来纪念馆在桃花垠建成。周恩来同志故居和周恩来纪念馆的馆名都是邓小平同志题写的。周恩来纪念馆的建成开放，标志着总理家乡形成了诞生地、读书处、纪念馆完整的周恩来纪念系列景区。

二、由松散的行业协作体转变为统一的资源联合体

周恩来纪念馆、童年读书旧址、故居 2004 年以前分别属于省市区三级政府管理，虽然在同一个城市，但各归其主、各行其是。2004 年 12 月 31 日，周恩来纪念地管理局成立，统一管理纪念馆、故居、童年读书旧址。2005 年初，在毛泽东纪念堂召开体制调整后的首次集中汇报会。5 年来，在周恩来纪念地管理局统一领导下，三个景点发挥体制调整、资源整合的优势，抓住国家发展红色旅游的政策机遇和总理诞辰 110 周年的历史机遇，以创新为动力、以文化为内涵、以人才为根本，管理互动、客源互流、信息互通、市场共建、利益共赢，实现了四个统一。

1. 工作目标统一。周恩来纪念景区努力实现在全国周恩来纪念景区中领衔、在全省红色旅游景区中领先、在全市旅游行业中领跑的目标。具体说是"5、4、3"：周恩来纪念馆创建国家 AAAAA 级景区，周恩来故居创建国家 AAAA 级景区，周恩来童年读书旧址创建国家 AAA 级景区。

2. 服务规范统一。"3 个 100% 和一个零"是纪念景区统一的服务规范：讲解满意率达 100%、环境满意率 100%、服务满意率 100%，并且确保没有任何安全事故发生。

3. 项目包装统一。抓住周恩来诞辰 110 周年的契机，周恩来纪念地申请并实施了周恩来故居周边环境改造工程、周恩来故居修缮工程、周恩来生平业绩陈列馆工程、纪念馆东南门主入口服务中心及停车场工程、西花苑碑园工程、纪念馆内部环境整治及西门改造工程。

4. 对外宣传统一。周恩来纪念景区对外宣传做到了"一网、一报、一刊"。淮安周恩来纪念景区网站、《丰碑》报、《丰碑》刊物是景区进行教育与宣传的三个平台。

三、由简单的红色景点发展为成熟的 AAAA 级景区

2005 年初，周恩来纪念馆、故居被列入全国百家红色旅游经典景区。2006 年 3 月 5 日，周恩来纪念馆成为淮安市首家国家 AAAA 级旅游景区。2008 年，周恩来故居又成为国家 AAAA 级旅游景区。

改陈后的周恩来纪念馆主要是三大块，一是周恩来纪念馆东南门主入口建设，二是周恩来生平业绩陈列馆建设，三是西花苑碑园建设。新建的陈列馆，过去展厅面积是 350 平方米，现在增加到 2515 平米。用 527 幅图片、131 件文物，通过油画、雕塑、艺术场景、幻影成像等艺术手法，再现了周恩来伟大、光辉的一生。

周恩来故居也抓住周恩来诞辰 110 周年的机遇，实施了故居修缮工程和故居周边环境整治工程。两项工程的建设不仅有效地保护了故居这个全国重点文物保护单位，而且根本性地改善了驸马巷历史街区风貌。

综合素质明显增强。为了提高职工业务水平，管理局制订了"每人一张、每月一课、每年一考"的学习制度，景区职工每人每月一张《学习材料》，各单位每月组织一次集中学习，全系统每年年底组织一次考试。景区职工潜心研究周恩来，每年公开发表论文近 10 篇。5 年来，文物征集成果显著，包括周恩来世祖容像及周氏家训，周恩来在日内瓦会议期间穿过的大衣，万氏家谱等。2008 年，周恩来纪念馆先后被评为江苏省文明风景旅游区、全国精神文明创建工作先进单位。

各项活动异彩纷呈。2005 年，与楚州区政府联合举办了"共和国诞生地红色旅游合作与发展论坛"。2006 年 1 月，与中央文献研究室二编部联合举办《永远怀念人民的好总理周恩来——杜修贤摄影作品展》，"浓墨寄深情"书画家笔会。2008 年，与江

浙沪的周恩来纪念地联合举办了"枫华杯纪念周恩来诞辰110周年中学生书法大赛",并积极配合相关单位在纪念馆举办了"永远的怀念"大型广场文艺演出。与冈崎嘉平太纪念馆在日本联合举办了《冈崎嘉平太与周恩来》展览。

服务水平不断提高。一名讲解员在全国首届讲解员比赛中获得全国十佳的称誉。一名同志获得人事部、旅游局联合表彰的先进工作者称号。在历次淮安导游员讲解员服务技能竞赛中,周恩来纪念景区的选手总是名列前茅。5年来,全系统接待观众人数逐年递增,截止2008年已较资源整合前翻了一番。五年来,先后成功接待了胡锦涛、贾庆林、习近平、贺国强等党和国家领导人20多位。

四、由一般的教育场所提升为知名的示范基地

周恩来纪念景区自开放到今天,经过了实行全费制门票到对特殊群体免费开放,再到向社会公众免费开放的过程。

1996年,周恩来纪念馆率先在江苏省同类博物馆中对中小学生和全国老年人、残疾人、军人免费开放。2005年起,周恩来纪念馆、故居、读书旧址对全国的大、中、小学生集体参观免费开放。

2008年5月1日,周恩来纪念馆、故居、读书旧址对全社会永久性免费开放。免费开放有利于周恩来纪念事业的发展,有利于教育基地更好地履行公共服务职责。免费开放后,周恩来纪念景区依照"免费不减服务、免费不减质量"的要求,在三个方面实现转变。

(一)在景区性质上,由旅游景点向教育课堂转变,追求社会效益。1.建设特色课堂。周恩来故居是研究周恩来家世的课堂,周恩来童年读书旧址是学习周恩来勤奋好学、自立自强精神的课堂,周恩来纪念馆是感受周恩来人格魅力、崇高精神的课

堂。2. 实行"百家讲坛"式的培训制度。邀请中国文博学会宣教专家王继红，全国五一劳动奖章获得者、全国百佳文明导游徐顺美，旅游策划专家杨淇深，以及中央文献研究室专家、原周恩来身边工作人员来景区授课。3. 丰富教材读物。周恩来纪念地相继编辑出版了《周恩来同志故居》、《周恩来践荣立德故事选》、《周恩来纪念地馆藏书画精品集》、《永恒的足迹》等书。

（二）在景区宗旨上，由不断开拓和扩大旅游市场向传播弘扬周恩来精神转变，增强传播效果。1. 开展针对性讲解，编写个性化讲解词，提高讲解能力，创新讲解接待人员的用人机制。2. 开展互动性交流，将教育基地引进课堂，将课堂引进教育基地。今年 3 月 5 日，周恩来纪念地管理局主办了"四进"周恩来班（读物进课堂、格言进教室、辅导员进班级、宣讲团进校园）活动启动仪式。"四进"活动的开展大大促进了全市周恩来班的创建工作。3. 开展多样性宣传。网站、《丰碑》、文艺演出队成为宣传周恩来精神的三大平台，打造文化景区的三大支柱。

（三）在工作重点上，从与旅行社合作宣传景区向维护好、建设好全国爱国主义教育示范基地转变，增强景区凝聚力。1. 与学校共建。目前在景区设立教育基地的包括南京大学、河海大学等 13 所高校，以及近 10 所中小学。景区经常组织宣讲团深入学校宣讲，并在学校举行临时展览。去年，与淮阴工学院联合举办《弘扬恩来精神　追忆三十年》活动。2. 与机关共建。在景区设立教育基地的包括省教育委员会、省国土资源厅等近 10 家省级机关。今年 3 月，淮安市级机关工委在周恩来纪念馆举行"党建林"揭幕仪式并现场种下纪念树。八十多家市级机关党组织栽植了总理生前特别喜爱的西府海棠。这里成为淮安市级机关长期的党员教育基地。3. 与部队共建。江苏省全民国防教育委员会在景区设立了国防教育示范基地、南京军区政治部在景区设立了青年官兵革命传统教育基地。2007 年，为庆祝建军 80 周年，与市双拥办举办了"同庆八一 共忆伟人"军民联谊活动。今年端午节与楚州武警支队联合举办《恩来精神进警营 军民同乐度佳节》活动。为参加"报告祖国"2009年淮安市双拥文艺会演活动，与市武警支队联合编排舞蹈《功在第一枪》。

（在全国周恩来纪念地"同铸丰碑 共创辉煌"淮安论坛上交流，2009年7月17日）

周恩来与新中国博物馆文物工作

陈　明

新中国成立标志着古老的中国一个崭新时代的到来，中国博物馆事业也由此展开了新的篇章。新中国开国总理周恩来十分重视保护和继承民族优秀文化遗产，重视博物馆事业，他为新中国博物馆事业倾注了大量心血，他对博物馆文物的征集收藏、保护利用等作过许多重要指示和要求，至今仍然是博物馆文物工作的指导思想和工作方法，仍在指导新时期博物馆工作实践。

一、倡导多渠道征集文物

博物馆的文物是博物的价值所在，征集文物是博物馆重要的基础性的业务活动。周恩来总理关心这项工作，要求要坚持群众路线多渠道多种方式征集文物。还亲自发出征集号召，亲自带头捐赠文物。

1949 年 1 月，面对祖国文物大量流失的状况，周恩来多次做出指示，要求不惜一切代价抢救和购回流失的文物，并发出征集号召，要求国民各尽所能，通过各种途经回收国宝。海内外积极响应，仅故宫博物院就征集到 1.6 万件文物。

周恩来用自己的文物意识唤醒人们的文物意识，1963 年 6 月，周恩来审批中国人民银行销毁日伪纸币时，专门指示保留一部分给博物馆收藏。

为了推动征集工作，在可能的情况下给予一定的经济补偿或奖励，是对响应征集号召的鼓励。1963 年 8 月，周恩来就曾亲自批准发给柳亚子两个女儿一万元，以奖励她们接受中国革命博物馆征集柳亚子 6000 多件遗物的行为。

周恩来积极主张收购重要文物。建国初期，百业待兴，各行各业都急需经费，在这种情况下，周恩来仍然决定不惜重金，将一批珍贵文物及时抢救回来。《中秋帖》和《伯远帖》是东晋大书法家王献之和王珣的墨宝，清朝末年，《中秋帖》和《伯远帖》被袁世凯手下人郭世五所收藏。1951 年，郭世五之子郭昭俊因经济困窘，将两帖抵押给香港一家英国银行，靠贷款度日。眼看着其贷款即将到期，如果无钱赎回，则此稀世之宝将按惯例被银行拍卖。一旦被银行拍卖，则国宝将很可能流失海外。周恩来得知这一情况后，立即于 11 月 5 日致函国家文物局、财政部及中国人民银行负责人，明确指示要千方百计"购回王献之《中秋帖》及王珣《伯远帖》"，"所需价款确数，可由我方在香港银行与中南胡惠春及物主郭昭俊当面商定，并电京得批准后垫付，待《中秋帖》及《伯远帖》运入国境后拨还。"？还特别强调："要派负责人员及识别者前往鉴别真伪。"遵照周恩来的指示，经多方交涉，两件珍贵的法帖终于回归祖国。此举已成为新中国重视征集保护文物的佳话①。

博物馆接受组织和个人的捐赠是文物征集的重要方法之一。周恩来积极倡导捐赠文物。1959 年 9 月，为建设中国革命军事博物馆，号召全军全民捐赠有关文物，周恩来带头捐赠了自己的一级红星奖章。周恩来为新中国的外交事业操劳了一生，外交礼品承载着新中国的外交历史，周恩来指示接收的外交礼品要交给博物馆收藏。如今国际友谊博物馆收藏的缅甸牙雕佛像、摩洛哥国王宝剑等稀世珍宝，还有美国前总统尼克松赠送的象征周恩来推

---

① 陈廷伟、张桦：《周恩来教育思想》，第 239 页，江苏教育出版社，1998 年。

动中美小球推动大球外交智慧的乒乓球拍和球。不仅闪耀着周恩来新中国外交历史功勋，也折射出周恩来文物保护思想的光辉。

二、重视科学严谨地保护文物

周恩来十分重视科学严谨地保护文物，曾指出："文物是祖国的文化遗产，过去帝国主义、反动派没有破坏的，如果今天毁于我们手里，是无法向子孙交待的。"

全国解放前夕，为防止文物古迹遭战火毁损，周恩来在解放军高级干部会上向全军发布命令，要妥善保护文物古迹。根据他的建议，专门编印了一份《全国古建筑文物简目》，注明了古建筑文物名称地点，印发人民解放军各部队加强保护②。1961 年，周恩来领导国务院研究颁布实施了《文物古迹保管暂行条例》、《关于进一步加强文物保护和管理工作的指示》，公布了第一批全国重点文物保护单位名单。为新中国文物保护和管理工作确定了方针政策和工作重点。

保护北海团城是周恩来严谨态度处理建设发展和文物保护关系的典型例子。北海团城位于北京的中心部位，是古都精华所在。1954 年扩建北海大桥，有人建议拆除团城，另建新桥，把路拉直；有人坚决反对，认为团城是重要古迹，很有历史价值。两种意见争执不下，团城将遭拆毁的消息经各种渠道传到了国家文物总局，梁思成、郑振铎等人万分焦急，他们迅速汇集有关北海团城的资料，以文物局的名义向各界呼吁保护团城。梁思成苦心筹谋，决心晋见周恩来，恳请保护北海团城。周恩来在听取梁思成的汇报后，在炎夏的一个下午，亲自考察了北海团城。他轻车简从，没有其他官员的跟随，意图是不想受他人干扰，以便做出科学地判断。足足两个钟头，他绕城走了一周，最后停留在团城

---

② 《中国博物馆学基础》，第 111 页，上海古籍出版社，1990 年。

上，时而遥望北海的琼岛，时而注视着北海大桥上来往的车辆行人。最后，他决定保留团城，将国务院所在的中南海西北角的围墙向南移数十米，将桥和马路向南拓宽扩建。这一移，使得周恩来的住地西花厅离马路仅一墙之隔。马路从南边绕过团城，团城就这样完整地保住了。

"文革"对文物古迹的人为破坏极其严重，如果没有周恩来有力的保护损失将更加惨重。周恩来对少林寺、曲阜三孔采取及时强硬的保护措施，使一大批历史文化遗产免遭灭顶之灾。1966年底，一群红卫兵来到少林寺，以"破四旧"为名，在寺内大砸大毁，将寺内建筑能毁的全毁了，一些壁画也未能逃脱厄运。然而，塔林十分坚固，他们砸不动，于是商量着要用炸药来彻底摧毁整个寺院。在这紧急关头，有人将情况通过登封县委上报了省委，省委又直接报告给周恩来。周恩来当时正在开会，他听取有关人员汇报后，立即下达了"制止炸毁少林寺"的明确指示，并通知河南省委立即执行。河南省公安局迅速派出一批公安干警奔赴少林寺。当公安干警火速赶到少林寺时，情形已十分危急，红卫兵已运来了一车炸药，埋满了塔林，只差点导火索了。塔林终于保住了。事后，少林寺的和尚们赞不绝口："总理功德无量，功德无量！"

"文革"初期，山东省曲阜市孔庙、孔府、孔林遭到严重冲击造成了孔庙极为惨重的损毁。红卫兵200余人去孔庙造反，召开了捣毁孔庙的万人大会。周恩来事后知道这些情况痛心疾首，危急时刻采取措施，下达了保护文物名胜的命令，大成殿前的十二支龙柱才得以保存，孔府、孔林基本上没有受到冲击，避免了更大浩劫。

自然界的风雨虫鼠对文物破坏力也很大。周恩来对于抗自然破坏，保护文物有许多独到的见解和具体的指导意见。1962年2月，周恩来审批文化部制定的《战备文物库房方案》时，对文物的防盗、防火、防潮作了细密的批示体现了严谨的科学精神。防盗："库区由部队保卫，文物运输要隐蔽伪装，提高警惕，保证安全，切要!"防火："严格控制，减少火源。要常检查，保证绝对安全。自动灭火设备要选用最先进的，要先行试验，不可伤损文物。"防潮："防水防潮事关至要，要特别注意工程质量。"这些批示准确、严密，全部是文物专家的专业术语。

三、推动合理利用文物

合理的利用文物进行科学研究，进行社会教育，是博物馆基本职能。周恩来积极支持和推动合理利用文物进行科学研究，在建设研究队伍，创办研究刊物方面给予了大力的支持。建国初聘用文史馆员，号召全国政协委员开展文史和文物研究。批准《文物》、《考古》、《考古学报》的复刊，批准重建文物出版社。他要求在开展研究过程中要用历史唯物主义和辩证唯物主义观点分析探讨，要尊重历史，尊重科学。20世纪70年代研究历史，强调农民起义的作用，忽略了许多重要历史人物的作用，甚至没有人提到帝王将相。周恩来批评这种现象是不尊重历史。

在指导考古发掘研究工作中，体现周恩来尊重科学精神的例子很多。1955年，郭沫若等人联名写报告给周恩来，要求发掘北京郊区明代十三陵中的长陵。事前，郭沫若曾请郑振铎签名，但是郑不赞成这个作法。经慎重考虑，郑振铎向周恩来提出了不同的意见，而建议另外试掘定陵。周恩来再三考虑后没有赞成郭沫若等大多数人意见，竟采纳了郑振铎的意见，周恩来认为考古发掘要循序渐进，积累经验，不能轻举妄动。并指示由郑振铎等人主持定陵的发掘工作。定陵的试掘是成功的，取得了震惊世界的成绩。定陵发掘出的文物保护对当时的科技手段提出了挑战，验证了周恩来科学决策的正确性，因此长陵的发掘计划就搁置下来了。同样对于试掘唐朝的乾陵计划，周恩来则两次否决。1960

年，陕西省派专人带着《乾陵发掘计划》赶赴北京，向中共中央及文化部等有有关领导请示汇报。郭沫若甚至当面对周恩来总理陈述了发掘乾陵的意义："毫无疑问，肯定有不少字画书籍保存在墓室里！打开乾陵，说不定武则天的《垂拱集》百卷和《金轮集》十卷可重见天日！也说不定武后的画像、上官婉儿等人的手迹都能见到！石破天惊，一定是一件石破天惊的大事！"但周恩来不愧是大国总理，他在发掘计划没有写上"同意"、"不同意"的例行文字，深情地写道："我们不能把好事做完，此事可以留作后人来完成。"当时，因为明定陵还引发了一场发掘帝王陵热。国务院及时出台了关于"全国帝王陵目前先不要发掘，一切力量集中于工程地区，配合清理文物"的决定指示。经陕西省人民委员会研究决定，停止了对乾陵的进一步发掘工作。乾陵发掘委员会依原样重新铺砌隧道石条，填平夯实封土，恢复原样。同时在隧道周围修筑排水沟，防止山水注入，以起保护作用。1973 年，郭沫若再次提议挖掘乾陵，又被周恩来否决："十年之内不开帝王陵！"如今的乾陵仍完好地保存，国家新一代领导人也像周恩来一样用科学的精神否决了新的发掘计划，这可以说是周恩来保护利用文物科学精神的传承。

周恩来大力推动新中国博物馆的建设。建国初，新中国接管了 20 多座共公博物馆并相继开放，同时着手筹备建设各类新馆，周恩来给予了大力的支持和关注。1950 年 7 月，上海筹备鲁迅纪念馆，周恩来题写了馆名。北京三大馆建设更是凝聚了周恩来的心血。为庆祝建国十周年，北京新建中国历史博物馆、中国革命博物馆和中国人民革命军事博物馆。周恩来从工程建设、征集文物到陈列布展都十分关心，多次到现场检查工作。检查中国历史博物馆和中国革命博物馆时对陈列的指导思想和原则，以及许多历史问题作了重要批示。还亲自察看衣帽间，要求把大的办公室改为厕所。并指出："博物馆要面向群众，处处要为群众着想。"

中国人民革命军事博物馆 2800 万元建设经费和建设用的 700 两黄金是他亲自审批的。他对中国人民革命军事博物馆建设从选定馆址、审定建筑方案、陈列大纲都一一把关。特别是对陈列的每个部分、每个房间、每个版面用了几个下午和晚上全面审查③。

周恩来十分重视博物馆的宣传教育工作。故宫开放之初，参观的人们对皇宫充满了好奇，为了方便观众，周恩来要求编写简介，并亲自审定出版。1957 年，是中国人民解放军建军 30 周年，为向全国人民全面而具体地介绍八一起义的经过，《解放军报》决定发表题为《八一起义》的连环画，并要求八一起义纪念馆提供说明稿。纪念馆起草的介绍稿送到北京后，立即引起高度重视，周恩来亲自审阅还在多处作了修改。周恩来的重大修改有三处：一是指明了参加武装起义的部队番号和领导人：即贺龙同志率领的国民革命军第二十军，叶挺同志率领的国民革命军第十一军和朱德同志率领的国军革命军第九军一部分；二是明确提出起义的领导人是周恩来、贺龙、叶挺、朱德、刘伯承。与胡乔木所著《中国共产党三十年》比较，增加了刘伯承，而且排列次序也有变化；三是对起义军南下作了严肃的自我批评，明确提出"由于当时领导者没能够坚持发动广大农民实行土地革命的政治路线，而采取单纯军事向南挺进的方针……致使起义军主力遭到失败"。周恩来除了重视博物馆的陈列，还关注博物馆的流动展览。从 1973 年 8 月关于出国文物展的指示信可以看出周恩来的重视程度，他对展览方案、展品套数、展出地及展出时间顺序都作出了明确的指示。

（原载《中国博物馆通讯》2009 年第 11 期）

---

③ 吕济民：《周恩来与博物馆——纪念周恩来诞辰 100 周年》，第 3 页，1998 年。

建设低碳博物馆

陈　明

　　2009 年 12 月哥本哈根国际气候变化大会召开前夕，中国政府主动承诺到 2020 年单位国内生产总值二氧化碳排放比 2005 年下降 40% ~ 45%，这是一个勇敢的决定，体现了中国对世界负责的大国风范。同时，这个承诺给我国政府和社会带来了很大的减排压力。博物馆是传扬人类文明的场所也应为低碳文化的传播者，建设低碳博物馆是博物馆的社会责任。

　　建设低碳博物馆，首先要控制博物馆的盲目建设，其次博物馆的建筑要成为低碳建筑，第三博物馆运营要用低碳方式，再有博物馆要传扬低碳文化。

　　适度控制建设规模是最有效的低碳经济手段，博物馆的建设也不例外，应做到节俭、务实，贪大求洋盲目攀比背离低碳要求。我国博物馆事业近些年有了长足发展，目前全国共有博物馆 2500 个，但一些地方博物馆正在蔓延奢华风。不少城市都在建大型博物馆，普遍存在大、高、贵的现象，许多博物馆规模达到 8 万至 10 万平方米，采取超大室内空间，与藏品、展品数量很不匹配，造成土地资源浪费。一些博物馆过于追求外观新颖和建材高档，过多采用声、光、电高科技，导致建设成本以及电费、维修费等大幅增加，有些大型馆的展陈和管理费用每年达数千万，甚至上亿元。一些地方还盲目地将老博物馆拆除，建设新馆。我国人口众多，文化需求量大，适度建设、扩大博物馆无可厚非，问题一些地方经济发展水平还不高，热衷于搞奢华博物馆。这些盲目建设消耗了大量物质资源的同时，还带来更多的碳排放。控制盲目建设是最大的节约和最有效的低碳经济手段。

建设低碳博物馆要引入低碳理念。将博物馆建设与减少环境污染，加强环境保护结合起来，既要彰显低碳概念，也要提高能源的利用，包括节能、生态效应以及陈列展览的展厅是否可以持续利用等。低碳建筑是指在建筑材料与设备制造、施工建造和建筑物使用的整个生命周期内，减少化石能源的使用，提高能效，降低二氧化碳排放量。

目前低碳建筑已逐渐成为国际建筑界的主流趋势。建筑在二氧化碳排放总量中，几乎占到了50%，这一比例远远高于运输和工业领域。低碳博物馆的建设要按照低碳的要求编制好建设规划，把馆区作为生态系统工程来规划和实施建设和维护，规划建设要高起点高水准，有条件的要大力营建低碳林地。

建设低碳博物馆要引入节能技术。如外墙保温节能技术，门窗玻璃节能技术，屋顶智能、生态节能技术，新能源的太阳能、光电开发利用等。在世博园中有许多创新的场馆，但让人们最关注的还是那些低碳环保建筑：伦敦"零碳馆"、马德里"竹屋"、汉堡"被动房"、法国罗阿大区生态屋、沪上生态家等等。

不久前建成的首都博物馆利用了许多低碳技术。如利用了保温节能技术，共用了5000平方米、2340块太阳能光伏电池，建立了30万千伏安太阳能光伏发电系统，使用了节能灯具，使用了感应照明系统，大量采用自然光，建筑预留了采光窗等。这些展馆建筑成为低碳博物馆的典范。

建设低碳博物馆要在低碳营运中降低消耗。维护好博物馆的生态环境，绿色的生态环境可以吸收污染，吸收二氧化碳，有山有水有绿地的博物馆要治理好局部生态环境，使博物馆成为一个地方低碳环保示范形象。博物馆的服务过程要实行低碳。如公共交通采用混合动力汽车、电动车、自行车等低碳或无碳方式，馆区禁止机动车进入，改以电瓶车代替，以减少二氧化碳排放量。馆区餐馆等场所不使用一次性餐具，生活用水的循环使用。

要推广低碳办公，一是节约办公用水电，绿化浇水采用滴灌，使用节水龙头。使用低碳光源、低层办公不乘坐电梯，陈列厅、办公室少开空调或控制在节约状态，将电脑屏幕的亮度调暗一点，下班前关闭所有电源。二是节约办公用纸。采用电子化办公，通过网络发布消息，传递文件，办公方式无纸化。馆宣传方面，可以通过网站宣传，必要的纸质宣传品尽可能节约纸张，还要防止观众乱扔免费宣传品现象。据了解，如果全国的机关、学校、企业都采用电子办公，每年减少的纸张消耗在 100 万吨以上，节省造纸所消耗的能源达 100 多万吨标准煤。三是合理安排出行考察，能利用网络、电讯等平台了解的资讯可减少实地出行收集，可以减少交通等方面的消耗；四是合理压缩会议。少开会开短会开视频会显然可以节约很多能源，交通、水电、纸张等。

建设低碳博物馆要让博物馆成为低碳文化的传扬者。积极倡导文明、健康、低碳的生产生活方式，博物馆要利用良好的教育资源，学习教育的场所的优势举办展览，如举办宣传气候变暖、节能减排、环境保护、绿色发展的意识，介绍低碳技术，低碳生产生活方式等内容的展览。陕西历史博物馆举办了"低碳生活，节能减排"主题科普展很能受欢迎。

其次，博物馆要通过各种方法和平台主动向观众宣传低碳理念，如向观众发放低碳倡议书、低碳生活手册、环保袋，张贴宣传画等。还可以利用讲解宣传队伍深入到社区、机关、学校宣传低碳，组织低碳知识问答活动，播放环保电影。

再次，可以组织或参与组织社会教育活动，特别是组织青少年开展低碳宣传教育活动。周恩来纪念馆和河海大学联合举办"绿色光源照亮红色景区"活动，青岛奥帆博物馆举行"我的低碳生活"启动仪式，浙江自然博物馆举行了"让地球更健康——低碳行动从我做起"活动。这些活动组织了社会机构和青少年参加，取得了很能好的宣传效果。此外，博物馆还可以组织低碳知识竞赛、演讲比赛、作文比赛活动，吸引青少年参与，使其受到教育。

　　总之，建设低碳博物馆是时代赋予博物馆的社会责任，博物馆在建设、管理和利用过程中要增强低碳理念，运用低碳技术建设低碳馆舍，实行低碳营运，宣传倡导低碳文化，为国家实现减排目标，推进社会进步作出贡献。

　　（原载《城市建设》2010 年 11 月）

把社会主义核心价值体系融入
革命纪念馆的建设中

——对中国革命纪念馆事业发展的思考

孙洪斌

今天，全国部分博物馆、纪念馆的领导和代表，来到吉林省净月潭畔的文化名城——长春市，参加中国博物馆学会纪念馆专业委员会第二次年会、中国革命纪念馆专业委员会第十六次年会，共同探讨《机遇与挑战——新形势下中国纪念馆的发展》这一重大课题，这有利于更好地发挥博物馆、纪念馆的"存史、资政、育人"、推进社会主义核心价值体系建设的特殊功能。

中国新四军历史研究会纪念馆专业委员会，自 1989 年筹备，1992 年经国家民政部批准成立以来，分别在泾县、茅山、大悟、宁乡、南昌、常熟、承德、遵义、乐至、台儿庄、延安、桂林、丹东、乌鲁木齐、大庆等地，举办过 15 次学术年会。这 15 次学术年会，基本上是针对改革开放后革命纪念馆所面临的第一次机遇与挑战，围绕纪念馆的两个效益问题、加强未成年人思想道德建设、发展红色旅游、加强馆际合作、弘扬民族精神等项课题，进行了深入的研讨，取得了阶段性的成果。2008 年元月，中宣部等联合下发了《关于全国博物馆、纪念馆免费开放的通知》，这是一项重大举措。免费开放时代的到来，对于革命纪念馆来说，面临着又一次机遇与挑战，如何在创新发展理念等方面去积极应对，把免费开放作为加强社会主义核心价值体系建设和公民思想道德建设的有效手段，真正把社会主义核心价值体系融入革命纪念馆建设的全过程中。从这一角度出发，我谈一些粗浅的看法，就教于各位领导和行家学者。

一、建设社会主义核心价值体系能够增强社会主义意识形态的吸引力和凝聚力

党的十七大对社会主义核心价值体系进行了系统的论述，强调要用社会主义核心价值体系去引领社会思潮、凝聚人心，形成全民族奋发向上的精神力量和团结和睦的精神纽带，并号召全党要积极探索用社会主义核心价值体系引领社会思潮的有效途径，切实把社会主义核心价值体系融入国民教育和精神文明建设全过程，转化为人民的自觉追求。这是我们革命纪念馆事业发展的指路明灯。

二、中国革命纪念馆是推进社会主义核心价值体系建设的宣传主阵地

中国共产党在领导中国人民进行革命与建设的伟大实践中，不仅坚持马克思主义指导，一次又一次地实现马克思主义中国化的历史飞跃，留下了极其珍贵的无数革命历史遗迹，而且还伴生出若干与时俱进的马克思主义中国化的理论成果等弥足珍贵的精神产物。于是，无数有着中国特色的革命纪念馆应运而生，成为社会主义精神文明的显著标志。2005 年，中国革命纪念馆专业委员会秘书处，围绕方兴未艾的红色旅游，对全国范围内的革命纪念馆曾作过一次调查统计，全国拥有各种类型的含革命遗址在内的革命纪念馆 2240 多座，近几年各地新增加的纪念馆、博物馆约有 2% 的比例，无论在数量、质量上都有了较大的提升。中国革命纪念馆已成为用社会主义核心价值体系引领社会思潮的社会大课堂，成为以爱国主义为核心的民族精神和以改革创新为核心

的时代精神教育人民、鼓舞人民的宣传主阵地。

（一）中国革命纪念馆凸显了社会主义核心价值体系的灵魂

社会主义核心价值体系的灵魂是马克思主义。中国革命纪念馆恰恰体现了这种价值取向，它们的重要成因与价值体现，就是坚持与发展了马克思主义。上海中共一大会址纪念馆、中国社会主义青年团中央机关旧址纪念馆、武汉及郑州的"二七"纪念馆等，是中共建党时期的革命历史丰碑；广州农民运动讲习所旧址纪念馆、中共广东区委军事委员会旧址纪念馆、武汉"八七会议"会址纪念馆、南昌八一起义纪念馆、井冈山革命博物馆、古田及遵义会议纪念馆等，是北伐时期和土地革命时期的革命历史见证；西安事变纪念馆、中国人民抗日战争纪念馆、延安、红岩、西柏坡等革命纪念馆、三大战役纪念馆等，是共产党领导抗日战争、解放战争时期的光辉历史的展示；雷锋、铁人王进喜、焦裕禄、孔繁森等先进人物的纪念馆、正在筹建中的汶川抗震救灾纪念馆等，是社会主义建设时期及改革开放新时期马克思主义中国化伟大成果的精神旗帜。一个个革命纪念馆像无数璀灿的明珠，贯穿在一起，就是一部解读坚持马克思主义指导思想光辉历程的教科书，就是社会主义核心价值体系的灵魂所在。

（二）中国革命纪念馆体现了社会主义核心价值体系的主题

社会主义核心价值体系的主题是中国特色社会主义共同理想。中国革命纪念馆同样体现了中国特色社会主义这一共同理想。在全国的革命纪念馆中，约有35%左右的是烈士陵园暨烈士事迹陈列馆，这里安息着约千万计的革命烈士的英魂。革命烈士们为着中国特色社会主义的共同理想而英勇奋斗，顽强拼搏，直至生命最后一刻的可歌可泣的光辉业绩，至今仍然感动着、激励着一代又一代青年人，为这个理想而继续奋斗，成为鼓舞各族人民，凝聚全民族力量的强大精神支柱。

（三）中国革命纪念馆融合了社会主义核心价值体系的精髓

社会主义核心价值体系的精髓是以爱国主义为核心的民族精神和以改革创新为核心的时代精神。中国革命纪念馆正是民族精神与时代精神的最好体现。上海浦东新区党和政府在改革开放的大好形势下，不忘时刻唱响民族精神和时代精神主旋律。他们投资 5000 多万元，对 1954 年建造的高桥烈士陵园进行了更新扩建，又新建了上海战役浦东纪念馆，运用声光电现代化的陈列手段，展示革命烈士们的英勇无畏的民族气节，以及浦东新貌图片展所显现出来的蓬勃向上的时代精神。两者结合得浑然天成，令人叹为观止。

（四）中国革命纪念馆打牢了社会主义核心价值体系的坚实基础

社会主义核心价值体系的基础是社会主义荣辱观。中国革命纪念馆与社会主义荣辱观在价值诉求与体现上是一致的。中国革命领袖人物毛泽东、刘少奇、周恩来、朱德、邓小平等伟人的纪念馆，雷锋、焦裕禄、孔繁森等先进人物的纪念馆，所陈列展览的馆主的革命事迹及高风亮节都是极其出色的。淮安周恩来纪念地管理局多年来大力弘扬周恩来精神，并编辑出版了《周恩来的社会主义荣辱观》等故事集及连环画册，在故乡的青少年中广泛传播，起到一定的示范作用。周恩来是践行社会主义荣辱观的楷模，是社会道德修养的典范。

三、革命纪念馆要为建设社会主义核心价值体系服务

2008 年国际博物馆日的主题是："博物馆要服务于社会变革和发展。"革命纪念馆是党领导中国革命光辉历程的生动具体的展示，是建设社会主义核心价值体系的鲜活的教材。在新的历史条件下，革命纪念馆除了有着保护收藏革命文物、宣传教育、科学研究这些基本功能外，我个人认为，最主要的社会功能就是要为建设社会主义核心价值体系服务，就是要促进社会主义精神文

明建设与和谐社会的建设，推进社会进步和发展。

（一）要牢牢把握中国革命纪念馆事业发展的正确方向

我们应当以高度的时代使命感和文化责任感来维护和确保革命纪念馆事业发展和正确方向，自觉地把社会主义核心价值体系建设融入纪念馆事业发展的全过程。浙江嘉兴南湖纪念馆充分利用自身"南湖红船"的独特政治优势和"烟雨楼台"的人文特色与自然景观，积极培育以红色旅游为特色的旅游文化，树立起以南湖红船为标志的南湖旅游新形象、新品牌，起到一定的示范作用。伪满皇宫博物院是一座具有警示意义的宫廷遗址型博物馆。该院通过举办《勿忘九·一八》等专题展览，对广大群众进行了别开生面的近代史教育和爱国主义教育。该馆还通过《从皇帝到公民》的特色陈列，展示了溥仪的风雨人生，显现两种截然不同的荣辱观、价值观、人生观。当年周总理说过一句画龙点睛的话："我们把末代皇帝改造好了，这是世界上的奇迹。"这便成了该馆的陈展之魂。可见，只要把握住纪念馆发展的大方向，把社会主义核心价值体系建设体现在陈展理念，社会责任和价值追求上，同样能达到振奋民族精神，凝聚民族力量，推进中国特色社会主义事业的目的。

（二）在革命纪念馆建设的内涵上，要充分彰显社会主义核心价值体系的基本内容

一是要充分运用革命纪念馆这一鲜活的教材，对广大观众特别是青少年进行马克思主义中国化最新理论成果的教育，帮助青少年坚定对马克思主义主义的信仰和确立共产主义的远大理想。井冈山博物馆所展示的农村包围城市的光辉道路，就是当时的马克思主义中国化最新成果。山西太行八路军纪念馆、盐城新四军纪念馆，所展示的抗日民族统一战线，就是当时马克思主义中国化的最新成果。安徽凤阳小岗的包产到户、广东深圳特区、厦门特区的对外开放，就是改革开放后的马克思主义中国化最新成果。

　　二是要充分运用革命纪念馆这一鲜活的教材，对广大观众特别是青少年进行党的基本路线（一个中心、两个基本点）的教育，帮助青少年坚定走中国特色社会主义道路的信心和对党的领导的信任。革命纪念馆展示出党在各个历史时期领导全国人民所取得的革命胜利的业绩，特别近几年新建的一批反映改革开放新的胜利成果的纪念馆，如福建厦门、广东深圳、辽宁大连、山东青岛、上海浦东等沿海地区办起来的新馆，更是反映了中国特色社会主义道路的正确性。我们就是要宣传党领导中国革命从胜利走向胜利的光辉历程，来帮助观众树立中国特色社会主义道路的信心和对党正确领导的无限信任。

　　延安革命纪念馆是延安精神的载体。延安精神是我们党的性质、宗旨、优良传统、作风的集中体现。该馆有计划地调用资源、陈展、环境等各种元素，营造一个能够呼应、烘托和揭示纪念馆主题的形象和氛围，使游客在纪念馆区获得美的享受的同时，也获得"坚定理想信念"的精神收益。

　　三是要充分运用革命纪念馆这一鲜活的教材，对广大观众尤其青少年进行爱国主义为核心的民族精神和以改革开放为核心的时代精神教育，帮助青少年树立正确的世界观、人生观和价值观。众多反抗外国侵略的革命纪念馆，内容充分反映了爱国主义的民族精神；老一辈革命家的生平，就是正确的世界观、人生观和价值观的具体表现，对观众最有引导作用。上海陈云故居暨青浦革命历史纪念馆在这方面探索出一条成功的经验，该馆运用人物传记性专题展馆和有地方特色的《青浦革命历史、英雄人物巡回展》、《青浦各时期优秀共产党员事迹展》，既弘扬了革命战争年代那股爱国情怀和民族精神，又展示了当代改革开放为核心的时代精神，起到了把观众的热情和创造力引导和凝聚到建设中国特色社会主义的伟大事业上来的特有功能。

　　四是充分运用革命纪念馆这一鲜活的教材，对广大观众尤其青少年进行以八荣八耻为主要内容的"四德"（社会公道、职业道德、家庭美德、个人品德）教育，帮助青少年树立社会主义荣辱观和遵纪守法、讲文明、树新风的自觉性。茅山和江苏盐城新四军纪念馆、山西太行山八路军纪念馆等馆，他们与省、市老干部关心下一代工作委员会办公室密切合作，充分发挥红色资源的教育作用，寓教于乐，寓教于唱，寓教于看，寓教于游，不断用体现社会主义核心价值体系的优秀精神产品和文化服务，丰富青少年的精神世界，取得了明显的收效，他们成功的做法，值得大力倡导和推广。

（三）要积极应对免费开放的大趋势，加强安全管理，建立行之有效的保障机制

博物馆、纪念馆免费开放政策出台以后，免费政策的实施状况并不尽如人意。因参观人数"爆棚"而使部分展馆展品被"挤伤碰破"，因参观者的公德缺失，不文明现象随处可见，还有补助经费不到位等问题。这是"分娩"前的阵痛，正需要我们管理部门去积极应对。有些革命纪念馆采取"免费不免票，免费不免责"，提高管理和服务能力，"全天候"不脱岗，承担起更大的公共责任；有的革命纪念馆还醒目地挂出"请保持安静"标语，来规范参观者的修养礼仪。总之，一方面要尽可能地展示传播水平，努力满足观众对精神文化上的需求；另一方面尽可能地强化管理水平，建立免费开放的长效保障机制，努力增强革命纪念馆自身的活力。

（原载《机遇与挑战——新形势下中国纪念馆发展论坛论文集》，2008 年）

弘扬民族精神 拓展革命纪念馆的社会功能

孙洪斌

多年来，铁人王进喜纪念馆在宣传大庆人创造的巨大物质财富和宝贵精神财富，弘扬以"爱国、创业、求实、奉献"为基本点的大庆精神方面，作出了突出的贡献，也积累了独具特色的拓展红色旅游的丰富经验。他们又集资筹建了一个新馆，以迎接全国的同行前来参观学习。我们这次来大庆开会，必将是一次十分有意义的学术交流活动，有利于我们革命纪念馆的同行们，进一步认清我们所肩负的光荣使命，大力弘扬和培育民族精神，为改革开放和社会主义现代化建设提供强大的精神动力。下面我从新形势对革命纪念馆的要求出发，谈几点意见，仅供参考。

一、弘扬民族精神是革命纪念馆的神圣使命

民族精神是一个民族赖以生存和发展的精神支柱。胡锦涛总书记在纪念毛泽东同志诞辰 110 周年座谈会上的讲话中指出："要坚持弘扬和培育以爱国主义为核心的伟大民族精神，大力发扬创新精神，使全体人民始终保持昂扬向上的精神状态。"革命纪念馆作为社会主义公共文化和旅游文化设施中的一个重要门类、如何以高度的责任感和理论创新精神，坚持以科学发展观和构建和谐社会的思想为指针，努力贯彻落实胡锦涛总书记的重要指示，大力弘扬和培育以爱国主义为核心的民族精神，这是每个革命纪念馆从业者的神圣使命和光荣职责。

早在 2004 年，红色旅游方兴未艾之时，我们革命纪念馆专业委员会秘书处曾对全国革命纪念地的景区（点）作了一次初步调查。当时就有红色旅游景点 2240 多处，大多为所在地政府的文化、文物、旅游、民政、教育等部门分管。革命纪念馆所蕴藏的丰富的历史文化内涵，正是演绎与构建中国特色的社会主义先进文化的重要组成部分，同时以其独特的政治优势，义不容辞地担负起了弘扬爱国主义、培育民族精神的重任，并且不遗余力地承载、宣传、培育和弘扬了许许多多在不同历史时期具有不同内容和表现形式的中华民族精神，积累了宝贵的经验。其中比较突出的范型有：

1. 井冈山革命博物馆、三湾改编旧址、井冈山会师纪念馆等大力弘扬的井冈山精神，是以毛泽东为代表的中国共产党人在创建井冈山革命根据地的斗争中培育起来的革命精神，是几十年来党和人民培育的优良传统的源头。

2. 遵义会议纪念馆、哈达铺红军长征纪念馆等大力弘扬的长征精神，是中华民族不折不挠、自强不息的民族精神的最高体现，是保证我们革命和建设事业从胜利走向胜利的强大精神力量。

3. 延安革命纪念馆、杨家岭、枣园革命旧址等大力弘扬的延安精神，体现了我们党马克思主义政党的性质，体现了党和人民同呼吸、共命运的优良作风，体现了中国共产党人一往无前的奋斗精神。

4. 中国人民抗日战争纪念馆、八路军太行纪念馆、泾县和盐城的新四军纪念馆等大力弘扬的抗战精神，蕴含着以爱国主义为核心，以救亡图存、民族解放为主题及其自强、团结、牺牲、坚韧等基本内涵。

5. 红岩革命纪念馆、中共中央南方局及八路军重庆办事处、曾家岩"周公馆"旧址等，它们所大力弘扬的红岩精神，是国统区共产党人革命精神的代表，是在特殊战场上塑造的爱国、团结、奋斗、奉献的崇高精神。

6. 西柏坡纪念馆大力弘扬的西柏坡精神，是党在实现由战争向和平、由农村向城市、由革命向建设的工作重心转移时，形成的两个"务必"的积极进取不断革命的精神。

7. 抗美援朝纪念馆大力弘扬的抗美援朝精神，这是一曲革命英雄主义和革命乐观主义相结合、爱国主义精神和国际主义精神相结合的英雄颂歌。

8. 辽宁抚顺和湖南的雷锋纪念馆大力弘扬的雷锋精神，充分体现了共产党人道德修养的根本要求，体现了社会主义的时代精神，体现了中华民族优秀的传统美德和公民应有的道德精神风貌。

9. 铁人王进喜纪念馆大力弘扬的大庆精神，是大庆人的理想、信念、情感和意志在广大职工中扩展而形成的群体意识，是为国争光的爱国精神，自力更生的创业精神，"三老四严"的求实精神，为国分忧的奉献精神的集中体现。

10. 酒泉卫星发射中心烈士陵园大力弘扬的载人航天精神，是新时期航天人牢记使命、不负重托、自强不息、顽强拼搏、团结协作、开拓创新、甘洒热血的奉献精神的凯歌。陵园里长眠着600 多个年轻的生命，他们的平均年龄只有 24 岁。这种"追星牧舟"的航天精神，永远是我们事业前进的动力、胜利的保障。

此外还有梅园精神、周恩来精神、"两弹一星"精神、焦裕禄精神、抗洪抢险精神、抗击非典精神、改革创新精神等等，都能够在相应的纪念场馆中，通过一系列纪念活动和陈列宣传，使之得到发扬光大，成为中华民族精神的有机组成部分，和未来岁月里薪火相传、继往开来的强大精神支柱。

二、弘扬民族精神，必须贯彻科学发展观和构建社会
主义和谐社会的基本要求

革命纪念馆对于弘扬和培育民族精神等一切工作，都必须贯彻科学发展观和构建社会主义和谐社会的基本要求。

首先，弘扬民族精神必须坚持以人为本。江苏淮安周恩来纪念地管理局遵循这一指导思想，以江泽民同志在纪念周恩来百年诞辰大会上的讲话中所倡导的"周恩来的精神"，（即共产主义远大理想同脚踏实地的工作作风的结合，对上负责同对下负责的结合，高度的原则性同高度的灵活性的结合）为基础，不断挖掘周恩来精神的丰富内涵，研讨中华民族传统美德与周恩来精神的传承和发展的内在联系。譬如民本思想与周恩来的甘当公仆精神、节俭思想与周恩来的清正廉洁精神、自强不息与周恩来的忍辱负重精神、和谐思维与周恩来的求同存异精神等，从而使周恩来精神这一中华民族精神中的瑰宝，得到进一步弘扬和培育，成为党的建设和社会主义现代化建设的宝贵精神财富。

其次，弘扬民族精神要适应全面、协调，可持续发展的要求。革命纪念馆必须将资源优势转化为景区优势和市场优势，做大红色旅游和地方经济这块蛋糕。全国红色旅游工作协调小组办公室和浙江省旅游局、嘉兴市政府共同举办 2006 中国红色旅游交易会，85 家红色经典汇聚嘉兴南湖，取得可喜成果。作为会长单位的中国人民抗日战争纪念馆，2001 年 12 月在四川仪陇举办了第十二届革命纪念馆协作发展研讨会，会议旨在研讨革命纪念馆在新形势下协作与发展，充分发挥爱国主义教育基地在建设有中国特色社会主义建设中的重要作用。该馆还与中国抗战史学会联合举办"抗战精神"研讨会，这些举措都充分体现了遵循科学发展观，大力弘扬民族精神的基本要求。

第三，弘扬民族精神是和谐文化建设的重要内容与精神动

力。民族精神若想永远立于不败之地，还必须不断充实以时代精神，改革创新，与时俱进。大庆油田建设和谐领导团队的成功经验就充分说明了这个问题。大庆油田有限责任公司董事长王玉善认为，企业和谐是社会和谐的重要部分，企业和谐的关键在于建设一个和谐的领导团队。而建设企业和谐领导团队的路径是和谐以增进团结为前提，以协调一致为标志，以组织制度为保证，以"一把手"为关键。我们认为，这就是在新的历史时期的一种充满活力、与时俱进的大庆精神，值得大力弘扬和推广。

三、在实践和创新中弘扬和培育民族精神，拓展革命纪念馆的社会功能

时代的发展呼唤伟大的民族精神，我们革命纪念馆责无旁贷，要不断拓展自己肩负的社会功能，在实践和创新中弘扬与培育民族精神，把红色旅游业建成可持续发展的朝阳产业链，成为构建和谐社会的不可分割的组成部分。

（一）要举办各种形式的陈列展览，积极培育以爱国主义为核心的民族精神

众所周知，革命纪念馆的核心功能是爱国主义教育和民族精神的培育。每一个革命纪念馆都应该也可以根据建馆的主题和陈列宣传的内容，培育出一种与之相匹配的民族精神来。例如新四军纪念馆可培育与弘扬一种与时俱进的铁军精神，孔繁森纪念馆则着重弘扬孔繁森精神等等。并力求运用自己的特色、品牌举办精品展览。要从陈列形式上大胆创新、综合运用文物、图片、模型、雕塑、景观等多种形式以及声、光、电等现代化科技手段，以及互联网等传播优势，来弘扬先进文化、培育民族精神。中共一大纪念馆的1：1硅胶人物雕塑与会议场景复原；台儿庄大战纪念馆的全景画《血战台儿庄》、韶山毛泽东纪念馆的开国大典场景制作及多媒体影视资料展映等，都给观众以极大的视觉冲击

力和精神震撼力，收到感染力强烈的宣传效果。

（二）要坚持多样化的宣传方式，大力弘扬以民族精神为主旋律的先进文化

革命纪念馆要生存发展，就必须努力扩大参观者的来源，在游客受教育比率上做文章，这是衡量其社会效益、经济效益及其存在价值的重要指标。因此，革命纪念馆要抓住机遇，积极展开各种活动，注重宣传样式多样化。

一是有条件的纪念馆要努力办好馆刊馆报。馆刊是推介宣传的重要媒介，可以多方位地反映学术情报、研究动态、展览信息、陈列艺术、接待要闻、文物保护、社宣简讯、管理经验交流等，兼有学术性强、信息量大、读者群广等特点，是弘扬、培育民族精神和先进文化的特殊阵地。上海龙华纪念馆的《烈士与纪念馆研究》、中国人民抗日战争纪念馆的《中国抗战研究动态》、延安革命纪念馆的《圣地》、淮安周恩来纪念地管理局的《丰碑》，还有梅园纪念馆、陈云故居暨青浦革命历史纪念馆、刘少奇纪念馆、天津周恩来邓颖超纪念馆的馆刊，宣传效果很好，都是办得很规范、很成功的。二是积极联系并接待电视台、电影制片厂及各类报刊记者来馆宣传报道。三是主动举办书画笔会、文学沙龙、民风采集、举办各类征文、演讲比赛、撰写编辑出版宣传品等形式的活动，在培育民族精神的过程中，丰富本馆的文化内涵、提高管理人员的综合素质。四是通过走出去的办法，举办地方史、革命斗争史展览、重大纪念日、庆祝日活动展览、先进劳模典型人物展览、专题报告会、讲座、学术研讨会、座谈会等。并且与各大、中、小学建立共建互动关系，创新宣传教育形式；积极与企业、社区、学校、部队联系、送教上门、延伸扩大教育阵地，力求把弘扬民族精神的宣传活动开展得红红火火、有声有色。

（三）要采用先进的经营手段，提高革命纪念馆的管理水平

　　革命纪念馆是公益性的特殊行业。在新的历史条件下，必须采用先进的经营手段，把 ISO 标准体系导入来经营革命纪念馆，使其走上正规化、科学化的管理之路。譬如对卫生、绿化、维修等项管理，可采用竞标方式向社会公开承包；保安、培训等工作，可与公安、教育等部门挂钩，一方面可提供规范化的优质服务，一方面可节约人员和成本。在业务上，可对外联合举办协作论坛、巡回办展、开办网上博物馆等，协作双方合作双赢。在人员内部管理上，可实行灵活多样的用人机制。通过招聘的方式选拔人才，充实讲解和研究队伍。对中层干部实行岗位竞聘，考试与考核相结合，并实行一年两次述职制度，真正实现能者上、平者让、庸者下的用人机制，彻底打破大锅饭与铁饭碗。

　　（四）要坚持以人为本，提升旅游景区的服务档次

　　我国革命纪念馆大多数具有双重身份，既是文物保护单位，又是旅游景点（区）。我们在培育民族精神的过程中，要坚持以人为本，妥善处理好历史文化和旅游文化的关系，妥善处理好弘扬民族精神与旅游服务的关系，妥善处理好道德教育和精神娱乐的关系。要变被动服务为主动服务，单一服务为全方位服务。要以游客的需求为导向，以游客的满意为标准，以游客的视角作评价，使旅游服务更加符合游客的心理需求和审美情趣，最大可能地满足他们对参观游览的欣赏经历和生活体验的要求，努力创造充满人文关怀的旅游境况。要使游客步入馆区，感到不单纯只是被动地接受教育的课堂，还是休闲娱乐、陶冶身心，提高素质，调适心态，寓教于乐的场所，使不同年龄、不同知识层次、不同爱好、不同欣赏习惯的游客都有一种美的享受，在游览、参观、嬉戏、享受的过程中，不知不觉地接受中华民族精神的熏陶和社会主义荣辱观的洗礼。

　　（原载《中国文化遗产》2007 年增刊）

文化遗产保护利用与和谐社会、
小康社会建设

刘臣林

泱泱中华，地大物博，历史悠久，人文荟萃。千百年来，勤劳智慧的中国人民创造了灿烂的文明，留下了丰富的文化遗产，如何有效保护、合理利用它，是我们应该着力研究和思考的课题之一。充分保护利用并发挥文化遗产在和谐社会构建和小康社会建设中的作用，是历史赋予我们的责任。

一、文化遗产的保护利用对和谐社会小康社会建设产
生了重要影响

（一）有效地提升了华夏文明的影响力和国际竞争力。我国文化遗产以其独特的内涵，反映着中华文化积淀、文化底蕴和文化实力，它产生的国际影响大大提升了中华文化的影响力。

（二）增强了民族自豪感、自信心和凝聚力。文化遗产凝聚了中华悠久文化的精华，对于弘扬华夏文明、民族精神，加强爱国主义教育和革命传统教育，具有不可替代的重要作用。

（三）为和谐社会和小康社会提供了资源优势。文化遗产是一种自然资源，文化资源，又是一种经济资源，它被广泛应用于文物事业，旅游事业，教育、科技、出版、娱乐等诸多领域。在有效保护的前提下，对文化遗产进行合理的开发利用，可以使文化资源优势转化为经济资源优势，推进旅游、文化产业发展，带

动第三产业，促进民族经济繁荣，为和谐社会发展和小康社会建设，发挥重要的资源优势作用。

（四）促进和谐社会、小康社会协调发展。文化遗产多半是不可再生但很重要的可利用资源。近年来，就我国而言，许多城市纷纷打出了文化遗产这张牌，以此带动和促进地方经济协调发展。云南昆明和江苏南京分别利用自己历史文化名城的身份和文化遗产资源丰富的优势，举办世界文化名城博览会，以此向全世界亮出自己历史文化名城的品牌，向世界展示我国城市的发展活力和独特的城市魅力。苏州也以历史文化名城身份承办了第28届世界遗产大会，把自己丰厚的文化遗产以及独特的水乡风貌、古城美景，无保留地展现在来自世界104个国家、559名代表和200多名中外记者面前，并通过媒介化为图像、声音和文字传播到世界。

二、在构建和谐社会，建设小康社会过程中，文化遗产的保护利用方面存在问题的原因、表现及对策

在构建和谐社会、建设小康社会过程中，文化遗产的保护利用工作，面临许多新形势，呈现许多新特点，出现了不少新问题。究其原因有以下几点：文化遗产保护和利用的基础工作依然薄弱，经费投入不足，与小康社会和谐社会建设的矛盾处理不够完善，保护意识不强，执法难度较大。具体表现在：

（一）文化遗产保护与合理利用的关系没有理顺。国家提出"保护为主，抢救第一，合理利用，加强管理"的方针，这就是说抢救是保护的首要任务，保护和利用是辨证的关系，两者应作为构建和谐社会和建设小康社会中重要任务。当前一个最值得我们认真对待的问题是：肆意开发，随意耕作，任意取土和违法建设等现象普遍存在，造成许多历史文化遗产急速消逝；盲目过度的旅游开发和不正当的修复、发掘等，造成许多文化遗产严

重受损。

（二）与小康社会和谐社会建设的矛盾仍然突出。文化遗产遭破坏现象时有发生，房地产开发和一些工程建设在文物保护单位周围进行，开发建设过程中发现文物不依法向文物部门报告，在土地出让、大型工程建设中，文物部门的前置介入还未完全依法得到落实，一些地方不顾城市特色和历史文脉的延续，只注重对文化遗产的开发利用，不注重保护。

（三）保护经费投入不足。各地文物保护经费的投入与其他行业投入相比明显不足，与小康社会进程相比滞后，这直接导致文物科研投入增长缓慢。目前，文化遗产保护投入比例较大的仍然是防火、防盗、修缮与复制方面，而直接利用于文化遗产保护的经费并不多。

（四）与其他产业互动不明显。当前，文化遗产的服务项目仍以出售纪念品、复制品、书籍等和提供讲解服务为主，其他新型项目很少，与旅游、餐饮、交通等相关产业的互动关系不大，带动相关产业发展情况变化不明显。文化遗产的资源优势没得到充分发挥。

针对上述原因及表现，应采取下列对策：

（一）加强保护与合理利用。要加大保护力度，正确处理小康社会建设与文化遗产保护的关系，本着"保护为主，合理利用"原则，要在保护好的前提下充分发挥文化遗产的资源优势，带动相关产业发展，推动和谐社会的构建和小康社会的建设。

（二）加强立法执法工作。既要严格执行国家文物保护法和有关保护条例，又要抓紧研究、制定适应新形势的法律和地方法规，推进文化遗产保护的法制化、制度化和规范化，做到"有法可依，有法必依，执法必严，违法必究"。既要加强管理，取缔非法文物市场，又要充实执法队伍力量，提高执法能力和水平。文物部门还要与职能部门配合，打击破坏和走私文物活动。

（三）加大保护经费投入。国家和各地政府部门应对文化遗产保护抢救工作予以充分认识，各地要不断加大和保证对文化遗产保护财政投入，要拓宽文化遗产保护的资金渠道，同时，抓紧制定和完善有关社会捐赠和赞助的政策措施，鼓励和调动社会团体、企业、个人的投入，开辟灵活多样的经费投入渠道，积极争取和吸引更多的社会资金投入到文化遗产保护领域。

（四）加大宣传力度。扩大文化遗产保护影响，除要提高文化遗产本身的吸引力外，还要加大宣传力度，不断扩大社会影响，要经常性地举办多种形式的展览、论坛、讲座等活动，增强全社会保护意识，积极同媒体协作，通过开辟专栏等方式，普及文化遗产保护知识，宣传先进典型，充分调动社会各界参与积极性，营造良好氛围，使公众更多地了解文化遗产的丰富内涵，充分利用文化遗产日、文物保护宣传周、开展丰富多彩的宣传教育活动。

三、文化遗产保护利用在和谐社会小康社会中的重要
　　地位

文化遗产事业的蓬勃发展，满足了人民的更多的文化生活需求，优化了城市文化环境，提高了人民的生活质量，改善了区域投资环境，是构建和谐社会的重要内容。

（一）文化遗产是民族魂，城市根，是小康社会的组成部分，是和谐社会的基础之一，是历史上不同传统和精神成就的载体和见证，是塑造城市特征、展示城市魅力、提高城市品位的基本要素之一。随着和谐社会步伐加快和建设水平提高，对文化遗产发展利用的水平也在不断提高，地位越来越重要。

（二）文化遗产保护是促进和谐社会进程的强劲动力。文化遗产在和谐社会建设中，不是包袱而是动力，重要的文化遗产对其具有潜在的影响和推动力。构建和谐社会的理念，让人们又崇

尚回归自然，寻根访古，寻找精神家园。其中，文化就成为人们寻访的首选项目。据世界旅游协会预测，每年以4%速度递增的旅游业将成为全球经济中最大的产业，到2020年中国将成为世界第一旅游大国。

（三）文化遗产是和谐社会建设的有力支撑。实践证明，有文化支撑的社会才会充满活力，才会使具有区域特色和个性风格的城市更具魅力。文化遗产在弘扬民族传统、进行爱国主义、文化艺术教育中发挥特别作用，有助于科学研究和文化事业的发展，有助于为文化事业的发展提供鲜活的素材，有助于传统文化与现代文化的融合，从而保证和谐社会的持续协调发展。

综上所述，文化遗产不仅是展现民族特性的标志，同时，也是一个城市发展历史年轮的见证。但是，随着经济的发展，和谐社会的构建，大规模高速度的建设是不可抗拒的，因此，如何处理好构建和谐社会、小康社会建设与文化遗产保护合理和利用的关系，就显得非常迫切和重要。在新世纪，文化遗产保护必须面向全社会服务公众，坚持为人民服务，为社会主义服务的方向，坚持社会公益和经济效益一起抓的原则，树立创新意识，增强精品意识，建设与保护、开发与合理利用意识，让文化遗产成为满足人民群众不断增长的物质文化生活需要。利用文化遗产来推动和促进小康社会和谐社会的建设与发展，使历史文化资源的保护与小康社会和谐发展相得益彰。

（原载《江苏省文博论文集2007》，南京出版社，2008年2月）

浅谈如何构建和谐社会

尹亚明

2006 年 10 月，中国共产党第十六届中央委员会第六次全体会议审议通过了《中共中央关于构建社会主义和谐社会若干重大问题的决定》，明确构建社会主义和谐社会，这对于全面贯彻落实科学发展观、推动社会建设与经济建设、政治建设与文化建设协调发展，具有重大意义。

构建社会主义和谐社会是一项长期的政治任务。那么，怎样具体地贯彻落实这一伟大的政治任务？笔者以为，认真学习和贯彻落实胡锦涛总书记关于树立社会主义道德荣辱观的重要讲话——"八荣八耻"，就是充分的运用和体现。从毛主席的为人民服务，到邓小平的做四有新人；从江泽民的"三个代表"重要思想，到胡锦涛总书记"八荣八耻"重要讲话；从周恩来的伟人典范，到群众中无数个英模人物，无不体现着党和国家领导人对人民群众的关心和厚望，体现着社会主义精神文明的力量和使命，体现着人民群众美好的追求和社会风气的根本好转。

"以热爱祖国为荣，以危害祖国为耻"。国家强盛，个人富有才有保障。在高速发展的社会主义中国，每一位炎黄子孙都必须把热爱伟大的中国作为第一己任，尽心尽力，群策群力，努力工作，无私奉献。

"以服务人民为荣，以背离人民为耻"。孟子曰："老吾老以及人之老，幼吾幼以及人之幼"。建党建国以来，为人民服务一直立为我党的宗旨和优良传统周恩来总理一生为党、国家和人民排忧解难，鞠躬尽瘁，全心全意为党、国家和人民操劳、服务了一生，是全党之楷模。

"以崇尚科学为荣，以愚昧无知为耻"。在科学技术是第一生产力的今天，我们必须担负起时代和历史赋予我们的神圣使命，充当起构建和谐社会的先锋和社会主义建设的尖兵，坚持科学发展观，坚持改革开放，推动我国社会主义的经济平稳较快发展。

"以辛勤劳动为荣，为好逸恶劳为耻；以艰苦奋斗为荣，以骄奢淫逸为耻"。吃苦耐劳、勇于探索、奋斗不止，这些都是我们民族的传统美德和优良作风。随着人民生活水平不断提高，物质文明越来越好，但是，我们不能忘记"由俭入奢易，由奢入俭难"的古训，要坚决抵挡住诱惑，不做好逸恶劳之徒，不管什么时候，绝不能忘了艰苦奋斗和劳动光荣。

"以团结互助为荣，以损人利己为耻；以诚实守信为荣，以见利忘义为耻；以遵纪守法为荣，以违法乱纪为耻"。在高举社会主义精神文明大旗的今天，诚信早已深入人心，我们更应该懂法守法，诚实守信，乐于助人，把中华民族精神和社会主义精神文明建设全面推向一个新的高度。

社会主义是一个温暖的大家庭，人人伸出一双友爱的手，人人献出一份爱心，人人有一个宽广的胸怀，人与人之间都能坦诚相见、相互信任，人人为构建社会主义和谐社会敬献良策、尽作贡献，社会一定会变得更加美好和谐。

（原载《职业圈》2007 年第 2 期）

审美功能是博物馆的核心功能

陈国民

20 世纪 90 年代以来，"博物馆与市场化"、"以人为本"、"博物馆与社区"、"博物馆与公众"等成为博物馆界的热门话题。博物馆要充分利用自身资源，吸引公众，融入社区，树立形象，维持生存，更好发展，完成社会赋予它的使命。笔者认为，审美功能不仅是博物馆的功能之一，由于它在其他功能实现中所起的独特作用，使得审美功能成为博物馆的核心功能。

一、审美功能是博物馆的核心功能

（一）从观众角度看，参观博物馆的过程是欣赏的过程，而欣赏的实质是审美。

在博物馆运作过程的不同阶段，博物馆要与不同用户打交道，这些关系中，博物馆与观众的关系是最主要的，因而研究观众的参观过程很有意义。对大多数观众来说，参观过程就是欣赏过程，欣赏的实质是审美。

观众在参观过程中接触了大量的艺术品。从对艺术形象的感知方式来分类，书法、绘画、雕塑（包括蜡像）、舞蹈、富有特色的建筑、工艺属视觉艺术，背景音乐、器乐表演属听觉艺术，美妙的散文诗般的陈列语言内容属想象艺术。陈列展览中的色彩设计，优化了展品视觉效果，形成赏心悦目的色彩，统一和谐的色调，富有韵律感、节奏感的色彩组合序列。这其中也有很多的艺术元素。陈列空间的装饰，更是考虑到基础性的形式要素（统一、变化、平衡、比率、节奏、对称、重点、调和、材料质感和工艺）和机能性的结构要素（紧凑、轻便、装配、单元、系列）。甚至，我们播放的电影也是艺术作品。

这些艺术品形象地、典型地反映生活，具有形象性和典型性；它受作者的是非观念、爱憎态度的驱使而制作的，具有主观性和情感性；它主要诉诸人的耳目视听，因而又具有赏心悦目、陶冶性情的愉悦性；它离不开对艺术媒介和艺术技巧的成功运用，因此，还具有巧夺天工的创造性和工艺性。当然它也具有一定的思想性、认识性，但审美性是它们的本质属性。伴随着审美感情、审美认识、审美想象和审美理想审美心理活动的产生，以感性与理性的统一为特征的精神上的愉悦也就产生。在欣赏过程中，观众与这些艺术品发生共鸣。

苏东海先生认为，这种共鸣有两方面。一方面是观众与文物的历史内容中的思想感情的共鸣，另一方面是观众的思想感情与陈列者的思想感情对文物感受上的共鸣。这其中，博物馆物的情感内涵如何作用于观众是值得注意和研究的。从欣赏者的心理角度看，欣赏的感性经验、欣赏的理性经验、情感移人是这种作用的三个因素。初次欣赏毕加索画，一般的人会惊诧于那奇特的构图，为什么侧脸的人竟被画出两只眼睛，遮住的那半边鼻子和嘴也竟像翻开的书，封面和封底进了同一个平面。此时讲解员会告诉你，要从四维空间的不同角度欣赏毕氏的画。于是你又会发现一个侧面的眉毛，或是另一个侧面的耳朵。毕氏画的情感奥妙通过你感性的眼而被你捕获。你能不兴奋吗，这是欣赏的感性经验。这是移情——主观情感向客观对象的移人。

欣赏的过程既是被动的又是主动的。欣赏动力的发动，在形态上可以分为动态发动与静态发动。面对一幅将画面、塑型、灯光、音响效果有机融为一体，艺术再现中国人民志愿军浴血奋战英雄气概，展现抗美援朝战争恢弘场面的全景画，欣赏者的注意被定住在眼前的场面，情绪状态被迅速唤起，这是动态发动。而在欣赏玉石、雕塑、书画作品时，理解、想法和情感体验的天地虽广阔，但欣赏者却是此时无声胜有声，貌似心境平和，这叫静态发动。

（二）一方面，审美是博物馆的功能之一；另一方面，因其在其他功能实现中起着特殊的作用，而成为博物馆的核心功能。

博物馆界已经将审美作为博物馆的功能之一。前南京博物院院长曾昭燏在《博物馆》一书中，把"陶养性情，使人人有爱美之心"作为"实施精神教育"的一个方面列入博物馆的四大"功用"之一。

随着博物馆事业进入大发展期，人们越来越发现，审美功能已成为博物馆的核心功能，审美功能是其他功能的目的或最后归宿。

按照一件文物在博物馆内的流转过程，它大体经历了收藏保管、科学研究、陈列展出、教育和审美的过程。其中前两项是博物馆的内部职能，陈列展出为内部职能与外部职能的交汇点，后两项是博物馆的外部职能。收藏保管一方面为了研究、陈列的需要，另一方面，未来的观众受教育、审美的客观条件依然保存。研究是陈列、教育、审美的基础，当然一些成果也有利于更好地收藏。

博物馆的教育等功能需经过审美功能间接实现。审美功能是指凭借艺术意象、意境的感染力、诱发力、震撼力来使接受主体在获得美感的同时获得审美愉悦。博物馆要成为人民文化休憩的园地，也要以喜闻乐见的工作方式吸引观众。而这些关键所在要借助于审美功能才能完成。

二、充分强化博物馆的审美功能

（一）重视经营博物馆馆区环境，让观众来到博物馆首先陶冶于自然美。

审美功能有相对独立于其他功能的性质，是可以独立存在的一种功能，就是说，审美的形象性不同于普通的"直观教学"。观众来到博物馆可以直接诉之于审美的创造力和欣赏力，获得审美愉悦。博物馆经营馆区环境一方面直接使观众享受自然美，另一方面会与馆内陈列相得益彰。

翠亨孙中山纪念馆以"孙中山和他成长初期的社会环境"为主题经营馆区环境。他们从所在村租了六十亩地，建成了具有百粤特点的田园风光的农业展示区。区内保留原来的水稻种植区，又种植了近百种新作物，同时还设有禽畜饲养区、农业展览及水稻耕作区，还计划增加现代农业和观众参与项目。整个馆区就是一个具历史纪念性和民俗性的、立体的、多元化的陈列展览体系。它解决博物馆与观众、旅游的关系，每年门票收入近五百万元，发展进入了良性循环。

四川自贡恐龙博物馆整个馆区的周边环境营造成恐龙的"领地"，恐龙的姿态及其所处的生态环境就再现在观众的眼前。馆区内精心培植了大量的铁树、银杏、松柏等中生代繁茂的植被，葱绿的草坪上，一只只恐龙形态各异，行走觅食。环境营造既美又与主题陈列相结合。

（二）挖掘、锤炼，精心打造陈列的内容美及内在形式美。

重庆红岩革命纪念馆根据社会形式发展需要及时推出"红岩魂"展览，在上海、广州等地展览近百场，虽是思想教育类展览，但其效益却有几十万元。《敦煌艺术大展》之所以受人欢迎，是因为敦煌文物具有超时空的魅力，能在不同时代、不同地域、不同民族、不同信仰的人们中引起共鸣，它体现着中华民族优秀文化的力量。

陈列设计人员要倾注思想和情感，加强事业心，在思想性、逻辑性、创造性、科学性上下工夫，在陈列中体现陈列内容内部组织结构的内部形式美。

　　形式实际上包括三层，即外形之外的表层缀饰形式、外部形象具有形态的外形式和反映内容的各种内在诸因素联系、组织的内形式。外形式如肌肤，内形式如骨架。装饰公司的设计人员更注重外形式（一般意义上的形式），而内形式必须由博物馆的设计人员（主要是内容设计人员）来把握。

　　2000 年 7 月开放的大连自然博物馆新馆基本陈列，突破以往苏联模式以生物进化为专题、由标本、图片、文字堆积成"墙上的书"，不拘泥于专业学科的限制，用多学科的学识与标本体现"人与自然和谐"的人类共同关心的主题。在这个主题下，第一次采用主题单元展示法布展，设计了地球厅、恐龙厅、物种多样性厅、湿地厅等专题展厅。

　　（三）努力创新，探索表现陈列美的新形式。

　　文物加说明是陈列的一种传统手法，能不能以场景化来进行陈列呢？上海城市历史发展陈列馆进行了有益探索。他们调集文物千余件，集历史、文化、鉴赏、娱乐于一体，把动感影剧场的模式引进陈列馆，唤起了大批青少年观看的兴趣。所谓场景化，就是文物、道具、模型、多媒体、声光电融于一体，把近代上海的都市风貌，纳于层高在 2.4～3 米的空间中，展示面积约 6000平方米。

　　空间美是形式美的一个重要方面。严建强教授认为，博物馆展示属于空间艺术范畴，立体性是它的特征，是它存在的理由。空间的审美感受是一种感觉、联想、回忆、冲动和知觉等等的群集。陈列空间，不光是一个立面，它是外部形式与内部形式的一个有机综合体。在有条不紊的内部空间里穿行，在变化的距离中看到变化的景物，才能洞察它那真正的丰富性及深邃的启示。

　　广东东莞海战博物馆《鸦片战争海战陈列》，打破了常规设计中对景观平面的处理，构筑起多维的展示空间。在展厅固定空间中大胆引入可变空间和虚拟空间，做到固定空间与可变空间、实在空间与虚拟空间的有效转换，同时注重功能空间、结构空间和亮度空间等形态在海战馆中的作用，营造了 19 世纪中叶的海战氛围。如第一展厅，军舰、炮台的造型形成不同的结构空间。在半景画馆，设计好光的处理，充分利用空间亮度的不同，根据半景画的内容，合理划分亮空间、暗空间和中性空间。观众可以走进军舰、炮台内部参观，又可登临军舰、炮台与看台之上俯瞰整个展览，"厅中有厅，景中有景"，通过步移景异，多级多进，变化空间层次，形成了审美情境的波浪式起伏。

地面是特殊的空间，巴黎蓬皮杜艺术中心的大厅中有一宽阔的黑白相间的地面装饰，形同欧普艺术，实际竟是一个有趣的迷宫。西德汉堡的街头，一组起伏交错、富于变化的旱桥，让人走过它时产生一种运动。对地面进行图案化处理或其他变化处理，都能让人达到一种趣味，这就是审美娱乐功能。

三、审美愉悦与一般娱乐的区别

愉悦性是博物馆的审美功能的一个突出特点，观众来博物馆一般意义上是去寻求以愉悦为主要特征的美感享受，在这种享受的同时自愿地、潜移默化地、不知不觉地接受到教育。这种审美喻悦与一般娱乐有一定的联系或相同之处，但我们更应看到两者的区别。审美愉悦指的是博物馆陈列对人的情感需求的一种满足，它具有积极的正面价值。正如美感不是一般快感一样，审美愉悦渗透着深刻的社会内容，是包涵认识伦理意义的娱乐。娱乐性与教益性的高度统一是博物馆审美愉悦的突出特点。

为了避免对博物馆审美愉悦的一些误解，同时为了尽可能避免一些西方所谓"娱乐"进入博物馆，笔者建议不采用"娱乐"这样的字眼，而采用"审美"、"愉悦"这样的词表示真正的含义。

（原载《东方博物》2006 年第 3 期）

苏皖边区政府的成立背景

崔传武

1945年8月15日，日本天皇发布停战诏书，宣布无条件投降。因当时国民党的军队还远在抗战的大后方，为了抢夺抗战果实，8月10日至11日，蒋介石连续发出三道命令：第一，限令解放区抗日军队"原地驻防待命"，不得对日伪军"擅自行动"；第二，指令国民党军队"加紧作战努力，一切依照既定军事计划与命令积极推进，勿稍松懈"；第三，命令伪军"应就现驻地负责地方治安"，非经蒋介石许可，"不得接受任何部队改编"。

中国共产党针对蒋介石挑起内战的图谋，要求各部扩大解放区。不久，新四军将苏中、苏北、淮南、淮北四大根据地的敌伪军全部消灭干净，通过两淮（淮阴和淮安）战役，四大解放区连成一片。

为了保存和发展自己，中共中央的战略部署作了重大改变，提出"向南防御，向北发展"的方针。要求"华中新四军（除第五师），调8万兵力到山东和冀东，保障与发展山东根据地及冀热辽地区。浙东我军即向苏南撤退，苏南、皖南主力即撤返江北"。

新四军第三师师长黄克诚是最早向党中央建议派部队加强东北的新四军高级将领之一。9月14日，黄克诚审时度势，以个人名义致电中共中央，建议乘国民党军队一时来不及接管东北之前，立即派大批部队去东北开辟创建东北战略根据地。他建议"东北既能派部队去，应尽量多派，至少应有5万人，能去10万人为最好。并派有威望的军队领导人去主持工作，迅速创建根据地，支持关内斗争"。"山东应调3万人到5万人去东北，华中应调3万人到6万人去山东"。为加强苏北防御，"江南一个师主力应调回江北，只以一部留在江南活动"。黄克诚的建议与中共中央的决策不谋而合。

9月23日，新四军第三师接到中共中央军委下达的开赴东北的命令。28日，第三师及所属部队告别并肩作战、生死相依的苏北人民，踏上了进军东北的征途。第三师从苏北徒步行军，跨越江苏、山东、河北、热河、辽宁5省，历时两个月，完成了进军东北的战略转移。同时，中共中央华中局和新四军军部从华中北移山东。

显然，苏皖解放区急需成立新的党政军领导机构以完成保卫华中的任务。

1945年10月6日，张云逸等向中共中央提出筹组华中分局、苏皖军区和苏皖边区政府的报告。报告认为"江北苏皖地区必须尽力坚持"，"由于江北各区打成一片，交通畅达，为便利统一财政及贯彻各种政策，节省大批干部调赴山东及加强下层起见……或筹备组织苏皖行政最高机构"。10月8日，中共中央复电华中局，"同意成立苏皖行署或边区政府统一行政"。

1945年10月29日，苏中、苏北、淮南、淮北四个解放区的参议会、行署领导人和地方开明士绅在清江（即淮阴城）举行联席会议，民主选举了主席和副主席，他们分别是：主席李一氓，副主席刘瑞龙、季方、韦悫、方毅。10月30日，苏皖边区临时行政委员会举行第一次会议，会议通过了苏皖边区政府机构设置，讨论并任命了苏皖边区政府秘书长和各厅、局、处、室负责人。组建了民政厅、财政厅、教育厅、建设厅、高等法院、公安总局、交通总局（后改组为邮政管理局）、卫生处、盐务管理局等等。同时宣告苏皖边区政府在清江（现淮安市）成立。

　　苏皖边区政府辖有 53 个旧县治，其中江苏 32 个县，安徽 18 个县，河南 3 个县。全区总面积约 10.5 万平方公里，人口约 2500 万。

　　1946 年初，中共中央听取周恩来建议，曾经打算将中共中央总部迁到淮阴。中央设想淮阴离国民政府所在地南京很近，如果与国民党和谈取得成功，中央驻淮阴将便利国共两党的政治磋商与合作。当蒋介石撕破和谈伪装，全面发动内战之后，苏皖边区也就进入了解放战争时期。经过艰苦卓绝的斗争，最终解放了全区，获得了自由的新生。

　　（原载《淮海晚报》2007 年 6 月 19 日）

纪晓岚与勺湖公园

阮　文

　　清乾隆丁未三月，纪晓岚为淮安府山阳县阮氏十二代阮学浩在勺湖草堂讲学题词，录文如下：

　　"前辈风流在，吾犹识典型。一堂容布席，二老对谈经（昀从先师董文恪公家时，听先生绪论忽忽几及五十年矣）。自诵归田赋（先生以养亲归里），时怀问字亭（先生教授于乡，此图即当日讲堂也）。如今揩老眼，遗迹看丹青。緜邈人千古，沿洄水一方。他年寻石室，此画认渔庄。鸥渚多闲地，莲汀挹静香。还如鉴湖曲，宛见贺知章。"

　　纪晓岚，字纪昀，一字春帆，晚号石云，道号观弈道人，生于清雍正二年（1724年）六月，卒于嘉庆十年（1805年）二月，历雍正、乾隆、嘉庆三朝，享年八十二岁，因其"敏而好学可为文，授之以政无不达"（嘉庆帝御赐碑文），故卒后谥号文谥，乡里世称"文达公"。

　　纪晓岚四岁开始读书，十一岁随父入京，读书生云精舍，二十一岁中秀才，二十四岁应顺天府乡试，为解元，接着母亲去世，在家服丧，闭门读书。他才华横溢，文思敏捷，勤奋好学，三十一岁考中进士，为二甲第四名，入翰林院为庶吉士，授任编修，办理院事，外放福建学政一年。丁父忧，服阕，即迁侍读，侍讲，晋升为右庶子，掌太子府事，协办大学士加太子太保，后任旋复侍读学士官职，受命为《四库全书》总纂官，苦心经营十二年，《四库全书》大功告成。

　　纪晓岚一生有两件事做得最多，一是主持科举，二是领导编修，两次为乡试考官，六次为文武会试考官，其主持编修，次数更多。

　　纪晓岚以才名进，号称"河涧才子"，常常出语惊人，妙趣横生，盛名当世。他还重视民情，因势利导，为民着想，关心民间疾苦。但纪晓岚还有口吃的毛病，长相不好看，近视眼。

　　阮学浩，字裴园，生于康熙壬午年，卒于乾隆甲申年，享年六十三岁，夫人陈恭人，诰赠一品夫人，廉政夫人（现淮安府吏科廉政展览有名）。

　　阮学浩原祖籍江西临江府清江县十九都枣儿村，在元末年（1368 年）由高祖阮武德以武功显明参加大河卫，奉命随大河卫定居淮安府山阳县淮城北郭家墩，建有阮家池，成为淮安始祖。经过几代人的拼搏，成为当地显赫的大家族，尤其是在科举考试中取得巨大成功，七世高祖阮嘉林是明代嘉靖举人，隆庆会试副榜第一，任湖广长沙府益阳知县，举天下第一清官（现淮安府吏科廉政展览有名）。九世曾祖阮佶庠生，十世祖阮晋庠生是田园诗人，父亲阮应韶是诸生，赠儒林郎，翰林检讨。乡贤者，夫人封赠一品夫人，叔父阮应商进士，任户部主事、郎中。兄阮学濬，雍正举人，次年赐进士，官至翰林院编修。

　　阮学浩，雍正中进士任翰林院检讨，编修、编纂《皇帝朱批御旨》、《世宗皇帝实录》、《皇清文颖》、《大清会典》等历史文献，主持陕西、山西乡试，又提督湖南学政，皇清诰授奉大夫，刑部右侍郎加二级，著有《教学遗规》、《四礼翼注》和《学约》，被人们称为"公敏"，后陈情辞官，回乡奉母，在今淮安勺湖公园处建立勺湖草堂，读书教学，教育弟子成才有几百人。他还编修《淮安府志》，并发起成立"洒扫会约"，集资维修淮安府学和山阳县学。

乾隆二十一年（1756 年），乾隆皇帝二次南巡，阮学浩在淮安红花埠迎銮，进献诗册，得到乾隆帝称赞，获赏大缎一匹。乾隆二十七年（1762 年）乾隆帝第三次南巡，途经淮安邀见阮学浩，亲切询问许多事情，赏赐大缎一匹。

阮学浩有两个儿子，大儿子阮葵生，二儿子阮芝生。阮葵生以会试中正榜录用为内阁中书，入值军机处，兼三馆编修官，官至刑部侍郎，著有《七录斋集》、《阮葵生集》、《茶余客话》等著作传世，是清代著名的诗人、散文家和法学家。乾隆三十八年（1773 年），阮葵生迁居楚州区东门街，建花园式"太史阮公祠"，并建祠堂，供学子拜祭阮学浩先生。阮芝生于乾隆二十二年中进士，历任内阁中书、德清知县、永定同知等职。

综上所述，阮学浩家一门四进士，七世两乡贤，翰林成双，清官第一，祖孙三代婆媳四位浩赠一品夫人，实属书香门第。据清同治《续纂山阳县志》记载，阮氏有五座坟墓列为古迹，分别是阮应商、阮学濬、阮学浩、阮葵生、阮芝生。

纪晓岚的题词对阮学浩非常尊重，开始称为"前辈风流在"，并描写了勺湖公园的风景，如树木花草、鱼水、鸟鸥等，最后把阮学浩先生比誉成唐代大诗人贺知章。落款也写得谦虚，为"馆后学纪昀拜题"。此手迹不仅提高了勺湖公园的知名度，也是淮安历史文化名城的实物证见。

（原载《淮海晚报》2010 年 10 月 31 日）

关于挖掘淮安水文化　塑造老区
城市特色的思考

陈　力

　　文化是城市的灵魂，是城市竞争力的重要组成部分，是城市发展进步的力量源泉。人们谈到国内外的著名城市，往往不去过问它的 GDP 是多少，而是首先想到它的文化。水是人类生命之源，人类几乎所有文明都是起源于水，如尼罗河之于埃及、恒河之于印度、底格里斯河和幼发拉底河之于巴比伦。水文化促进了人类文明的发展，中华文明也不例外，黄河是中华民族的摇篮。淮安是运河之都，全国历史文化名城，具有深厚的文化底蕴和良好的文化风尚。

　　在加快老区开发，建设苏北重要中心城市进程中，应当依托淮安作为中国运河之都、全国历史文化名城的历史条件，强化机遇意识，突出比较优势，更加重视挖掘城市水文化，努力彰显淮安"四水穿城"特色，力求把老区淮安建设成为水文化底蕴深厚、城市特色鲜明，富有魅力的苏北腹地重要中心城市。

　　一、水文化孕育了"南北交融、兼容并蓄"的淮楚文化

　　淮安历史文化源远流长，是我国兼有南北文化特点——淮楚文化的发源地，博大精深的淮河文化和可歌可泣的运河文化孕育了灿烂而辉煌的淮安历史，成就了"南北融合、兼容并蓄"的淮安地域文化。自春秋吴王夫差开凿邗沟至明清，淮安因扼漕运、

河工、盐运、榷关、邮驿之机杼，留给世人众多历史遗产和传记佳话。

一是名人辈出的伟人故里。淮安物华天宝，人杰地灵，是开国总理周恩来的故乡。自隋唐以来，淮安就成为江淮下游地区文化中心之一，在历代科举考试中，淮安就出过状元3名（含武状元1名）、榜眼2名、探花3名、进士286名。这里诞生了众多著名的军事家、科学家、文学家、医学家等。著名的军事家有兴汉三杰之一的韩信、西汉辞赋家枚乘和枚皋父子、南宋抗金民族女英雄梁红玉、清代抗英民族英雄关天培、明代文学大师吴承恩、清代小说家刘鹗、瘟病学家吴鞠通等。

二是因水而兴的"运河之都"。沟通东西南北的河湖水系成就了淮安极其深厚的地域文化。发达的水运使历史上淮安成为南北交通咽喉要地，是运河发展史中漕运指挥中心、河道治理中心、漕船制造中心、粮食储备中心、淮北食盐集散中心，明清盛时，与苏州、杭州、扬州并称运河沿线"四大都市"。目前保留有漕运总署、河道总督署（清宴园）、清江大闸、河下古镇、洪泽湖大堤、泗州城、淮安水利枢纽等大量文物古迹。

三是兵家必争的战略要地。历史上，两淮是淮河流域古老的水上交通枢纽，更成为南北双方对峙的前线，也是南北文化变革创新的聚集地。抗日战争时期，卢沟桥事变后，淮安地区即成立了"苏北抗日同盟会"。南京沦陷后，清江成为江苏省临时省会。抗战时期，中国共产党在淮安成立苏皖边区政府，并逐步建立了苏北敌后抗日根据地，在黄花塘成立新四军军部，展开了新安旅行团的抗日救亡活动。解放战争时期，在淮安成立了中共中央华中分局和华中军区。

四是有"三联城"的古城格局。作为南北交通咽喉、历代兵家必争的战略要地，也造就了淮安独有南北并列的"三联城"古城风貌。老城始建于东晋穆帝永和八年（352年），新城始建于宋，联城建于明代嘉靖三十九年（1560 年）。古城轴线明确，以雄居城中心的镇淮楼同漕运总督部院、淮安府署构成城市中轴线，并配以十字棋盘形的街巷格局。古城三城并列，气势雄伟，格局独特，在我国建城史上也是罕见，具有较高的城市建设历史价值。

五是南北集成的建筑风格。历代官宦、富豪集聚于淮安，城区至今留下近 4000 余间典型民居。城内徽派民居建筑和典雅的北方园林建筑交相辉映，建筑风格南北交融，形成了独具特色的"素、雅、淡、灰、精、秀"特色。民居多为青砖青瓦翘脊飞爪的老式瓦房，抬梁式结构，门楣多由花砖砌成，雕工精细，徽派风格浓郁，颇具艺术价值。古街巷多为石板铺设，古建筑多以砖木结构为主，深深庭院内，渠水清幽，绕室而流，显得淡泊古拙，江南园林韵味十足。

六是南北交融的民俗风情。淮安地方风情民俗既有楚风，又有吴俗，兼有广陵遗韵，并随漕运、盐务和淮关的兴废而演变，内涵丰富，自成一体。淮安因此成为中国四大名菜之一——淮扬菜系发祥地。还有淮安博里农民画、淮绣、蒲编与苇编、中国结等独特的民间工艺，十番锣鼓、淮剧、跳判官、花跷扑蝶等民间文艺均体现着中国南北融合的民俗风情。

二、塑造淮安水文化城市特色须立足市情多措并举

"两河"文化的千年交融造就了"南北交融、兼容并蓄"的淮楚文化，也必将以"开放、包容"姿态，聚集南北人才、资本、技术等要素，实现淮安社会经济的跨越发展。在城市建设中，也必将以"两河"为坐标系，全力彰显独有"水文化"特色。

一是做足水环境文章，让水成为淮安最大的特色品牌。淮安城区自北向南有古盐河、古淮河、里运河、大运河"四河穿城"，城外还有入海水道、二河"二水绕城"，城市依水而建、城区随

水而展，独具水乡特色。今后，淮安将进一步加大投入，大力实施环境治理、水系水网沟通、滨水空间显水等护水、活水、亲水工程，让水更洁净、更安全、更可亲，让淮安成为真正的东方威尼斯"水城"。

二是发挥水资源优势，实现由内河文明向海洋文明的跨越。淮安城区水网密布，河流众多，纵贯南北的运河发挥了重要的交通中枢作用。淮安因运河兴衰而兴衰，创造了淮安特有的运河文化。淮河是淮安的母亲河，是江淮、黄淮平原3000多万人口赖以生存的"基点"。淮河因注入洪泽瑚，失去了出海口，而在城区仅留下百余米的黄河夺淮故道，也让淮安错失了海洋文明的恩赐。未来，淮安应以洪泽湖为依托，充分展现洪泽湖美丽清纯风姿和魅力（因外形似天鹅，可别名为"天鹅湖"），同时，更要以开放的姿态，以大交通为依托，全力推进淮河入海通道、与上海及连云港等国际港口铁路对接、淮安民用机场建设，促进淮安由内河文明向海洋文明的跨越。

三是彰显水文化特色，打造独具魅力的全国名城。要贯彻落实"保护为主、抢救第一、合理利用、彰显特色"的工作要求，全面加强淮河文化、运河文化和淮安历史文化名城遗产保护研究和建设工作。加强与上海地区旅游对接和交流，全面加强青莲岗文化遗址、大运河和洪泽湖大堤申遗、水下泗州城、名人故里、楚州古城、运河博物馆、水利枢纽等遗产开发与保护，建成环洪泽湖、古运河文化长廊、楚州古城、河下古镇及码头古镇、金湖水乡、盱眙山水等精品旅游线路，把淮安打造成为世界知名生态旅游城市。

（原载《老区建设》2010年第6期）

浅谈伟人纪念馆文物理念的实践与强化

——以周恩来纪念地的"一馆两处"为例

李方宇

近年来，全国各地掀起了兴建纪念馆的热潮，也面临着同样的难题——纪念馆展厅宽敞气派，而库藏和展出的有史料价值、吸引观众的"镇馆之宝"、一级文物却很少，甚至没有。非国家级纪念馆如何扬长避短，立足自身特点，办出一个具有地方特色、深受游客欢迎、并且能评上国家级博物馆的纪念馆，是我们文博工作者面临的重大课题。本文试以淮安周恩来纪念地的"一馆两处"为研究个例，对伟人纪念馆文物理念的实践与强化，谈谈自己浅显的看法。

一、淮安周恩来纪念地"一馆两处"文物理念的实践历程

淮安周恩来纪念地管理局下属的周恩来纪念馆、周恩来故居管理处和周恩来童年读书处，都属于文博系列的人物类伟人纪念馆的事业单位。这一属性决定了"一馆两处"从筹建之初，就都以较强的文物理念，认真做好周恩来文物的征集、鉴定、保管和展出工作，淮安周恩来纪念地的筹建和兴办都取得了开创性和奠基性的成果。

周恩来纪念馆位于江苏省淮安市北门外桃花垠，1992 年 1 月

16 日落成。邓小平题写馆名,江泽民、李鹏、李先念、杨尚昆等同志为纪念馆题词,是目前国内唯一经中央批准反映周恩来光辉战斗一生的综合性纪念馆。周恩来纪念馆在筹建的同时,就组织了周恩来生平文物资料征集小组,先后征集到有关周恩来的各种文物 1000 余件。2008 年 3 月 5 日是周恩来同志诞辰 110 周年,周恩来纪念馆的领导及有关陈列研究人员多次看望周恩来生前身边工作人员和亲属,走访有关艺术家、企业家、收藏家和研究机构,了解信息,表达愿望,文物征集工作收获颇丰。目前,周恩来纪念馆馆藏珍品有国家一级文物 3 件,二级文物 47 件,三级文物 91 件,待定或一般文物 123 件。

从伟人周恩来逝世一周年就开始筹建的周恩来故居管理处,也专门组成"周恩来文物征集小组",征集了一批有价值的文物。周恩来童年读书处亦是如此。这两处先后被评为国家和省级的文物保护单位。

二、淮安周恩来纪念地"一馆两处"文物理念的实际效益

从主要方面来说,"一馆两处"收藏和保护了一大批珍贵文物,建立起了纪念馆的基本藏品和特殊藏品,为纪念馆的陈列展出和各项业务活动,创造和提供了有价值的研究资料。

作为公益性社会服务机构,博物馆、纪念馆不仅具有收藏、保护历史文化遗产的职能,更重要的是通过收藏开展社会教育,进行文化传播。纪念馆、烈士纪念碑、革命遗址等历史遗迹最能激发人民群众的爱国热情,特别能使青少年汲取丰富的精神食粮,不断增强社会责任感和历史使命感,逐步成长为建设祖国的有用之才。周恩来是伟大的爱国主义者,淮安周恩来纪念地"一馆两处"都是省级以上的爱国教育示范基地,是精神文明建设和对外宣传的重要基地和窗口。尤其是周恩来纪念馆,它作为全国

爱国教育示范基地、江苏省国防教育示范基地、南京军区青年官兵革命传统教育基地，自 1992 年开馆以来，接待部队官兵、军校学生达 200 万人次。

三、淮安周恩来纪念地"一馆两处"文物理念的强化思考

（一）强化文物理念，提高认识水平

文物理念，本来就是我们每一位文博工作者都应该具有的基本思想。现在的关键是，要按照争创国家一级博物馆的目标要求，把现有的再提高到一个新的境界、新的高度、新的水平上。笔者认为，"一馆两处"的同志们都要把思想认识和实际工作统一到这一志在必夺的大目标上来。

再从全国文博系统的情况来看，争创国家一级博物馆的形势十分逼人。据国家文物局最新发布的统计资料，目前我国共有各级各类博物馆 2126 余座，其中文物博物馆系统 1507 座，它们中有 1400 多座是县市级的博物馆，中、小博物馆的总数占全国博物馆的 80% 以上。2008 年"5·18"国际博物馆日这一天，国家文物局公布了首批国家一级博物馆 83 家、二级 171 家、三级 288 家。评估审定的主要条件是："管理机构、藏品保护和科学研究、陈列及服务三大功能。"据 2007 年《国际博物馆协会章程》对博物馆做出的定义："博物馆是一个为社会及其发展服务的、向公众开放的非营利性常设机构，为教育、研究、欣赏的目的征集、保护、研究、传播并展出人类及人类环境的物质及非物质遗产。"可见，征集藏品是所有博物馆的首要任务。

藏品是博物馆的血液，是开展各项业务工作的前提和主体。没有征集，就不会有丰富的藏品，也就谈不上其教育意义的社会效益，更谈不上开展科研。一个纪念馆自身的发展，离不开文物的征集，藏品越丰富，纪念馆本身的价值就越高，影响就越大，

而陈列内容的更新，资料实物的充实，宣传影响的扩大，科研水平的提高，都是在广泛征集了一定资料的前提下而言的，否则纪念馆将无法生存。

（二）依托地方资源，拓宽征集渠道

对周恩来的革命文物，特别是关系到党和国家、军队的重大历史事件和他个人历史功绩的重要文物的征集、鉴定、保管、陈列、科研，在党史、国史、军史上都具有特别重要的意义。因此，我们要从强化文物理念的高度，提高藏品征集的水平和实绩。

周恩来纪念馆的每一件藏品都凝聚了工作人员的心血。1991年初周恩来纪念馆开始筹建之时，馆内工作人员紧缺，面对藏品征集重任，馆内人员发挥脑勤、腿勤、口勤精神，通过登门拜访、书信联系、友人推荐等各种方式打听文物线索，为纪念馆征集了大量文物、图片、字画和影像资料。

动员社会力量捐赠藏品是纪念馆增加文物藏品的重要途径。2008年3月5日是周恩来同志诞辰110周年，周恩来纪念馆的文物征集工作在2007年便掀起了高潮，许多热心人主动提供线索，慷慨捐赠文物和艺术品。周恩来藏品的工人收藏家周铁男捐赠了用30年以举家之力收藏的80多箱近2万余件的文物和史料。中国体育界德高望重的老前辈荣高棠的夫人捐赠了17张珍贵的老照片。

如何获得社会青睐，吸引更多的热心人向博物馆捐赠藏品？周恩来纪念馆在做好本职工作的同时，努力改善藏品保管和陈列条件。不管捐赠的藏品价值如何，都一视同仁。除了认真办好捐赠手续，有条件的还向捐赠者提供复制（印）件，有使用价值的物品都新购一个同类物品作为补偿。对文物背后的感人故事组织撰写文章并发表，同时承诺为捐赠者使用文物提供各种方便。

（三）立足地方特色，选准精品文物

1992年，时任周恩来纪念馆资料科长的秦九凤从江西吉安征集到一份《中华苏维埃少年先锋队中央总队部为目前形势告全体队员书》，此"书"是 1934 年 5 月 17 日周恩来、张爱萍联名签发的。为了辨别真伪，秦九凤迅速与唯一健在的当事人张爱萍将军联系。张老确认了"书"的真实情况，表示自己手头已经没有了，并希望秦九凤给他一张照片。这就及时确定了"书"的文物价值。尤其让他始料不及的是，还得到了这件文物之外的大量背景材料。1995 年 11 月，秦九凤根据这些第一手资料在南京向全国革命文物专家鉴定组汇报，结果这件文物被一致鉴定为国家一级文物。除此之外，本馆的特色藏品有：周恩来出席四届人大等重要活动时所穿的中山装、"文革"时期周恩来鼓励侄女周秉健到内蒙做知青时赠送给她的军大衣，以及在北京和新疆石河子等地都修补过的皮鞋等等。

（四）完善管理制度，规范藏品保管

文物保管的目的，就是在科学保护和科学管理的前提下，有效地发挥藏品的作用，发挥其自身价值和社会价值，提高场馆的教育功能和知名度。

安全是文物工作的生命线。一件文物就是一段历史，一件文物的消失，就是一段历史的灭亡。《中华人民共和国文物保护法》第四章第四十七条规定："博物馆、图书馆和其他收藏文物的单位应当按照国家有关规定配备防火、防盗、防自然损坏的设施，确保馆藏文物的安全。"一直以来，周恩来纪念馆始终不断完善安全措施，建立起了"人防、技防、物防"三位一体的防护体系和景区治安联动网络。

长期以来，周恩来故居、周恩来童年读书处和周恩来纪念馆三大景点积累了丰富的精品字画，这些字画基本上是由全国各地的书画家们创作后无偿捐献的。2007 年，为配合周恩来纪念地管理局编辑出版纪念周恩来诞辰 110 周年《周恩来纪念地书画藏品集》，周恩来纪念地在门户网站上成功建立起书画藏品电子档案。

在这个电子档案里，游客只需轻点鼠标，就能方便地浏览到经过分类处理的近千幅名家字画。这一举措不仅为周恩来纪念地摸清了"家底"，更为游客游览提供了方便，成为周恩来纪念地三家景点逐步实现资源整合、信息共享、品牌共创的一个硕果。

（五）提高藏品利用，提高精品效益

文物价值是客观存在的，不是人为赋予的。但是要实现文物价值，没有人的意识能动作用是实现不了的。国际著名博物馆学家肯尼斯·赫德森在他的《八十年代博物馆》一书中谈到："正在成为碎片或不许人们观看或研究的藏品，实际上是不值得拥有的。"他告诉我们藏品利用何其重要。

第一，要提高藏品的换展频率。淮安周恩来纪念地 2008 年开始对外永久性免费开放，越来越多的人走进了纪念地。问题是，同样的展品，不变的展览，看得多了，容易产生审美疲劳。同时，随着时间推移，很多全新的文物又涌现出来。所以，我们要从游客喜闻乐见的角度研究和调整布展方案，让观众常看常新。

第二，要完善藏品的史料档案，评选纪念馆的"镇馆之宝"，并选择有特殊意义的日子"开放"，同步举办系列活动，让藏品真正"活"起来。"镇馆之宝"虽然并不是一个法定概念，但可以作为博物馆的公共宣传策略，通过"镇馆之宝"的评选来提升博物馆的知名度和影响力。